大学院文化科学研究科

司法矯正・犯罪心理学特論

―司法・犯罪分野に関する理論と支援の展開―

橋本和明

臨床心理学プログラム

司法矯正・犯罪心理学特論（'20）

©2020　橋本和明

装丁・ブックデザイン：畑中　猛

はじめに

　世の中は時代とともに変化を続けている。家庭や学校の風景も昔と大きく変わった。その象徴が虐待やいじめの問題である。そこには当然，非行や犯罪のあり方もこれまでとはずいぶん様変わりをした。

　このような時代の動きもあって，さまざまな領域で心理的支援の要請を心理職が受けることが多くなってきた。これまで心理職は民間資格であったが，2019年には国家資格としての公認心理師が新たに誕生することとなったのもそのような理由からだ。それだけ社会の心理職に対する期待が大きい。

　その公認心理師の資格は汎用性のあるもので，保健・医療の領域，教育の領域，福祉の領域，産業・労働の領域，そして司法・矯正の領域が網羅されている。つまり，公認心理師になるためには1つの領域に特化した知識や技能だけでは不十分で，幅広い知見や教養が求められるわけである。ところが考えてみると，これまで司法・矯正の領域で働く心理職は，家庭裁判所の家庭裁判所調査官であったり，少年院や少年鑑別所の法務技官であったり，児童相談所の児童心理司であるなど，専ら公務員が多かった。時代も変わり，裁判員裁判を例に取っても明らかなように，国民から選ばれた裁判員が裁判官とともに裁判で審理する時代となっている。つまり，司法が社会全体に開かれてきていることを如実に示している。それゆえ，この領域で活躍するのは公務員だけに限らず，民間の心理職も急激に増え，顕著な活躍や成果をすでに上げている。刑務所も官民協働で運営をするところができ，そのような施設が全国で現在まで4か所存在する。

　そして，公認心理師という国家資格ができたことも加速し，これからはますます司法・矯正のさまざまな場面で心理査定や心理的支援が求められることが増加するはずである。逆に，そうであるからこそ，単に表面的な学習では歯が立たず，実際に現場に出た時に役立つような知識や技術が必要になってくる。このテキストは司法・矯正や犯罪心理学を学

習したい人のために作られた。しかし，単に資格取得をする受験参考書とは違い，司法・矯正の実践に活用できるための高度なレベルの内容も盛り込まれている。是非，このことを理解いただき，学習を深めてもらいたい。

　本テキストの構成は全部で15章からなっている。おおまかに分類すれば，第1章から第3章まではこれまでの犯罪心理学の歴史や理論，近年の非行や犯罪の動向や特徴を取り上げた。時代とともに非行や犯罪のあり方が変わってきており，それとともに，非行や犯罪の理論も当然変遷する。その歴史を理解しながら，現代の非行や犯罪をどのように捉えるかは臨床をしていく上で非常に重要である。

　第4章では非行や犯罪についての法律や制度について説明した。心理職を目指す人は法律が苦手であると言う人が少なくないが，関係する機関の法や制度をわかっていないと適切な仕事はできない。また，そこでの関係法規も理解していないと他の機関や他の職種との連携や協働は生まれてこない。司法・矯正の領域では特にそのことが重要となってくる。

　第5章は非行少年や犯罪者の支援について取り上げ，近年の加害者臨床について述べた。この非行や犯罪の心理的支援についてはまだまだエビデンスも不十分であり，どのような支援が効果があるかは発展途上の段階である。再非行率あるいは再犯率を低減させるためには今後も研究を積んでいかねばならないが，支援にはどのようなものがあるかについて知っておくことは臨床の幅を広げるためにも必要である。

　第6章と第7章は犯罪被害者について取り上げ，その心理や支援のあり方を記した。この被害者の心理や支援は，トラウマを受けた人の心理的支援にも通じ，災害支援などにも十分に適用できる。

　第8章と第9章は虐待について述べ，それが非行とどのような結びつきがあるのかを論じた。虐待は近年非常に大きな社会問題となっている。そして，それは福祉や教育だけの領域ではなく，司法にかかわるところが大きい。また，児童虐待だけに限らず，DVなどの配偶者虐待，高齢者虐待，施設内虐待，障害者虐待などを，筆者は包括的虐待と捉えることの重要性を強調した。

　第10章と第11章では，発達障害と非行についてのテーマを取り上げ，発達障害者の逸脱行為をどのように理解すればよいのか，その支援をどのようにすべきかについて論じた。発達障害はここ十数年の間に大きな注目を受け，それに対する法改正もなされてきた。このテーマも非常に社会の関心を集めているもので深い理解が必要である。

　第12章は犯罪心理鑑定について述べた。犯罪心理鑑定が精神鑑定とどのように違うのかということはもとより，犯罪心理鑑定をする際の留意点などについても紹介している。犯罪心理鑑定は一般には馴染みがないかもしれない。しかし，今後は心理職に依頼されることが増える傾向にあり，この章をあえて設けた。

　第13章は家庭内紛争における心理的支援について取り上げた。離婚や子どもを巡る紛争は家庭裁判所などの司法に持ち込まれることが多いが，家庭裁判所以外の一般心理相談などの機関においても近年は取り扱われることが多くなっている。今後は子どもの面会交流への心理的支援，子の引渡場面での心理的アセスメントや心理的支援などがますます心理職に求められることであろう。そのためにも夫婦関係調整や親子関係調整などの知識や技法を知っておく必要がある。

　第14章は主に司法・矯正の領域に活用される面接技法について論じた。なかでも調査面接はカウンセリングなどの臨床面接とは目的や構造が違い，技法の点でも異なっている。その点を本書では明らかにした上で，面接技法を上達するためのコツについても論じた。それ以外に，司法・矯正の領域で活用される司法面接，動機づけ面接についても取り上げ，その理論や技法について解説した。

　第15章は事実への接近法や事実の持つ力について述べた。なぜなら，司法・矯正の領域では殊の外，事実が重視されるからである。つまり，法律家との協働，多職種との連携などが司法・矯正の領域では何より重視され，事実こそが連携の土台となることが多いからである。しかし，その事実を明らかにすることは容易ではなく，事実にどのようにアプローチすればよいのかという心理職の臨床的な基本的姿勢についてもここでは論じた。そのため，この章を本テキストの総まとめとして最終章

に持ってきた。ここでは，知りえた事実をどのように伝えればよいのか
といった報告の記載方法についても取り上げている。これらは他の領域
での心理職にも大いに役立てられることだと考えている。

　本書が，将来司法・矯正の領域で働きたいと願う人のさらなる意欲向
上につながったり，現在それらの現場で働いている人のさらなる知識や
技術を高めることになれば，筆者としてはこの上もなくうれしい。そし
て，司法・矯正の研究がさらなる発展を遂げ，非行少年，犯罪者の更生
の一助になり，子どもや家庭の幸福につながることを祈るばかりである。

2019年12月

橋本　和明

目次

1 | 犯罪心理学の歴史と理論

　この章では，犯罪心理学の歴史を創設期から現代に至るまで概観し，その中の代表的な犯罪や非行についての理論を説明する。そして，非行や犯罪についての研究分野では，生物学的な視点や心理学的な視点，そして社会学的な視点などさまざまな角度からのアプローチがされてきていることを知り，現在に至ってもそれぞれの視点での研究が進められていることを理解する。つまり，生物 – 心理 – 社会モデルとして非行や犯罪を捉えていくことの重要性に着目していきたい。

《キーワード》　生物 – 心理 – 社会モデル，家系研究，双生児研究，精神力動的アプローチ，認知バイアス，自己統制理論，サイコパス，社会学的アプローチ，アノミー理論，文化的接触理論と文化的同一化理論，社会的絆理論，漂流（ドリフト）理論，ラベリング理論

1. 犯罪心理学の3つのアプローチ

（1）生物学的アプローチ

　犯罪人類学の創始者で，「犯罪学の父」と言われているイタリア人の医師のロンブローゾ（Lombroso, C. 1835-1909）は，自身が精神病院や刑務所での臨床経験があったことにより，刑務所に収監されている犯罪者と犯罪者でない人を比較し，どこにその違いがあるかを明らかにしようとした。

　研究の結果，犯罪者はそうでない者と比べると，身体的特徴として，①小さな脳，②厚い頭蓋骨，③大きな顎，④狭い額，⑤大きな耳，⑥異常な歯並び，⑦鷲のような鼻，⑧長い腕などが顕著であると述べた。また，精神的特徴として，①道徳感覚の欠如，②残忍性，③衝動性，④怠惰，⑤低い知能，⑥痛感の鈍磨という特徴があることも明らかだとした。そして，それらを総合すると，犯罪者は生まれつき犯罪を犯すように運

ロンブローゾ（Lombroso, C. 1835-1909）
（写真提供：ユニフォトプレス）

命づけられている人類学上の一変種であり，犯罪を犯さない一般の者と犯罪者を識別することができると論じたのであった。これは「生来性犯罪者説」と呼ばれるもので，ロンブローゾの行った犯罪の原因の解明の研究は犯罪学の始まりとされている。

　その後の生物学的アプローチによる研究では，犯罪行動が持って生まれた遺伝によるものなのか，それとも育ちや状況の中で学習されて身につけてきた環境によるものなのかという議論へと発展していった。そこで実施されたのが次のような研究方法である。

①家系研究

　これは，犯罪者がいる家系が存在することを見つけ出すことによって犯罪が遺伝によるものだと立証しようとしたのであった。しかし，考えてみるとわかるように，仮に犯罪者が多い家系が存在したとしても，それは遺伝によるものなのか，それとも同じ家系であるゆえに生活様式が似ているとか，経済水準が同程度であるとか，環境による影響と言えなくもなく，この研究では犯罪行動が遺伝か環境かは明確にできなかった。

②養子研究

　次に登場したのが，幼い頃に実の親のもとを離れて養子に出された者を研究対象とし，実親の犯罪傾向との関係を見るという「養子研究」であった。これは，実親の犯罪傾向とその子の犯罪傾向が関係していれば遺伝が疑われ，養親の犯罪傾向とその子の犯罪傾向が関係していれば環境によるものと判断できると考えたわけである。しかし，この研究方法もそう単純に言えるわけではないとわかってきた。

③双生児研究

　もう1つの研究方法は，一卵性双生児の類似性が二卵性双生児のそれよりも大きければ遺伝によるところが大きいと言え，逆に，二卵性双生児の類似性が一卵性双生児のそれよりも大きければ環境によるところが大きいとする「双生児研究」である。そして，多くの研究者が一卵性双生児と二卵性双生児についての犯罪や非行との一致率を競って出したが，結局一致した結論には至らなかった。

　しかし，その後も生物学的アプローチは続けられ，現時点での到達点としては，犯罪行動が遺伝も環境も双方からの影響があるとするところである。犯罪者の場合，犯罪に結びつく要因として，攻撃性の強さ，衝動を抑制する能力の欠如，共感能力の低さなどが挙げられ，それが実親自身にも見受けられることは珍しくはない。そのように考えると，遺伝が犯罪行動の要因とも捉えられなくもないが，個々の犯罪の経緯等を詳しく分析すると，それらが直接的に犯罪行動に結びつくとは考えにくいところがある。実際のところ，同じ遺伝的な性格特性を持っている兄弟の中で，必ずしも犯罪行動を取らない者もいることを考えると，遺伝だけの要因が犯罪行動と直結する考えは支持できない。

　そこで，犯罪の遺伝性はあるとしても，それが直接犯罪につながると考えるよりも，それらの遺伝的な要因が環境との相互作用の中で容易に出現してしまうと考える方が適切であり，それが遺伝か環境かの議論の現時点での到達点と言える。

　このような考え方は何も犯罪だけに限ったことではなく，現在の医学ではガンの原因も同じような理論で考えられている。つまり，ガンの遺

伝性は確かに医学的にも認められてはいるものの，その遺伝子があるからといって必ずしもガンが発症するわけではない。その遺伝子を持った人の食生活や喫煙経験，ストレスのあり方などのさまざまな環境要因との関連の中で発症するか否かが定まってくると言われている。

　ただ，将来的にはさらなる科学の進歩があり，医学的にも犯罪行動やガンの生物学的な要因が発見されるかもしれない。現に，犯罪の分野においても，ホルモン（特に，男性の性ホルモンであるテストステロン）と攻撃性との関係を見る研究や，神経伝達物質であるセロトニン（これは中枢神経系の情報伝達を安定化させる機能がある）がうまく機能しないために攻撃性が増加するといった研究などがある。もっとこの分野の研究が進むと，どのような生物学的な要因が暴力行為や性的行動と直接的に関係していることが証明され，医学的な治療が非行や犯罪からの更生に今以上に寄与する可能性がある。

（2）心理学的アプローチ

　犯罪行動を精神あるいは心理の面から解き明かそうとする研究もこれまで盛んになされてきた。この心理学的アプローチの現在までの大きな流れを捉えていきたい。

①精神疾患や知的能力との関係

　先の家系研究を行った研究の中に，犯罪者が多い家系には精神障害や知的障害を有する者が多いという報告がなされ，一時は知的な能力の低さが犯罪を引き起こすといった主張がなされたこともあった。もちろん，それらの主張は妥当性がなく，現在ではまったく当てはまらないという見解となっている。そして，このような考えは障害者差別を助長させる結果になるとの批判もされるようになっている。近年も発達障害を持つ者が重大事件等を起こし，それがマスコミで大きく報道されると，発達障害者は犯罪を犯してしまうとの誤った理解が広まってしまう。これはあまりにもゆゆしき問題であり，犯罪行動と障害を短絡的に結びつけるのは危険である。そうならないためにも，安易な風潮に流されることなく，精緻な分析や理解がなされなくてはならない。このことをしっかり

14

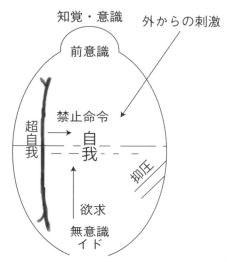

S. フロイト（Freud. S. 1856～1939）　図1-1　イド，自我，超自我
（写真提供：ユニフォトプレス）

頭に入れておくべきである。

②精神力動的アプローチから見た犯罪

　精神分析の創始者である S. フロイト（Freud. S. 1856～1939）は精神分析理論を構築し，心の構造を図1-1のようにイド，自我，超自我に分けた。そして，欲動によって生起する不安や葛藤に対する自我の防衛機制という考え方を示し，イドと自我，超自我の力動関係に注目し，適応と現実検討と防衛という観点から人間行動を説明した。そして，犯罪との関係では，肥大化した超自我のために自ら罰を受ける必要があると感じ，無意識的に犯罪行動に動機づけられてしまうと主張した。しかし，この精神力動的アプローチは理論的には興味深いものであるが，エビデンスに乏しく，それを立証する手立てが乏しいことから最近ではあまり取り上げられなくなっている。

③性格特性との関係

　性格特性が犯罪に関係するという考え方をしている，代表的な研究者にグリュック夫妻（Glueck, S & Glueck, E, 1950）がいる。この夫妻の研究は500人の非行少年と500人の一般少年を性格的な側面から比較して

実証的に明らかにするものであった。その結果，非行少年は一般少年に比べると，「外向的で，活発で，衝動的で，自己統制がとれず，敵対的で，怒りっぽく，疑い深く，破壊的，非伝統的で，権威に対して反抗的で，社会から認められていないと強く思っている」ということであった。

　ただ，このグリュック夫妻の研究は，このような特性を非行少年が持っていたがゆえに犯罪や非行に走ったというよりも，その時に非行少年がこのような性格の特性を有していたというものに過ぎず，非行の原因とは直接言い切れないとの批判があった。また，非行少年の中にもさまざまな性格の傾向を有する者がおり，非行類型の違いをこれだけでは説明できないという欠点もあった。つまり，傷害などの粗暴傾向の者の性格と窃盗や性非行などの財産犯，性犯などの者との性格の違いがあるはずであるが，その区別がなされていないというわけである。そのため，この研究以降はさらなる個人差特性が犯罪とどのように関係するのかを見る方向に研究が移行していった。

④認知バイアスとの関係

　個人の行動には，その性格だけではなく，他の人たちに対する認知や周囲の状況に対する知覚などが大きな影響を与えている。そんな中で反社会的な人たちは，さまざまな認知バイアスを有していることがわかってきた。

　その1つが，ダッジ（Dodge, K. A. 1980）が考えた敵意帰属バイアス（hostile attribution bias）である。これは，外的な刺激を自分に対する挑発や攻撃ととらえやすい認知的傾向を指す概念のことである。例えば，繁華街を歩いていて，向こうから来た人がこちらを見ていたとすると，「あいつ，俺に眼（ガン）を付けてきた」とその人から攻撃を受けたと認知してしまい，挑戦的な行動に出てしまうというのがある。

　あるいは敵意的反芻傾向（hostile rumination）と言って，怒りを体験すると，いつまでもそのことを頭の中で反芻し，怒りを長時間にわたって保持してしまう。このような傾向のある人ほど，攻撃行動を引き起こすというものである。

　上記に代表するように，自分を被害的に受け止めたり，相手に対して

敵意を抱いたりする認知バイアスがあるが，それ以外にも，良くない行為をしても「自分は間違ったことをしていない」と自分を納得させる正当化バイアスがあったり，「気分を高揚させないとこの状況では立ち向かえない」「自分は常に有能であらねばならない」などの認知の偏りがあるばかりに，薬物を使用してしまうといった薬物犯罪などとの関係性が指摘されている。

⑤セルフコントロールとの関係

　グリュック夫妻の長期的な縦断研究のデータが見直され，その後は社会学的アプローチでもあるハーシー（Hirschi, T）の社会的絆理論（後述）へと発展していった。しかしながら，この理論は家族等の社会的な絆は一生を通じて結びつきが強まったり弱まったりする可変的なものであるため，非行少年の行動を十分には説明しきれないという批判があった。

　そこで，ハーシーはゴットフレッドソンとともに逸脱行動を理解する枠組みとして自己統制理論を提唱した（Gottfredson, M. R & Hirschi, T., 1990）。つまり，自己統制（self control）の欠如があることが犯罪の原因の１つとして考えられるというのである。

　一般的に自己統制の欠如というのには，次のような大きな特徴が見られる。

１）欲望や感情を抑えることができない

２）計画的な行動や生活ができず，刺激やスリルを求める

３）自分本位で他人のことを思いやったり，共感したりすることができない

４）欲求不満耐性が低い　　　など

　確かに，自己統制の高い人と低い人とを比較すると，高い人は先の将来展望を持ち，周囲への配慮や共感もあって，すぐに欲求を充足しようとしないがゆえに，犯罪行動となることが少ない。逆に，自己統制が低い人は犯罪行動となってしまいやすいと言える。

　ただ，この自己統制理論（self control theory）の研究はさまざまな国で多くの研究者によって検証され，自己統制が親の社会化とどのよう

に関係するのかといった環境面の影響か，遺伝が重視されるものなのか
といったものまで多様で広がりすぎていると言えなくもない。

⑥サイコパシーとの関係

　サイコパス（psychopath）は，極めて強い自己中心性と高い衝動性
を持つ1つの障害と考えられ，厳密に言えば，精神病質とも反社会性人
格障害とも違っている。このような臨床群が存在することを明確にした
のがヘア（Hare, R. 1991）であり，サイコパシーチェックリスト（Psy-
chopathy Check List；PCL）を作成した（現在はその改訂版である
PCL-R が用いられている）。

　PCL-R では，20の評価項目から構成され，半構造化面接とこれまで
の記録により，各項目が0点から2点の間で評定され，30点を超えると
サイコパシーと見なされる。図1-2のように，PCL-R では，対人面・
感情面からなる第1因子と，社会的逸脱からなる第2因子があり，さら
に，第1因子は対人面と感情面の2相に，第2因子は生活様式と反社会

第1因子　対人面・感情面		第2因子　社会的逸脱	
第1相　対人面	第2相　感情面	第3相　生活様式	第4相　反社会性
1　口先だけのこと/表面的な魅力	6　良心の呵責・罪悪感の欠如	3　刺激を求めること/退屈しやすさ	10　十分な行動のコントロールができないこと
2　誇大化した自己価値観	7　浅薄な感情	9　寄生的生活様式	11　不特定多数との性行為
4　病的なまでに嘘をつくこと	8　冷淡さ/共感性の欠如	13　現実的・長期的な目標の欠如	12　子どもの頃の問題行動
5　詐欺/人を操ること	16　自己の行動に責任が取れないこと	14　衝動的なこと	17　多数の長続きしない婚姻関係
		15　無責任なこと	18　少年非行
			19　仮釈放の取り消し
			20　犯罪の多種方向性

図1-2　サイコパシーチェックリストの構造（Hare, R. 1991より作成）

性の2相に別れている。

　ヘアはこのサイコパスについて，「サイコパスはいかなる人間どうしの交流も，"餌をまく"チャンス，競い合い，あるいは相手の意志を試す機会として見る傾向があり，そこにはひとりの勝者しかいない。彼らの動機は人を操作し，奪うことなのだ。非情に，良心の呵責など感じずに」と述べている。

　このサイコパス傾向は環境によって作られたものというよりも，そもそも生まれ持った生得的な特性，神経系の問題であると考えられており，それゆえに生涯持続するとされている。

（3）社会学的アプローチ

　これは，社会の動向や仕組みが非行や犯罪にどのような影響を与えるかを見ていくというアプローチである。わかりやすいものとしては，暴力を実際に間近に見たりした場合，その人の攻撃的行動がどうなるかを明らかにするといった研究などがある。このような研究成果もあって，子どもがメディアからの暴力シーンや性的シーンを目に触れないように配慮する非行防止活動となっていくこともある。現実には，ゲームやインターネットの普及によって，子ども達が十分に規制のかからない環境に置かれ，それらを通じて暴力や性的行動を学習したりして，知らぬ間に暴力や性的逸脱に陥ることも少なくない。

　この社会学的アプローチは，個人に帰するような生物学的アプローチでも心理学的アプローチでもなく，どちらかと言うと個人を超えたグローバルな視点で犯罪行動を考えていこうとするものである。先の遺伝か環境かという論争で言えば，環境を重視する立場であると言える。その代表的なものが以下に挙げた理論である。

①アノミー理論

　デュルケーム（Durkheim, E.）やマートン（Merton, R.）によって作られたのがアノミー理論（anomie theory）である。それは，社会の中には，その社会の構成員が共通して持っている目標（文化的目標：（cultural goals））があり，その目標を達成するために，社会的に認め

られた合法的な手段（制度化された手段：(institutionalized means)）が用意されている。

　例えば，一戸建ての家を購入する目標（文化的目標）を持っている者がいたとして，その人がすぐに現金で購入することができないために，銀行から住宅ローンの借金（これは制度化された手段と言える）をして，その物件を買うなどがこれに当たる。

　マートンはこの文化的目標と制度化された手段の間に緊張状態があると考え，その中で人がどのような行動を取るかを図1-3のように考えた。つまり，文化的目標があって制度化された手段があれば「同調（Conformity）」（金銭的富を求めて合法的に努力する）をするのであるが，文化的目標があるがそこに制度化された手段がなければ，「革新（Innovation）」（富を得ようとしても制度化された手段では得られないのであれば，詐欺や脱税等によって新しい非合法な方法を使用するか，賭博などの反社会的な手段を採ろうとする）へと方向を向け，それが非行や犯罪につながっていくと考えたのである。また，文化的目標を失い，制度化された手段も使用しなくなるとするならば，「逃避（Retreatism）」となり，非合法であってもその場の一時的な快楽を追求する態度となり，アルコール依存や薬物使用などの行動を引き起こすと考えた。

　先の例で言えば，住宅を購入しようとする文化的目標を持っている人

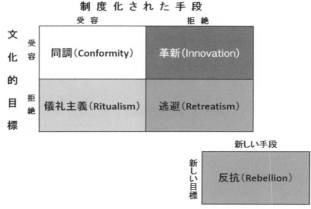

図1-3　マートンのアノミー理論の枠組み

が銀行からお金を借りることができるといった制度化された手段があれば問題はないけれども，購入したくても銀行からローンが組めなかったり，賃金を得られる職に就けなかったりすれば，その目標を諦めるか，銀行強盗でもしてお金を手に入れるかといった非合法の手段に訴えるかもしれない。さらに，ローンも組めないような状況が続くならば住宅を購入する目標すら諦め，極端なことを言えば，アルコールに溺れて日々過ごしていくという行動を取ってしまうことも考えられる。

②文化的接触理論と文化的同一化理論

　文化的接触理論（differential association theory）はサザランド（Sutherland, E. H.）によって提唱された理論である。これは非行行動は周囲の緊密な集団からの学習によって形成されるとする。

　例えば，小学生時に非行傾向のある同級生がおり，下校途中にその同級生から煙草を吸おうと勧められて一緒に吸ってしまうという行動は，まさに喫煙をする同級生との接触により引き起こされたと理解できる。

　このように非行や犯罪もそのような集団とのかかわりによってもたらされるとするのが文化的接触理論である。しかし，そのような集団と接触していても非行や犯罪に至らない者も実際にはいる。また，集団にかかわりがない者も非行や犯罪をしてしまうことも現実的には存在する。それらの点について，この文化的接触理論では説明しきれないのが弱点となっている。

　そこで登場したのが文化的同一化理論（differential identification theory）で，グレイザー（Glaser, D.）によって主張された。この理論は直接的な接触によるだけではなく，むしろ非行少年や犯罪者との心理的な同一化が非行や犯罪の行動を生むと提案した。具体例を挙げると，あるアニメの登場人物が粗暴で攻撃的なキャラクターであり，それに憧れ自分を同一化させれば，同様に粗暴で攻撃的な行動を取ってしまうことがある。つまり，そこに心理的な同一化が作用されていることがポイントとなるのである。

③社会的絆理論

　これまでの社会的アプローチの理論では，「人はなぜ犯罪をするのか」

という問題意識であったが，ハーシー（Hirschi, T.）はその問いかけを逆転させ，「人はなぜ犯罪を行わないのか」と考え，社会的絆理論（social bond theory）を提唱した。

　それは，4つの絆があるために人は犯罪をせずに行動を抑制できると考えたのである。その第1は「愛着（attachment）」である。これは犯罪をしてしまうと大切な家族や親友をなくしてしまうという考え方である。第2は「コミットメント（commitment）」である。これは自分が慣習的な活動（学校や会社に行くなど）に一定の拘束を受けている状態を意味しており，それらの合法的なことに従事することで報酬（よい成績が取れたり，給料を得たりなど）を得ることができるのである。逆に，犯罪をしてしまうと，それらの報酬が得られなくなり，そこにかけた投資が無駄になるから，コミットメントしているところが大きければ大きいほど犯罪の抑止となると言うのである。第3は「巻き込み（involvement）」である。その人が熱心に取り組んだり，自分を懸けたりしていることで，犯罪に費やす暇がなくなるというのである。例えば，同じ高校生であっても，受験勉強を懸命にしていたり，クラブ活動に熱心である人ほど非行をする時間がないわけである。第4は「信念（belief）」である。これは社会のルールや規範，法律などをどの程度尊重しているかといった意識のことである。それが高いほど，犯罪を犯す度合いが低くなるのである。

　この社会的絆理論は，家族と非行との関係を示した代表的理論とも言える。

④漂流（ドリフト）理論

　非行少年は四六時中，非行文化に染まっていて，一般社会とは大きく異なる生活様式をしているかと言うとそうではない。彼らは普段は規範や法律を遵守し，日常生活を送っているのであり，モフィット（Moffitt, T. E.）の「青年期限定反社会性」（第2章で取り上げる）を挙げるまでもなく，ある程度の年齢になると非行から卒業していく者がほとんどである。

　そのような考えから，非行少年は非行文化と遵法文化との間を漂流

（ドリフト）している存在であると捉えたのがマッツァ（Matza, D.）の漂流（ドリフト）理論（drift theory）である。マッツァが言うところによると，非行少年は自分の行動について罪悪感と羞恥心を持っており，逸脱行動をした時に自分の行動を正当化するために弁解をする。この弁解こそが完全に非行文化に染まっていない証であると言うのである。そして，この弁解のスタイルを「中和の技術（techniques of neutralization）」と呼んだ。

　中和の技術には，「責任の否定」，「加害の否定」，「被害者の否定」，「非難者に対する非難」，「高度の忠誠心への訴え」がある。

　まず「責任の否定」では，「先輩が万引きをやれと言ったのでしただけだ」というように，自分の責任性を認めないというものである。次に「加害の否定」は，「遊びの一環としてしただけで，決していじめようと暴力を振るったわけではない」というように，自己の行為をたいしたことではないと弁明する。「被害者の否定」は，「相手が自分の悪口を言ったのが悪いのであって，非は向こう側にある」と相手が受けて当然の攻撃であって，相手にこそ責任があるとの言い分である。「非難者に対する非難」では，「不真面目なお前に注意など受けたくもない」というように，非難する者も問題含みであり，非難する資格はないと主張するものである。最後に，「高度の忠誠心への訴え」とは，「仲間を助けるために相手を殴っただけで，それのどこが悪い」といった秩序や大義が荒らされていることを理由に自己の行為を正当化しようとするものである。

　この漂流（ドリフト）理論は，どちらかと言うと，友人関係や仲間関係と非行との関係が焦点に捉えられている。

⑤ラベリング理論

　最後にベッカー（Becker, S.）が提唱したラベリング理論（labeling theory）がある。これは非行少年，あるいは犯罪者というラベルを貼られて見られてしまうことにより，その人は非行少年，あるいは犯罪者としての行動を促進させてしまうというものである。これを「刻印づけ（stigmatization）」とも呼んでいる。

　1つの例として，もともと髪の毛の色が茶系統であった中学生が，学校から髪の毛を染めていると指摘され，先生や同級生から不良少年であると見なされてしまい，その生徒は本格的な非行を繰り返すようになったというのがわかりやすい。これは，不良少年というラベルを付けられることによって，学校という集団の中からしだいに排除されていき，逸脱行動を本格化させていくという考えである。この理論はそのようなラベルを付ける者と付けられる者の社会的相互作用の中で非行や犯罪は生じると主張するのである。

　では，非行少年や犯罪者を作らないようにするためには，彼らを検挙したり罰したりしない方がよいという考えも一時的には巻き起こったが，現在ではそのような処遇のあり方は望ましいものではないと否定されている。

　いずれにせよ，ラベリング理論は集団や社会からの認知のされ方が非行や犯罪にどのように影響を与えるのかということが焦点となっている。

2.　生物－心理－社会モデル

　これまで犯罪心理学の歴史を辿ってきたが，ロンブローゾに始まる生物学的アプローチから，犯罪行動は遺伝から生まれたものか，環境から生まれたものなのかの論争を生んだ心理学的アプローチ，そして，家庭環境をはじめとする社会や環境を重視し，犯罪の社会学からの知見を取り入れた社会学的アプローチに大別される。

　これは非行や犯罪だけに限ったことではないが，近年は一眼的なものの見方ではなく，複眼的なものの見方で物事や事象を捉えようとする動きとなってきている。なかでも，生物－心理－社会モデル（bio-psycho-social model）としての視点を導入しようとする考えは今やなくてはならないものである。

　一般の心理臨床として考えてみても，それは同じである。例えば，心理職があるクライエントのケースフォーミュレーションを行う場合，クライエントの真の実像への迫り方として単一な方法では不十分である。なぜなら，クライエントの問題は，単一な事柄と直線的な因果関係で説

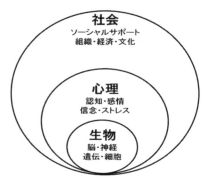

図1-4　入れ子状の生物－心理－社会モデル

明できることは少ないからである。それゆえに，生物－心理－社会モデルの多元的な視点から情報を収集し，クライエントの核心となることにつながる関係を見い出し理解していこうとする。

　そこで，図1-4のように，生物システムと心理システム，社会システムが入れ子状の位置関係にあると理解していく。つまり，あるクライエントの症状や問題について，まず脳や神経，遺伝，細胞といった生物的なシステムの中でとらえ，どの要因に依拠して症状や問題として出現しているかを考える。次に，そのクライエントの認知や感情，信念，ストレス，知能，パーソナリティなどの心理システムの要因を考える。さらに，そのクライエントが置かれている家庭や学校，職場などの社会システムとしての環境の要因を考え，それらがどのように関連してクライエントの症状や問題を生みだし，今に至っているかをアセスメントするのである。

　非行や犯罪の捉え方も同様で，この生物－心理－社会モデルで捉えられるからこそ，介入のあり方，更生や支援の方法が考えられるのである。

　犯罪心理学の歴史を読み解き，現在に至る理論や実践を考える際，この生物－心理－社会モデルは必要不可欠なものであると言える。

🔋 研究課題

1．犯罪心理学についての３つのアプローチを整理して考えられる。
2．犯罪行動は遺伝か環境かという論議があることについて説明できる。
3．犯罪の代表的な理論について説明できる。
4．生物－心理－社会モデル（bio-psycho-social model）がなぜ大切かが説明できる。

引用文献

Dodge, K. A. (1980) Social cognition and children's aggressive behavior. Child Development, 51, pp.577-590.

Glueck, S & Glueck, E. (1950) Unraveling juvenile delinquency. Commonwealth Fund.

Gottfredson, M. R & Hirschi, T. (1990) A general theory of crime. Stanford University Press.

Hare, R. (1991)『Without Conscience』. New York.（小林宏明訳（2000）『診断名サイコパス－身近にひそむ異常人格者たち』ハヤカワ文庫）

日本心理研修センター（監修）（2018）『公認心理師現任者講習会テキスト2018年版』金剛出版，p174-181.

参考文献

越智啓太（2012）『犯罪心理学』サイエンス社
河野荘子・岡本英生編著（2013）『コンパクト犯罪心理学』北大路書房

2 | 近年の犯罪・非行の動向

　この章では，犯罪や非行の量的な推移について統計で概観し，従前と比べて，それらがどのような動向を示しているのかについて理解する。

《キーワード》　刑法犯，少年犯罪，凶悪犯罪，児童虐待と配偶者虐待，高齢者犯罪，再犯（者）率と再非行（少年）率，家庭内暴力，校内暴力といじめ，生涯継続反社会性と青年期限定反社会性

1. 刑事事件の動向

（1） 刑事犯罪の動向

　平成30年版犯罪白書によると，刑法犯の認知件数（図 2 - 1 ）は，戦後最多であった平成14年をピークに減少を続け，平成28年は戦後初めて100万件を下回った。ピーク時の平成14年の約 3 分の 1 である。

　また，刑法犯の中での約 7 割以上を占める窃盗であるが，その割合も平成15年から大幅に減少し，平成29年は戦後最少を更新している。ただ，詐欺については平成24年以降は増加傾向にあり，オレオレ詐欺，架空請求詐欺，融資保証金詐欺，還付金詐欺等の「振り込め詐欺」と呼ばれる特殊詐欺の増加が特徴として見られる。

（2） 凶悪犯罪の動向

　殺人，強盗，強姦（強制性交等），放火をいわゆる凶悪犯と呼ぶが，これについても図 2 - 2 のように平成15年をピークに減少をしている。そのため，決して近年犯罪が凶悪化しているとは言えない。

（3） 児童虐待，配偶者虐待，ストーカーによる犯罪の動向

　近年の犯罪の特徴としては，児童虐待や配偶者虐待と考えられる事件

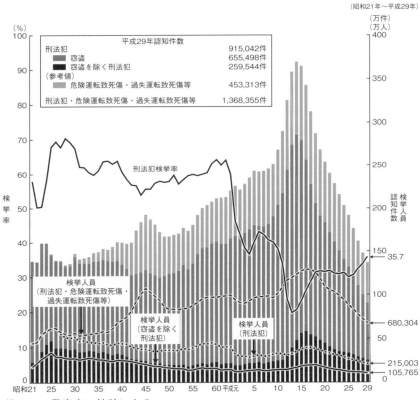

（昭和21年～平成29年）

平成29年認知件数	
刑法犯	915,042件
窃盗	655,498件
窃盗を除く刑法犯	259,544件
（参考値）	
危険運転致死傷・過失運転致死傷等	453,313件
刑法犯・危険運転致死傷・過失運転致死傷等	1,368,355件

注　1　警察庁の統計による。
　　2　昭和30年以前は，14歳未満の少年による触法行為を含む。
　　3　昭和40年以前の「刑法犯」は，業過を含まない。
　　4　危険運転致死傷は，平成14年から26年までは「刑法犯」に，27年以降は
　　　　「危険運転致死傷・過失運転致死傷等」に計上している。

図2−1　刑法犯　認知件数・検挙人員・検挙率の推移（平成30年版犯罪白書）

の検挙件数が急増し（図2−3，図2−4），ストーカー規制法もしくは
それに関連する他法令の検挙件数も急増している（図2−5）。

（4）高齢者犯罪の動向

　また，ここで注目すべき点は，高齢者による犯罪の人口比である。高
齢者による犯罪については，図2−6に示すように，65歳以上の高齢者

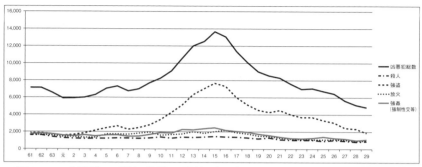

図2-2 凶悪犯の認知件数の推移（平成30年警察白書より筆者が作成）

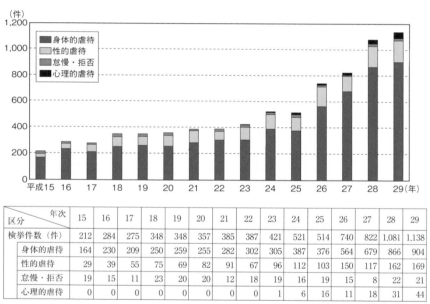

区分 ＼ 年次	15	16	17	18	19	20	21	22	23	24	25	26	27	28	29
検挙件数（件）	212	284	275	348	348	357	385	387	421	521	514	740	822	1,081	1,138
身体的虐待	164	230	209	250	259	255	282	302	305	387	376	564	679	866	904
性的虐待	29	39	55	75	69	82	91	67	96	112	103	150	117	162	169
怠慢・拒否	19	15	11	23	20	20	12	18	19	16	19	15	8	22	21
心理的虐待	0	0	0	0	0	0	0	0	1	6	16	11	18	31	44

図2-3 児童虐待 検挙件数・検挙人員の推移（平成30年警察白書）

の人口比は平成20年まで増加傾向となり，その後は横ばいを続けている。他の年齢層では減少傾向や横ばいとなっているのと比較すると顕著な特徴と言える。これは高齢者人口の増加によるものであるが，一つの大きな特徴であると言える。

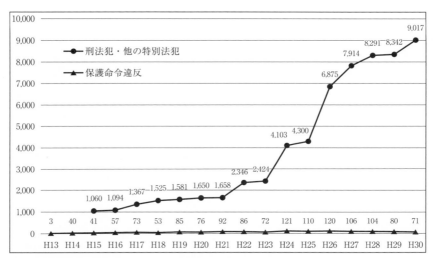

注）刑法犯・他の特別法犯の統計は平成15年から集計

罪種別内訳

	平成26年	平成27年	平成28年	平成29年	平成30年
刑法犯・他の特別法犯	6,875	7,914	8,291	8,342	9,017
殺人（既遂）	3	3	2	1	2
殺人（未遂）	99	96	100	90	109
傷害致死	1	2	0	3	3
傷害	2,890	2,963	2,991	2,934	2,958
暴行	3,202	4,091	4,409	4,510	5,233
脅迫	144	143	153	149	110
強制性交等	4	10	4	11	6
強制わいせつ	4	1	5	0	5
住居侵入	58	59	62	63	46
逮捕監禁	27	18	20	21	12
器物損壊	100	99	116	109	89
公務執行妨害	−	−	32	32	24
現住建造物等放火	−	−	14	15	11
暴力行為等処罰法違反	164	169	172	238	252
銃刀法違反	29	49	46	38	39
その他	150	211	165	128	118
保護命令違反	120	106	104	80	71

注1）刑法犯・他の特別法犯の検挙は，
　　　・複数罪名で検挙した場合は，法定刑が最も重い罪名で計上
　　　・殺人を除き，未遂のある罪については未遂を含む。
　　　・平成27年までの公務執行妨害，現住建造物等放火は「その他」に計上
　　　・「その他」は，恐喝，未成年者略取，強盗，覚せい剤取締法違反，大麻取締法違反　等

**図2-4　配偶者からの暴力事案等の検挙件数の推移（警察庁「平成30年に
　　　　おけるストーカー事案及び配偶者からの暴力事案等への対応状況
　　　　について」）**

図2-5　ストーカー事案検挙件数の推移（警察庁「平成30年におけるストーカー事案及び配偶者からの暴力事案等への対応状況について」）

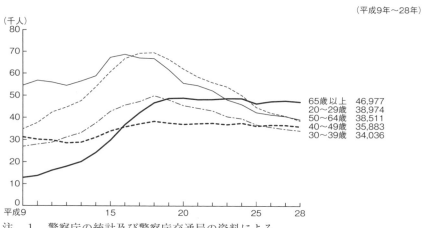

注　1　警察庁の統計及び警察庁交通局の資料による。
　　2　犯行時の年齢による。
　　3　平成14年から26年は，危険運転致死傷を含む。

図2-6　刑法犯　検挙人員の年齢層別構成比の推移（平成29年版犯罪白書）

（5）刑事事件における再犯者率

　刑法犯検挙人員に占める再犯者の人員の比率を再犯者率と呼ぶが，これに関しては顕著に増加している。図2-7のように，再犯者率は平成9年以降上昇を続けている。これは再犯者の人員は平成8年を境に増加し続けていたが，平成18年をピークとして，その後は漸減状態となった。ただ，初犯者の人員は，平成12年を境に増加し続けていたが，平成16年をピークとして，その後は減少している。そのこともあって，再犯者の人員が減少に転じた後も，それを上回るペースで初犯者の人員も減少し続けているため再犯者率の上昇につながっていると考えられる。いずれにせよ，図2-8のように，出所受刑者の約4割が5年以内に再び再入所をしていることになる。中でも，図2-9に示すように，高齢者の再犯者率は他の年齢層に比べて高い。

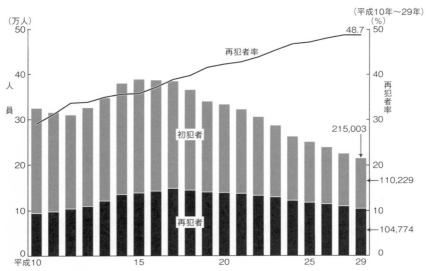

注　1　警察庁の統計による。
　　2　「再犯者」は，刑法犯により検挙された者のうち，前に道路交通法違反を
　　　　除く犯罪により検挙されたことがあり，再び検挙された者をいう。
　　3　「再犯者率」は，刑法犯検挙人員に占める再犯者の人員の比率をいう。
**図2-7　刑法犯　検挙人員中の再犯者人員・再犯者率の推移（平成30年版
　　　　犯罪白書）**

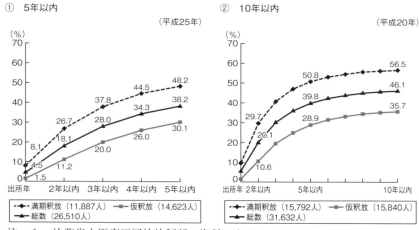

① 5年以内 （平成25年）

② 10年以内 （平成20年）

注 1 法務省大臣官房司法法制部の資料による。
2 前刑出所後の犯罪により再入所した者で，かつ，前刑出所事由が満期釈
放又は仮釈放の者を計上している。
3 「再入率」は，①では平成24年の，②では平成19年の，各出所受刑者の人
員に占める，それぞれ当該出所年から28年までの各年の年末までに再入
所した者の人員の比率をいう。

図2-8 出所受刑者の出所事由別再入率（平成30年版犯罪白書）

2. 少年事件の動向

（1）少年犯罪の動向

　平成30年版犯罪白書によると，少年による一般刑法犯等の検挙人員・
人口比（図2-10）は，昭和26年，昭和39年，昭和58年と戦後3つの
ピークがあり，平成10年と平成15年にやや増加が見られたが，その後は
急減している。それを年齢層別に見ると（図2-11），14歳以上20歳未満
の年少少年，中間少年，年長少年はいずれも近年は急減しているが，14
歳未満の触法少年だけは微減もしくは横ばいとなっている。ここに非行
の低年齢化の現象が見られると言ってもいいかもしれない。

（2）凶悪少年犯罪の動向

　一時期，殺人等の事件が立て続けに起こったことから，非行が凶悪化

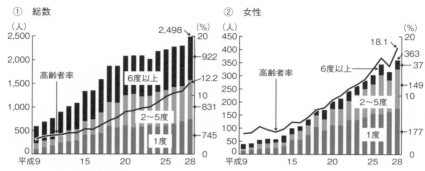

注　1　矯正統計年報による。
　　2　入所時の年齢による。
　　3　「高齢者率」は，入所受刑者総数及び女性の入所受刑者に占める高齢者の
　　　　比率をいう。

＊高齢者の受刑者（総数及び女性）が最近20年間増加し，平成28年は平成 9 年と
　比べると，総数で約4.2倍に，女性では約9.1倍
＊高齢者は，入所受刑者全体と比べて，再入者の割合（再入者率）が高く，平成
　28年の再入者率は70.2％

**図 2 - 9　高齢者の入所受刑者人員（入所度数別）・高齢者率の推移（総数・
　　　　　　女性別）（平成29年版犯罪白書）**

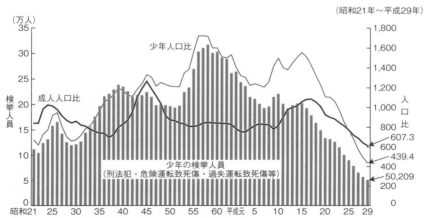

**図 2 -10　少年による一般刑法犯等検挙人員・人口比の推移（平成30年版犯
　　　　　　罪白書）**

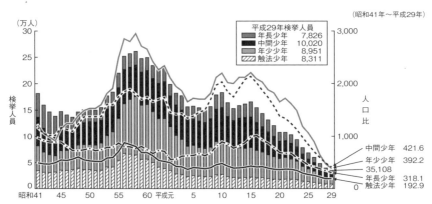

注 1 警察庁の統計，警察庁交通局の資料及び総務省統計局の人口資料による。
　　2 犯行時の年齢による。ただし，検挙時に20歳以上であった者を除く。
　　3 検挙人員中の「触法少年」は，補導人員である。
　　4 平成14年から26年は，危険運転致死傷を含む。
　　5 「人口比」は，各年齢層の少年10万人当たり刑法犯検挙（補導）人員である。なお，触法少年の人口比算出に用いた人口は，10歳以上14歳未満の人口である。

図2-11　少年による一般刑法犯等検挙人員・人口比の推移（年齢層別）（平成30年版犯罪白書）

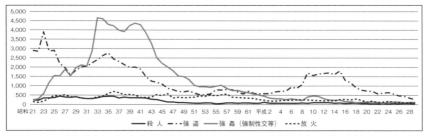

図2-12　凶悪事件の少年事件の推移（平成30年版犯罪白書より筆者が作成）

していると社会で話題になったこともあった。確かに，少年のひったくり等による強盗事件がその時期に顕著に多く，統計上も平成8年から平成16年までが高い件数となっている。しかし，強盗の検挙人員もその後は減り，図2-12で見るように，近年の凶悪犯の件数は激減しており，決して非行の凶悪化傾向があるとは言えない。

（3）家庭内暴力犯罪の動向

　前述のように，少年事件全体としては件数が減っているが，家庭内暴力の認知件数を見ると，平成24年から毎年増加傾向となっており（図2-13），家庭内暴力事件の対象はと言うと，母親が最も多く，次いで，家財道具等，父親，兄弟姉妹，同居の親族の順であった（警察庁生活安全局少年課の「平成29年中における少年の補導及び保護の概況」の資料による）。

（4）校内暴力，いじめによる犯罪の動向

　また，校内暴力で検挙補導された人員（図2-14）を見ると，平成25年をピークとして増加を続け，その後は現在に至るまで激減している。そして，校内暴力の補導人員では，中学生が圧倒的な割合を占めている。
　ところで，2011年に中学2年生の生徒がいじめにより自殺した大津いじめ事件があったが，近年，学校教育分野においてはいじめの問題が非常にクローズアップされてきている。確かに，いじめの認知（発生）件数は図2-15のとおりであり，増加傾向にある。これは，文部科学省の

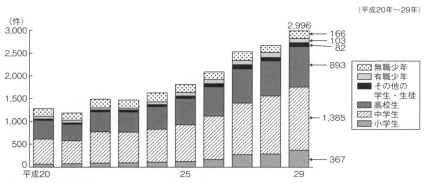

注　1　警察庁生活安全局の資料による。
　　2　犯行時の就学・就労状況による。
　　3　一つの事件に複数の者が関与している場合は，主たる関与者の就学・就労状況について計上している。
　　4　「その他の学生・生徒」は，浪人生等である。

図2-13　少年による家庭内暴力認知件数の推移（平成30年版犯罪白書）

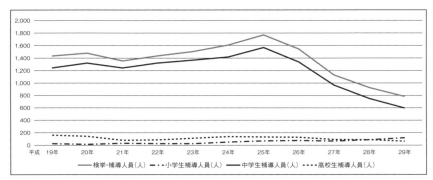

図2-14　校内暴力の検挙補導人員の推移(平成30年版犯罪白書より筆者が作成)

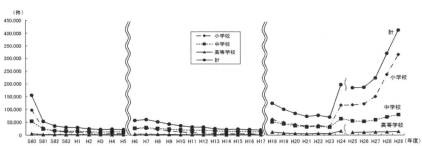

図2-15　いじめの認知（発生）件数の推移（文部科学省初等中等教育局児童生徒課)

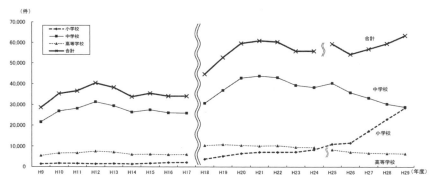

図2-16　学校の管理下・管理下以外における暴力行為発生件数の推移（文部科学省初等中等教育局児童生徒課)

いじめの定義が変わったこと，いじめについての認知度が高くなり，通告数も増えたことなども影響している。図2-16は暴力行為発生件数であるが，中学校では平成26年以降は減少しているものの，小学校では平成27年から増加となっている。

（5）少年事件における再非行少年率

　ところで，少年事件の再非行少年率（図2-17）では，平成9年以降ほぼ上昇傾向を示し，平成29年はやや率が減ったものの，35.5％となっている。これは，再非行少年自体は平成15年をピークとして，その後は漸減状態しているものの，それを上回るペースで検挙人員が減少し続けていることにもよる。ただ，図2-18に示すように，少年院出院者が2年以内に少年院・刑事施設に再入所する比率は約10％，5年以内になると，少年院に再入所になるのは15.1％，刑事施設に入所は21.6％となっている。

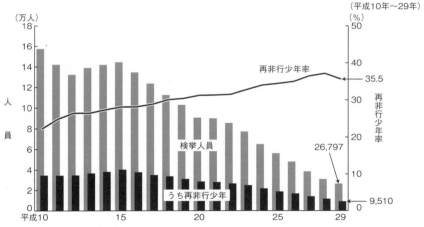

注　1　警察庁の統計による。
　　2　犯行時の年齢による。ただし，検挙時に20歳以上であった者を除く。
　　3　「再非行少年」は，前に道路交通法違反を除く非行により検挙（補導）されたことがあり，再び検挙された少年をいう。
　　4　「再非行少年率」は，少年の刑法犯検挙人員に占める再非行少年の人員の比率をいう。

図2-17　少年の刑法犯検挙人員中の再非行の人員・再非行少年率（平成30年版犯罪白書）

　また，非行少年率（図2-19）を見ると，どの年代においても，14歳から15歳，16歳をピークにして，以降は減少している。これは，非行という現象は，一般的に思春期に急増してピークを迎え，20歳までにはかなり収束となることを示している。

（6）一過性で終わる非行と生涯持続する非行

　上記で述べたように，非行というのはほとんどの場合は思春期あるいは青年期前期に出現し，一過性で終わる。しかし，サイコパスのような生涯にわたって非行や犯罪をする者もいる。この点について，モフィット（Moffitt, T.E., 1993）は，「生涯継続反社会性」(life course-persistent)と「青年期限定反社会性」(adolescent-limited) に大別し（図2-20），「生涯継続反社会性」は幼少期から活動水準や情緒反応，言語能力，衝

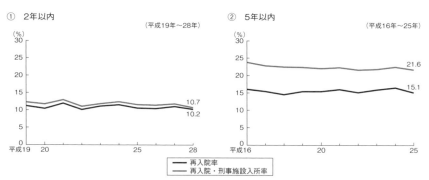

注　1　矯正統計年報及び法務省大臣官房司法法制部の資料による。
　　2　「再入院率」は，各年の少年院出院者の人員に占める。出院年を1年目として，①では2年目（翌年）の，②では5年目の，それぞれ年末までに新たな少年院送致の決定により再入院した者の人員の比率をいう。
　　3　「再入院・刑事施設入所率」は，各年の少年院出院者の人員に占める。出院年を1年目として，①では2年目（翌年）の，②では5年目の，それぞれ年末までに新たな少年院送致の決定により再入院した者又は受刑のため刑事施設に初めて入所した者の人員の比率をいう。なお，同一の出院者について，出院後，複数回再入院した場合又は再入院した後に刑事施設への入所がある場合には，その最初の再入院を計上している。

図2-18　少年院出院者再入院率と再入院・刑事施設入所率の推移（平成30年版犯罪白書）

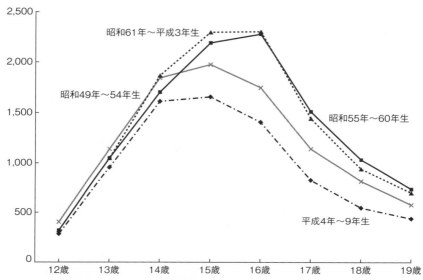

注　1　警察庁の統計，警察庁交通局の資料及び総務省統計局の人口資料による。
　　2　犯行時の年齢による。ただし，検挙時に20歳以上であった者を除く。
　　3　「非行少年率」は，各世代について，当時における各年齢の者10万人当た
　　　りの刑法犯検挙（補導）人員をいい，平成14年から26年の検挙人員につ
　　　いては，危険運転致死傷によるものを含む。

図2-19　少年による刑法犯非行少年率の推移（平成29年版犯罪白書）

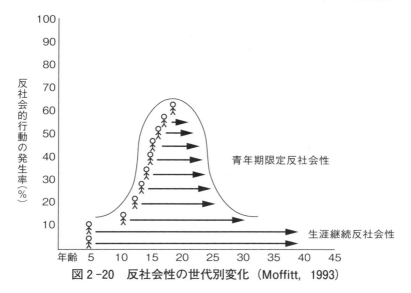

図2-20　反社会性の世代別変化（Moffitt，1993）

動性のコントロール，注意，学習能力，記憶，推論などの認知能力における問題があり，注意欠如 / 多動性障害（AD/HD）に類似した臨床像があると指摘する。そうした特徴があるがために，家庭や学校という環境との不調和が生じ，多動や衝動，認知面での問題が改善されないまま反社会的行動を繰り返してしまう。このタイプに該当する者は男子では人口の5〜8％程存在する。一方，「青年期限定反社会性」は知的・身体的には問題は見られないが，社会的には一人前と見なされない青年期特有のジレンマがあり，逸脱行為に一時的に惹かれ，先述した生涯継続型の犯罪や非行をする者を模倣する。「生涯継続反社会性」は非常に幼い年齢のときにすでに開始されるのに対し，「青年期限定反社会性」は思春期に始まり，18歳前後でそれらの行為がなくなる。なぜなら，「青年期限定反社会性」は成人になればギャップはなくなるし，大人になっても犯行を続けておくと自分が損をすることを知っているからであるとモフィットは指摘した。

🔋 研究課題

1．近年の犯罪傾向の量的な特徴を説明できる。
2．近年の非行傾向の量的な特徴を説明できる。

引用文献

法務省法務総合研究所（2018）『平成30年版犯罪白書』
　（http://hakusyo1.moj.go.jp/jp/65/nfm/mokuji.html）2019年4月30日閲覧
警察庁（2019）『平成29年における少年非行，児童虐待及び子供の性被害の状況』
　（https://www.npa.go.jp/safetylife/syonen/hikou_gyakutai_sakusyu/H29-revise.
　pdf#search=%27%E5%85%90%E7%AB%A5%E8%99%90%E5%BE%85+%E6%A4
　%9C%E6%8C%99%E4%BB%B6%E6%95%B0+%E5%B9%B3%E6%88%9029%E5%B
　9%B4%27）2019年4月30日閲覧

警察庁（2019）『平成30年警察白書』
（https://www.npa.go.jp/hakusyo/h30/gaiyouban/gaiyouban.pdf#search=%27%
E5%85%90%E7%AB%A5%E8%99%90%E5%BE%85+%E6%A4%9C%E6%8C%99%
E4%BB%B6%E6%95%B0+%E5%B9%B3%E6%88%9030%E5%B9%B4%27）2019年
4 月30日閲覧
警察庁生活安全局（2018）『平成29年中における少年の補導及び保護の概況』
（http://search.yahoo.co.jp/r/FOR=VdwlXzlV3ijFEW9Wj223OpHDzB0A
qrLPgwLnyBMbicBj.OZIqRS4M6QIelKuA2QAWKyHadKD37BQlCGu91.
p89tCQVC3B35v_ArQVO41eohvnqZ3f1Rb.FYQXypT6caEX4L6kyqCEp8sLu
los1S0NX9ObYjzjt8RWn4TaDgd2t_877keg9x_KGdmULR4eYwR_Rmi5218Kq
Tev0CagdJISHfpaaRKmSEHB_47EdkZRbUHUZkUijK8p4QGiGXu.CHcsg--/_
ylt=A2RCopbJ_8hcESkAaiODTwx.;_ylu=X3oDMTBtNHJhZXRnBHBvcwMxB
HNlYwNzcgRzbGsDdGl0bGU-/SIG=1cjo7r7uv/EXP=1556777353/**https%3A//
www.npa.go.jp/safetylife/syonen/hodouhogo_gaikyou/H29.pdf%23search=%27
25E5%25B9%25B3%25E6%2588%259029%25E5%25B9%25B4%25E4%25B8%25A
D%25E3%2581%25AB%25E3%2581%258A%25E3%2581%2591%25E3%2582%258
B%25E5%25B0%2591%25E5%25B9%25B4%25E3%2581%25AE%25E8%25A3%259
C%25E5%25B0%258E%25E5%258F%258A%25E3%2581%25B3%25E4%- 12 -25BF
%259D%25E8%25AD%25B7%25E3%2581%25AE%25E6%25A6%2582%25E6%2
5B3%2581%27）2019年 4 月30日閲覧
警察庁生活安全局生活安全企画課刑事局捜査第一課（2019）『平成30年におけるス
トーカー事案及び配偶者からの暴力事案等への対応状況について』
（https://www.npa.go.jp/safetylife/seianki/stalker/H30taioujoukyou_shousai.
pdf）2019年 4 月30日閲覧
Moffitt,T.E.（1993）：Adolescent-limited and life-course-persistent antisocial
behavior: Adevelopmental taxonomy. Psychological Review, 100, pp.674-701.
文部科学省初等中等教育局児童生徒課（2018）『平成29年度児童生徒の問題行動・
不登校等生徒指導上の諸課題に関する調査結果について』
（http://search.yahoo.co.jp/r/FOR=1P.ZU8tV3igaiN62.I6ySm412t9mMSaX
oOiQPsJss9igQWfA8pJ6aMNJL0XFBrHYbmDndFWA9aMgLJVkk89PAh
1Vq70dfIadPgSyyn.aCnFErZnwO5Nxa5iWaDw9o_6kazFMGabz7gdVrtt4
HsrCQRSJy4g.YZPWYEp15BfHZpdwu6JRpTWhDWQDgu4XdN4XXBZo
ngdG78cV85r7TiLxWn77cHsI2oh3gJhN199JjUL4qpoHTin9LvWQ1KNyG_
QbrMlfBVGi5b53vtPg7DZqwQc8f_Sm8gISOMppyZ6dIKOKjiE3sYuqqVpM-/_
ylt=A7YWNMes.8hctnAAQb.DTwx.;_ylu=X3oDMTBtNHJhZXRnBHBvcwMxB

HNlYwNzcgRzbGsDdGl0bGU-/SIG=19lopcvnn/EXP=1556776300/**http%3A//
www.mext.go.jp/component/a_menu/education/detail/__icsFiles/afieldfi
le/2019/01/10/1412082-2901.pdf%23search=%27%25E3%2581%2584%25E3%2581
%2598%25E3%2582%2581%25E3%2581%25AE%25E8%25AA%258D%25E7%259F
%25A5%2B%25E4%25BB%25B6%25E6%2595%25B0%25E3%2581%25AE%25E6%
258E%25A8%25E7%25A7%25BB%27）2019年 4 月30日閲覧

3 近年の非行の特徴

　前章では，犯罪や非行の動向について，主に犯罪白書や警察白書等を参考にしながら量的な面から概観した。この章では，質的な変化に視点を向け，現代の非行は従前とどのように変化したのかを考えていく。さらに，それを踏まえて，現代人の特徴や若者気質についても考えてみたい。

《キーワード》 動機のわかりにくさ，つながりの希薄さ，精神的未熟さ，カゴダッシュ，校内暴力，暴走族，シングルフォーカス現象，漠然とした不安感，被害と加害の交錯，生と死の境界の薄さ，現実と非現実のあいまいさ，家族関係の質的変化，ふれあうことの恐怖，犯罪の高齢化

1. 非行少年の特徴

(1) 動機のわかりにくさ

　まず近年の非行の大きな特徴として，動機のわかりにくさがある。その背景には，後付けの動機の供述が顕著であり，同時に動機と行為のアンバランスが見受けられる。

　後付けの動機の供述については，少年は犯行の動機を語るものの，後で取って付けたような動機の供述内容をし，犯行時にそんなことを実際に思ったり感じたりしていたかと，こちらを疑わせるようなものまである。そのため，その動機を少年から聞いたとしてもどこかリアリティに欠け，本当の動機はどこにあり，それがどのように犯行に及んだのか理解しにくい。おそらく，少年自身もなぜこのようなことをしてしまったのかということがわかっていないため，それを言葉にしにくいところもある。そして，自分を冷静に振り返る能力も乏しいという面も見受けられる。

　動機と行為のアンバランスについては，あまりにも些細なきっかけに

過ぎないが，それが重大な事件にまでつながってしまう。つまり，非行や犯罪を犯した人がそれに見合った心の動きをしており，そのことが動機として語られれば，聞いているこちら側も納得できる。しかし，そこにアンバランスさが大きいと，「どうしてこんな些細なことで，ここまでの重大な事件まで起こすの？」と動機が理解できず，非行や犯罪のメカニズムもストンと落ちない。こうなってしまう要因はさまざま考えられるが，その1つが，解離（このことは第6章で詳しく述べる）である。この解離があるからこそ，通常は連続しているはずの意識の流れに非連続性が見られ，例えば心と行動につながりがなくなってしまうのである。あるいは，発達障害（このことは第10章で詳しく述べる）をはじめとする障害を抱える人の中には，定型発達者とは違う物の見方や感じ方をしてしまうために，犯行に及んだ動機が外からなかなかわかりにくくなってしまう。

（2）つながりの希薄さと精神的な未熟さ

次に現代の非行少年の特徴として考えられるのは，人とのつながりの希薄さと精神的な未熟さである。そのことは次のさまざまな非行形態の中から読み取れる。

①万引きと "カゴダッシュ" の相違点

万引きは窃盗のなかでもポピュラーな犯罪で，店員の隙をうかがい，防犯ビデオに映らないようにコソッと商品をカバンやポケットに入れ盗む。しかし，2000年頃からこのような手口でない万引きが少年の間で流行した。それが，"カゴダッシュ" である。（次頁の新聞記事参照）

カゴダッシュは，買い物カゴを手にして，欲しい商品をカゴ一杯に入れ，後は店の出口めがけて一気に走り去るという犯行態様である。通常の万引きと大きく違うところは，少年たちは店員はもとより防犯ビデオの存在にもまったく無頓着でおり，いわゆる万引きのコソッとという取り方ではなく，犯行手口は大胆そのものである。そして，両者の最も大きな違いは，そこに店員や防犯ビデオの裏で見ている人間，あるいは周囲の者といった人の存在を意識しているか否かである。カゴダッシュの

場合，少年たちはそれがまったく見えておらず，意識すらしていないというのが実際のところである。

　それゆえ，通常の万引きの場合なら，盗みが見つかってしまうと店員に謝って心から反省している態度を示し，今回の犯行を見逃してもらおうとしたりする。あるいは，内心は反省していなくても，謝れば許してくれるのではないかと淡い期待を抱いて，そんな態度を取ることもあるかもしれない。いずれにせよ，それらの行動は人を意識しているからこそ出現するのである。しかし，カゴダッシュでは人が見えていないゆえに，謝るという発想すら浮かばず，カゴを持ったまま店員の制止を聞かずに強引に逃げ去ろうとする。こうなると，刑法上はもはや窃盗ではなく強盗になってしまうこともある。また，店員が制止をする際，怪我でもしてしまうと，罪名は一ランク上の強盗致傷となってしまい，量刑はますます重くなってしまう。

東京スポーツ

平成22年（2010年）7月15日（木曜日）

日本の未成年はゲーム感覚で万引き

かごダッシュ多発中

　このカゴダッシュに示したように，少年の犯行態様だけを見ると，非行は凶悪化しているように思える。しかし，彼らの心がすさんでひねくれている，人格が粗悪になり，犯行の手口が悪質で乱暴になっているというのとは少し違う。それは突き詰めれば，発達にどこか停滞しているところがあったり，精神的に未熟さがうかがわれると言えるのである。

②校内暴力の質的変化

　第2章で見たように，校内暴力はここ数年は認知件数は減りこそしたものの，平成25年までは増加傾向であった（第2章の図2-14参照）。他の非行類型では認知件数は減っているものの，校内暴力はそれとは違う傾向を示しているとも指摘した。では，そのことを質的な面からどのように理解すればいいだろうか。

　戦後第3の非行のピークと言われた1983年頃は，学校が非常に荒れた時期であった。中学校の窓ガラスが割られ，トイレにはたばこの吸い殻が何本も放置され，校内のあちらこちらに丈の長い大きな学ランを着た茶髪でリーゼントの不良生徒たちを見かけた。当時はリンチ事件や集団抗争事件なども多く，暴走族が全盛期の時代であった。

　しかし，その頃と比べて，現在の学校の様子はいたって平穏であり，とても統計上に示されるように校内暴力が多いという印象は受けない。校内でも見るからにツッパリの不良少年とわかる生徒はいなくなった。

　ただ，生徒たちの内面に一歩踏み込むと，そこでの人間関係やつながりは以前と比べると非常に変わってきているのが理解できる。以前の不良生徒たちは図3-1のように，自分たちの仲間間に強い結びつきを感じ，彼らはグループ化して，集団の凝集力，結束力を重視した。そして，それらを盾として教師たちとやり合い，良い意味でも悪い意味でも不良生徒たちは教師との間に何らかの人間関係を求めたのである。教師の方も，番長と呼ばれる不良集団のリーダーとのかかわりを重視し，彼らの訴えに耳を傾けながら，教師としての立場や指導を生徒たちに理解を求めた。それがうまく行けば事態の沈静化となり，逆にリーダーとの対話が決別すると不良生徒たちが集団で職員室に怒りをぶちまけにくるという事態にも発展した。

　ところが，現在の学校では不良集団というグループが成立しない。せいぜい２，３人が集まる程度で，図３−２のようにほとんど集団化しない。その背景には，親密な仲間関係を築きにくいという理由があるのかもしれないし，そもそも集団に所属したり，一緒に行動したりすること自体を嫌がる者が多くなったからかもしれない。

　集団化しなくなった生徒への対応は教師にとってはやりやすくなったかというと，そうとも言い切れない。現在の不良生徒は集団化をしない代わりに，個別な人間関係さえも築きにくい面がある。教師はそのような生徒と１から人間関係を作っていかねばならない。しかも，そのよう

図３−１　以前の校内暴力

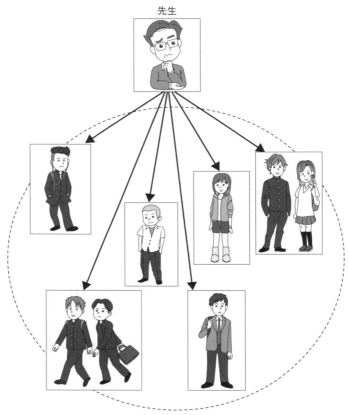

図3−2　現在の校内暴力

な生徒が多数いるため，時間と労力をかけることが必要になってくる。以前なら不良集団間の人間関係があったため，ある一人の生徒へのかかわりの効果が全体に波及し，グループ全体への対応につながったが，近年では一人一人の生徒への対応が求められる。

　このように考えると，校内暴力の質的な変化には人とのつながりの希薄さが大きく影を落としていることが理解できる。

③暴走族集団の消失

　上記に指摘したつながりの希薄さは暴走族の動向にも顕著に見られる。暴走族は自動車やバイクのマフラーを改造し，爆音を響かせて道路を占

拠して走行する。1980年代はその全盛期を迎え，多い時は100台以上もの自動車やバイクが走り，それを見物にくるギャラリーも後を絶たなかった。暴走族の組織も明確で，リーダーやサブリーダー，幹部などが構成員をとりまとめ，走行する際も"特攻隊"と言われる先頭を走る者や"ケツ持ち"と言われる者を最後部に位置した。特に"ケツ持ち"の場合，追尾する警察車両を集団の中に入れさせないなどの重要な役割を担っていたため，それが彼らの間では憧れにもなった。彼らは刺繍入りの特攻服を着たり，ステッカーなどを貼り付け，時には他の暴走族との勢力争いをするなどし，集団への帰属意識が明白であった。

　近年は暴走族の数が激減しているし（図3-3），ほとんどその姿を見ることはなくなった。爆音を立てて走行するバイクがいても，数台程度であり，大きな集団にはならない。これは今の若者全般にも言えることかもしれないが，組織のルールに縛られたり，上下関係を意識して先輩への敬語を使ったりする集団行動は極めて苦手で，それよりも自由に少数もしくは一人でゲームなどをしていた方が楽しいと考えるのである。ここにも人とのつながりの希薄さが非行の形態を変えてきている。

④恐喝からひったくりへの移行

　つながりの希薄さは集団非行への影響だけではなく，それ以外の非行類型にも変化を及ぼしている。少年による恐喝事件の推移（図3-4）を見てみるとわかるように，以前に比べて激減している。その理由の1つとして，金品を喝取する際に被害者に因縁をどのようにつけていいのかわからず，結局は恐喝という犯行手段を選択しない。ある意味では，因縁をつけて恐喝するためにはコミュニケーション能力が必要とされ，そのためには相手とつながっていく工夫や能力が要求される。しかし，現代の非行少年はそのようなコミュニケーション能力が乏しいこともあって，恐喝に代わる別の犯行形態となってしまう。その典型的なものがひったくりである。ひったくりの場合は，被害者から一方的にバック等を盗んでいけばいいので，そこにはコミュニケーション能力はもとより相手との関係性などは考慮しなくて構わない。ヘルメットをかぶって被害者の背後からバイクで走行して盗むので，顔がばれる心配も少ない

50

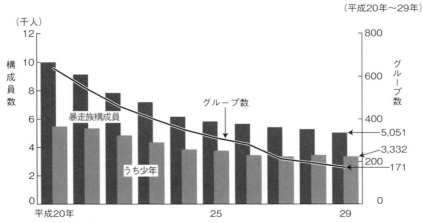

注　1　警察庁交通局の資料による。
　　2　共同危険型暴走族（爆音を伴う暴走等を集団で行う暴走族をいう。）に限る。
図3-3　暴走族の構成員数・グループ数の推移（平成30年版犯罪白書）

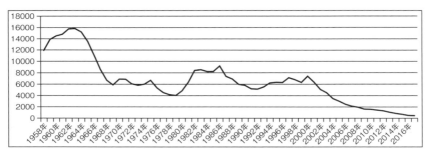

図3-4　少年による恐喝事件の検挙人員の推移
（犯罪白書をもとに筆者が作成）

し，ましてや暗い夜道ではなおさら好都合である。しかも広範囲にわ
たって被害者を物色でき，ゲーム感覚でもやれるというので，一時期爆
発的にひったくりが流行した。

⑤シングルフォーカス現象

　すでに述べたように，つながりの希薄さは，確かに非行少年に限った
ことではなく，現代の若者をはじめとする現代人にも当てはまる。例え
ば，以前であれば，ご飯を食べ残すと，「お百姓さんが悲しむ」などと
の言い方で，お米を作ったお百姓さんの気持ちを考え，食べ物を粗末に

してはいけないと躾をした。また，悪いことをしてはいけない戒めとして，「お天道様（てんと）が見ている」「ご先祖様が見ている」と，人の目があるということを教えた。しかし，今やそのようなことはほとんど言わないし，言ったところで食べ残しとお百姓さんがどうつながるのか想像できないし，悪いことをすることとお天道様，ご先祖がなぜ持ち出されるのか理解できないであろう。

　これらはあまりにも極端な例えかもしれないが，物事を多面的に捉えることができなくなり，先ほどのカゴダッシュを持ち出すまでもなく，人とのつながりが見えず，モノは見えても人が見えていない。つまり，いろんなことがシングルフォーカスでしか捉えられなくなっているのであり，全体像やその裏側にある意図や意味を感じ取ることが乏しくなってきているようにも思われる。そうであるからこそ，つながっていく作用も必然的に弱くなってしまう。

（3）漠然とした不安感

　現代の非行少年のもう1つの大きな特徴と考えられるのは，漠然とした不安感を持っているという点である。この不安感は，進路選択，異性との交際，家族関係などといった具体性のあるものではなく，非常に曖昧でとらえどころのない不安感と言ってもいいかもしれない。そして，それがどのような背景から生まれてきているのかを以下に述べたい。

①被害と加害の交錯

　非行少年の中には，過去に虐待やいじめの被害者であった者が少なくない。つまり，被害者であったはずが，いつの間にか姿を変え，加害者となっており，そこには被害と加害が交錯，あるいは被害と加害の逆転が生じやすい。

　これはいじめを例に取るとわかりやすい。ある時はいじめの被害者だった児童生徒が何かの出来事をきっかけにいじめの加害者になってしまい，その逆もしばしば起こる。また，いじめの傍観者でもとよりいじめとは無関係な者も，自分の行為が周囲から思いもしないところでいじめと指摘されたり，いじめを受けて傷付いてしまう。それゆえに，自分

がいついじめの加害者となるか，あるいは被害者となるかという不安感は非常に高い。言ってみれば，被害と加害の両方向のベクトルをいつも気にしながら現代の子どもたちは教室などに身を置いているのである。

　被害と加害の交錯はいじめだけではなく，大人の世界においてもハラスメント，体罰やしごき，クレームなどにも共通して見られる。これまで上司からパワーハラスメントを受けてきた者が自分の部下に対してパワーハラスメントを行ってしまう，自分が体罰などを受けて嫌だったのに，今度は上級生や指導者となった時に体罰をしてしまうといったことはほんの一例に過ぎない。

　いずれにせよ，被害と加害が交錯する場に身を置くことがどれほど不安感を喚起させるものかは容易に想像できる。本来なら被害と加害の間には明白な境界が存在し，領域を超えて容易には移行できないはずなのに，その境界が不透明であったり，境界のハードルが低かったりすると，簡単に両者を行き来できてしまうことになり，いつ被害者になるのか，いつ加害者になるのかわからず不安になってしまうのである。

②生と死の境界の薄さ

　漠然とした不安感は，生と死の境界の薄さとも大いに関係している。これはおそらく現代の社会事情とも密接にかかわった問題であり，社会そのものが先行きが不透明で不安の高い状態に置かれていると言える。特に，バブル経済がはじけ，リーマンショック以降の株の暴落をはじめとし，大震災など予期できぬ自然災害，原発事故や核兵器など数え切れない不安材料がある。「一寸先は闇」とまでは行かなくても，先に何が待ち受けているのかわからない不安感はその人の生活の根本を脅かすこととなる。そして，それらのことに対する備えができれば不安感も多少は軽減するかもしれないが，対処しきれないことばかりであるため不安感は下げにくい。

　この生と死の境界の薄さは，現代の若者がすぐにリストカットをしたり，オーバードーズとなってしまうことにも現れていて，若年層の自殺が減らない理由とも大いに関係している。また，インターネットで自殺サイトにアクセスし，同じような仲間を募って共感しあったり，書き込

みをするということも少なくない。しかし，彼らは決して死を望んでいるわけではないが，生きたいという強い執着がそれほどあるわけでもない。生と死の境に何となく足を突っ込んでいる中途半端な状態をさまよっていると考えてよいかもしれない。

　本来なら生と死との境にはどこか一線が引かれ，「あの世とこの世」，「彼岸と此岸」のように明確にそこには区別がある。少なくともわれわれの日常感覚からすれば，死とある程度は距離を保ちながら生きているはずである。ところが，現代の若者の中には，死と生の両者の区別があまりなく，それゆえに自分がどこに立脚して身を置いているのか，あるいは身を置けばいいのかがわからなくなってしまっているのではなかろうか。

③現実と非現実のあいまいさ

　近年の子どもたちはインターネットなどのゲームに熱中したり，現実のお金ではなく，仮想通貨を使用し，貯蓄をしたり消費をする。ある少年はあたかもゲームをしている感覚で同級生に暴力を振るった。そして，人は死んでも生き返るとゲームをリセットするような感覚で人の死を捉えている子どもも一定数いる。

　このように，現実と非現実の区別がなされないばかりに，今ここに存在しているという確信が持てずに，感情もどこか醒めていて，自分が生き生きとしている実感がわいてこない。酷い場合は，離人症的な感覚となってしまい，現実や社会のルールがよく見えなくなり，それを平気で逸脱してしまうことにもなりかねない。言い換えれば，「地に足をつける」ことが実感できておらず，現実と非現実のあいまいさがあるばかりに，一歩一歩踏みしめて前に進んでいくことがしにくい。そうなると，不安感は増大せざるを得ず，時には不安感が恐怖心にもなって前にも後ろにも進めず，立ち往生となってしまう苦しみを背負うのである。

2.　犯罪や非行から見られる現代人や家族の特徴

（1）人間関係の希薄さと現実感の乏しさ

　近年の非行の特徴として，つながりの希薄さを特徴の１つとして挙げ

た。近年の刑事事件の特徴においても同様のことが言える。第2章で児童虐待や配偶者暴力，ストーカーに関連する犯罪が最近増加の傾向にあると指摘したが，それらは家族関係や人間関係における親密さや距離感にまつわる犯罪と捉えることができる。つまり，非行だけではなく，成人の犯す犯罪自体も従前のものと比べると質的に大きく変化してきたのである。

　その代表的なものとして，犯罪手口の変化が挙げられる。近年ではインターネット上で国や企業，団体などのシステムに入り込むサイバー攻撃や，規制のかからない仮想通貨を狙った犯罪などがある。これらは人と人が面と向かったなかで犯罪が生じるというよりも，コンピューターなどを介して引き起こされるものであり，捜査も難航する。しかも，そこに現金が目に見えて動くわけではないため，被害者も被害を受けたという現実感が持てずにいることも少なくない。

　オレオレ詐欺の場合を考えてみても，そこに人間関係の希薄さと現実感の乏しさという特徴も見られる。加害者は孫になりすまして，電話でお金を振り込んでほしいと要求するが，常日頃から交流があれば，声や話し方が孫でないことはすぐにわかるはずである。しかし，交流が乏しくなり，関係が希薄になったところを加害者がついてくるため，それにひっかかる被害者が続出する。

（2）家族関係の質的変化

　犯罪の形態の変化は何もパソコンやインターネットの機器の影響だけとは限らない。人間は成長段階で家族とともに育まれるが，その家庭環境の変化によるところの要因も大きい。

　家庭内での養育のあり方にしても，自分の養育に自信が持てず，子どもにしっかり注意したり指導したりすることができない親がいる。また，喧嘩や言い争いになることを避けたいがために，子どもとの距離を詰めようとせずに放任してしまう親がいる。さらに，自分もしくは自分の家族だけのことしか視野にはなく，周囲への配慮に欠ける親も少なくなく，物事の捉え方が常識とはズレ，子どもに当たり前のことが教えられない

親もいる。

　いずれにせよ，現代の家族関係は従前のものとは相当に変化してきていると言え，それを端的にまとめるとするならば，"希薄化してしまう親子関係" であると言える。本来の親子関係は，養育者（主に母親）による乳児への授乳やおむつ交換から始まり，そこで目と目が合うアイコンタクトやほほえみ返しなどの応答性が生まれ，少しずつ情緒的な結びつきができる。そんなプロセスを辿って，子どもは親子関係を土台に友人関係など人間関係を拡げていく。

　ところが現代は親も子どもも時間的にも物理的にも心理的にも余裕がないため，基礎となる情緒関係が十分に確立されないうちに，次のステップへと急がされてしまう。そうなると，愛着や信頼といった基礎となる人間関係を身につけないで過ごすことになり，思春期以降にその希薄な人間関係の課題が表出し，それこそが非行や犯罪につながりやすくなってしまう。

（3）ふれあうことの恐怖

　家庭における育ちの問題は対人関係において色濃く出ることがある。例えば，山田（2002）は，対人恐怖という概念は以前からあったが，近年はその様相がかなり変わってきていると指摘している。山田によると，以前の対人恐怖は，赤面恐怖や視線恐怖などのように大勢の前で発表するとか，誰かから見られているという心配から生まれ，それは言わば三者関係になることへの不安として理解できた。その基底には "恥" という意識が大いに作用されていたとのことである。しかし，現代の対人恐怖は皆の前では堂々と発言することはできるが，休憩時間やプライベートな時間に特定な仲間とどうつきあっていいのかわからないという類の恐怖が多いというのである。つまり，親密になることへの不安や，距離が近くなることへの恐怖が根底に大きい。一緒に食事をしてどのような話をすればいいのかわからない，相手から一方的に話しかけられるのはいいが，自分から何を話しかけていいのかわからないといった，ふれあうことへの恐怖がその根底に見受けられる。これはどちらかと言うと，

二者関係になることへの不安なのである。

　このふれあうことの恐怖の源にあるのが，幼少期の親子のスキンシップや基本的信頼感の問題であり，それが十分でないために生じていると理解できる。これまで述べてきたように，どこか安心感や信頼感が欠け，先行きの見えない不安感，何か得体の分からないものへの恐怖心とふれあうことの恐怖と無関係ではなさそうである。

（4）高齢化犯罪にみる人のつながりの希薄さ

　ここまでは若年層の非行や犯罪にどちらかと言うと焦点を絞ってきたが，人とのつながりの希薄さはそこに限定されるものではない。極端なことを言えば，犯罪そのものが昔と比べて大きく様変わりをしているのである。高齢者の犯罪を取り上げても同様のことが言える。

　統計でも高齢者の比率が高い上，高齢者が再犯を繰り返す割合も高い。これは日本が高齢社会となったけれども，経済的な社会保障が十分になされていないことから，刑務所等を出所しても拠り所とする居所がなかったり，経済的基盤がないばかりに，すぐに再犯をして，刑務所に逆戻りとなってしまう事例が増えている。また，高齢者になっても同居家族や支援家族がおらずに孤立する傾向にあることも背景として見逃せない。

　そんな事情もあって，今は刑務所は高齢者の構成比が非常に高く，特に女子刑務所においてはそれが顕著である（図3-5）。2016年の65歳以上の女子受刑者の構成比は18.1％であり，2007年の7.9％と比べると2倍以上となっている。そのため，刑務所は福祉施設化し，刑務官は本来の職務内容とは違い，食事介護や紙おむつ交換，転倒予防等のヘルパーのような仕事をせざるを得なくなっているのが現状である。

　2016年12月に再犯防止推進法が成立・施行され，翌2017年12月に再犯防止計画を閣議決定した。それによると，図3-6のように，刑事司法の入り口から出口までのあらゆる段階を通じて，一人一人の特性に応じた立ち直りのための指導・支援を実施することになった。また，個々の対象者の社会復帰を支え，再犯防止を実現するため，国民の理解を土台

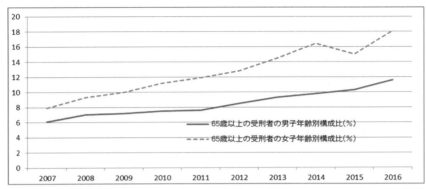

図3-5　入所受刑者の65歳以上の受刑者の年齢層別構成比の推移（犯罪白書より橋本が作成）

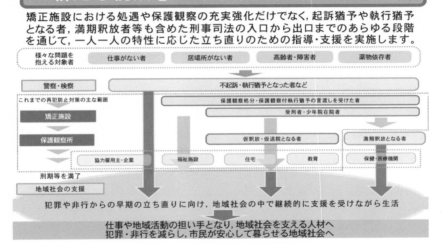

図3-6　立ち直りのための指導・支援

とし，国や地方公共団体・民間がこれまで以上に連携し，総合的に施策を推進することになった。

　犯罪を犯した高齢者についても，単に処罰を加えて対処するだけではなく，再犯防止のための支援を今後は活発になされていくことになるはずである。

研究課題

1．現代の非行の質的な特徴とその背景となる要因について説明できる。
2．現代の犯罪の質的な特徴とその背景となる要因について説明できる。

引用文献

法務省法務総合研究所（2017）『平成29年版犯罪白書』（http://hakusyo1.moj.go.jp/jp/64/nfm/n64_2_2_4_1_3.html#h2-4-1-05）2019年4月30日閲覧
法務省法務総合研究所（2018）『平成30年版犯罪白書』（http://hakusyo1.moj.go.jp/jp/65/nfm/mokuji.html）2019年4月30日閲覧
山田和夫（2002）『ふれ合いを恐れる心理』亜紀書房

4 │ 非行・犯罪の法律と制度

　この章では，非行及び犯罪についての法律と制度について取り上げる。特に，未成年である少年と成人の犯罪者との間で事件の処理のあり方や手続，処遇内容にどのような違いがあるのかを重点的に学んでいく。その違いがわかっていなければ，非行少年や犯罪者に適切な助言やかかわりができないばかりか，多職種との協働や関係機関との連携が円滑に機能しなくなるからである。

《キーワード》　少年法，ぐ犯，家庭裁判所，児童福祉法，少年鑑別所，少年院，児童自立支援施設，保護観察所，検察官送致，矯正教育，更生保護，裁判員裁判，医療観察制度

1. 少年事件における法律と制度

（1）少年法における少年の定義

　少年法では，「少年の健全な育成を期し」（少年法第1条）とあるように，少年事件は刑事事件とは違って刑罰ではなく，あくまでも保護が目的であると規定している。ここで言う「少年」とは図4−1のように，満20歳未満の者を言い，非行少年を①犯罪少年（14歳以上20歳未満で罪を犯した少年），②触法少年（14歳未満で罪を犯した少年），③ぐ犯少年（20歳未満で将来，罪を犯すおそれのある少年）に区別している（少年法第3条）。そして，このように対象者の年齢によって，また対象者が行った行為の内容によっても呼び名が異なっており，後に取り上げる事件処理の手続も違ってくる。ちなみに，児童福祉法上の「児童」とは満18歳未満の者を指す（児童福祉法第4条）。

　ところで，ぐ犯少年とは，「その性格又は環境に照して，将来，罪を犯し，又は刑罰法令に触れる行為をする虞のある少年」（少年法3条1

図 4-1　少年法における少年の定義

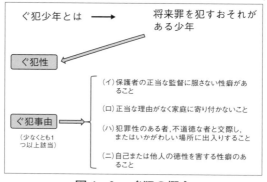

図 4-2　ぐ犯の概念

項3号）と定義されている（図4-2参照）。ぐ犯の構成要件には,「ぐ
犯事由」と「ぐ犯性」の2つから成っている。「ぐ犯事由」は（イ）保
護者の正当な監督に服さない性癖があること,（ロ）正当な理由がなく
家庭に寄りつかないこと,（ハ）犯罪性のある者,不道徳な者と交際し,
またはいかがわしい場所に出入りすること,（ニ）自己または他人の徳
性を害する性癖のあることの,1つ以上は該当していなければならない。
そして,ぐ犯として成立するためには,将来罪を犯すおそれがある「ぐ
犯性」が同時に存在していなくてはならない。このぐ犯という概念は,
犯罪とも触法とも違った少年法に規定されている概念で,成人事件には
なく,あくまで少年事件特有のものである。つまり,まだ罪を犯してい
ないものの,罪を犯す前に保護を加えて,健全な育成を図ろうとする少

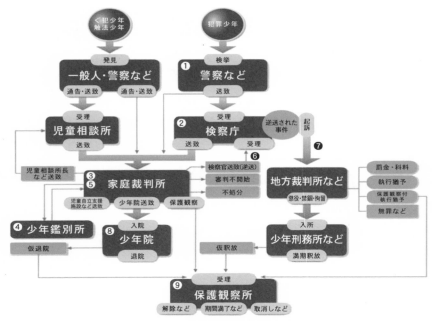

図 4 - 3　少年事件の処理手続
（検察庁：http://www.kensatsu.go.jp/gyoumu/shonen_jiken.htm）

年法の趣旨に則った規定であると言える。なお，ぐ犯少年は，児童福祉
法上の要保護児童（「保護者のない児童又は保護者に監護させることが
不適当であると認められる児童」と児童福祉法 6 条の三第 8 項で定義さ
れている）と重なるところがあるが，厳密に言えば違う。

（2）少年事件の処理手続

　少年事件の処理手続については，図 4 - 3 のとおりである。成人の刑
事事件とは違って，少年事件は警察や検察庁で捜査を行った結果，非行
事実が存在すると認められる場合は保護の観点から，軽微なものであっ
ても必ず家庭裁判所にその事件を送致する全件送致主義を採っている。
また，触法少年あるいは14歳未満のぐ犯少年は家庭裁判所よりも先に児
童相談所に送られる必要がある。児童相談所は，児童福祉法に基づき設
けられた児童福祉の専門機関で，そこには，児童福祉司や児童心理司等

の専門職が配置されている。児童相談所に送致された事件は，児童福祉法による対応がなされ，訓戒や措置（児童福祉司等による指導，施設入所措置，里親委託措置）があり，家庭裁判所での審判に付すことが適当である場合は，家庭裁判所に送致される。

　家庭裁判所では家庭裁判所調査官による調査と裁判官による審判をすることになる。家庭裁判所調査官は心理学，社会学，社会福祉学，教育学などの行動科学等の専門職であり，少年事件においてはそれらの専門的知識を活用して少年が非行に至った動機，原因，生育歴，性格，生活環境などの調査を行う。

　なお，少年の身柄の保全や資質の鑑別の必要性がある場合は少年を少年鑑別所に収容するという観護措置を執ることができる。観護措置の期間は通常は最長4週間であるが，一定の事件で証拠調べが必要な場合は最長8週間まで更新することができる。少年鑑別所は少年鑑別所法に基づいた業務を行う法務省所管の施設で，資質の鑑別を行うほか，収容されている者等に対し，健全な育成のための支援を含む観護処遇を行うことと，地域社会における非行及び犯罪の防止に関する援助を行うことを業務としている。

　審判では，非行事実と要保護性が審理され，少年院送致（少年法第24条第1項第3号），児童自立支援施設等送致（少年法第24条第1項第2号），保護観察所による保護観察（少年法第24条第1項第1号）の保護処分をしたり，保護的措置といって再非行防止のための教育的な働きかけがなされたことによって審判を開かずに終局する審判不開始（少年法第19条第1項），審判を開始するが処分をしない不処分（少年法第23条第2項）がある。それ以外に，児童福祉上の措置が望ましい場合の知事又は児童相談所長送致（少年法第18条第1項），14歳以上の者で刑事裁判によって処罰するのが相当とする検察官送致がある（少年法第20条第1項）。なかでも，少年が16歳以上であり，故意に被害者を死亡させた場合は原則として事件を検察官に送致する（原則検察官送致，少年法第20条第2項）。なお，最終的な処分を保留し，家庭裁判所調査官が少年を一定期間，観察をするという試験観察決定（少年法第25条）をするこ

ともある。

　少年院は，少年院法に基づいた業務を行う法務省所管の施設で，おおむね12歳以上の少年を入院させることができ，少年の年齢や心身の状況により，大きく3つの種類に分けて設置されている。第1種少年院は，保護処分の執行を受ける者であって，心身に著しい障害がないおおむね12歳以上23歳未満のもの（第2種少年院対象者を除く）を対象とする。第2種少年院は，保護処分の執行を受ける者であって，心身に著しい障害がない犯罪的傾向が進んだおおむね16歳以上23歳未満の者を対象とする。第3種少年院は，保護処分の執行を受ける者であって，心身に著しい障害があるおおむね12歳以上26歳未満の者を対象とする。それ以外に，少年院においての刑の執行を受ける者を対象とする第4種少年院がある。

　少年院ではその種類ごとに，在院者に共通する特性に応じて矯正教育の内容を定め，個人別矯正教育計画を作成して処遇を行っている。具体的には，基本的な知識や生活態度を身につけることを目指す生活指導をはじめとし，職業指導，教科指導，体育指導があり，個別面接，集団討議をはじめ，ソーシャルスキル・トレーニング（SST），認知行動療法などを取り入れている。また，被害者の視点を取り入れた教育，薬物非行防止指導，性非行防止指導，暴力防止指導，家族関係指導，交友関係指導という特定生活指導の各種教育プログラムも行われている。

　児童自立支援施設は，児童福祉法に基づいて設けられた児童福祉施設であり，不良行為をなし，またはなすおそれのある児童及び家庭環境その他の環境上の理由により生活指導等を要する児童を入所させ，または保護者の下から通わせて，個々の児童の状況に応じて必要な指導を行い，その自立を支援し，あわせて退所した者について相談その他の援助を行うことを目的とする施設である。ここにいる児童の中には児童相談所長（または都道府県知事）からの措置をされて入所してくる場合と，家庭裁判所の保護処分の決定を受けて入ってくる場合がある。少年院と大きく違うところは，児童自立支援施設は鍵がかからない開放施設であるという点にあり，そこには児童自立支援専門員や児童生活支援員等の専門職が配置されている。

　保護観察所は，法務省設置法及び更生保護法に基づいて設置された法務省所管の施設である。その業務として行われる保護観察とは，犯罪をした人または非行のある少年が，社会の中で更生するように，保護観察官及び保護司による指導と支援を行う。刑務所や少年院などの矯正施設で行われる施設内処遇に対し，社会の中で処遇を行うことから，社会内処遇と言われ，主に保護観察処分少年，少年院仮退院者，仮釈放者，保護観察付執行猶予者がその対象となる。保護観察所においては，心理学，教育学，社会学などの専門的知識を有する保護観察官と，地域性や民間性をもつ民間篤志家の保護司とが協働して指導（指導監督）と支援（補導援護）を行い，保護観察の実効性を高めている。保護観察中，保護観察対象者には一般遵守事項と特別遵守事項が定められ，それらを守らないと保護観察官から面接調査などが行われ，違反に対する措置（身柄を拘束され，刑務所や少年院に収容）が検討される。

【事例1】

　13歳の男子中学2年生のA君と14歳の男子中学2年生のB君が共謀して雑貨店から2万円相当の腕時計を万引きし，警察に補導された。両名ともこれまで補導歴はなく，今回の窃盗の非行事実を認めて反省もしている。また，両名の保護者もわが子の養育監護に責任を持っていきたいと意欲的である。

　A君とB君が起こした今回の事件は，どのような処理手続の経過となるであろうか？

→A君は14歳未満である触法少年であるため，警察から児童相談所に送致され，そこで訓戒や児童福祉司等による指導の措置となる可能性が高い。しかし，B君は犯行時に14歳となっていたことから犯罪少年となり，警察から検察庁を経て，家庭裁判所に送致される。家庭裁判所では調査が実施され，審判不開始，あるいは審判を行った上で不処分，もしくは保護観察などの保護処分が検討される可能性がある。

【事例2】

　16歳の無職のC君は，繁華街を徘徊中，通行人と喧嘩となり，カッとなってそこに落ちていた金属棒で被害者の頭部を複数回殴打し，その結

果，頭蓋骨陥没骨折及び出血多量の怪我を負わせ死亡に至らしめる傷害致死事件を起こした。

　C君が起こした今回の事件は，どのような処理手続の経過となるであろうか？

→C君は14歳以上の犯罪少年であるため，警察はC君を逮捕，勾留の上，警察から検察庁を経て，家庭裁判所に送致されることが考えられる。家庭裁判所においても，身柄保全や心身鑑別の必要性からC君を少年鑑別所に入所させる観護措置が執られることが通常であろう。そして，本件は故意に被害者を死亡させた事件であり，C君は16歳以上であることから，特段の事情がなければ原則的に検察官送致となる。検察官はそれを受けて，地方裁判所に本件を起訴する。そうなると，傷害致死事件は裁判員裁判の対象事件であることから，裁判員裁判の公判がその後開かれることとなる。

　このような事件の流れを理解し，全体の系統図が頭に入っていると，見通しをもったケースへのかかわりができるし，少年や家族，関係者に対してもそれを提示することで適切な援助ができる。さらに言えば，処理手続上の時間的な流れもおさえておくとより効果的である。例えば，警察に逮捕されたとするならば，身柄拘束はどの程度続くのかという疑問は誰しももつだろう。逮捕状により身柄拘束できるのは48時間以内であり，引き続き身柄を拘束する場合は勾留請求を裁判所に提出し，認められれば勾留が10日間（勾留延長は10日間加算）できる。そして，勾留期間内に少年事件であれば，検察官から家庭裁判所に事件送致がなされ，家庭裁判所は心身鑑別などの必要性が認められれば，少年に観護措置決定をして少年鑑別所に入所させる。少年鑑別所には基本的には4週間であるが，証拠調べなどが必要な場合は最大8週間まで入所ができる。

　以上のような時間的な流れを把握していると，どの段階で身柄が釈放される可能性があるのか，いつ頃に家庭裁判所に送致され，いつ頃に審判が開かれるのかの見当がつきやすい。

　非行臨床ではこのような法律的知識を活用することが少年の信頼を得ることにもなる。ややオーバーな表現になるかもわからないが，しっか

りとした法律的な知識を備えた専門家による助言は，それを受ける者にとっては1つの重要な行動基準になり，それ自体が自分の行動を制御できる枠としての機能をもつからである。

2. 刑事事件における法律と制度

（1） 刑事事件の処遇手続

　刑事事件の処遇手続には，図4-4のように，①②の「捜査段階」，③の「裁判段階」，④⑤⑥の「執行・治療教育段階」の3つに大きく分けられる。

①捜査段階

　警察官などの司法警察職員が捜査した事件は，微罪処分の対象となったものや，交通反則通告制度に基づく反則金の納付があった道路交通法

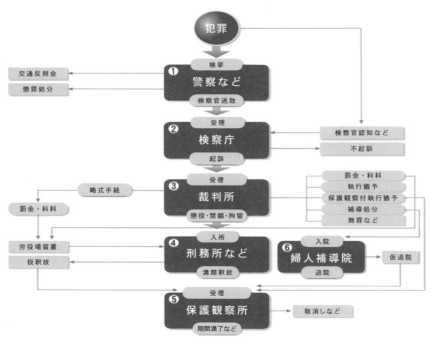

図4-4　刑事事件の処理手続
（検察庁：http://www.kensatsu.go.jp/gyoumu/keiji_jiken.htm）

違反を除き，すべて検察官に送致される。検察官は，被害者・目撃者な
どから事情を聞いたり，被疑者（犯罪を犯した疑いがあり，捜査の対象
とされている者）を取り調べるなどの捜査を遂げた上で，証拠に基づい
て犯罪の成否，処罰の要否等を考慮して事件を起訴するか不起訴にする
かを決める。検察官は必要と認めるときは自ら捜査を開始する独自捜査
もできる。

　検察官による起訴処分には，法廷で裁判が開かれる公判請求と，被疑
者の同意を得て，法廷を開かず，簡易裁判所が書面審理で刑（罰金・科
料のみ）を言い渡す略式命令請求がある。不起訴処分には，訴訟条件を
欠く場合，被疑事実が罪とならない場合，犯罪の嫌疑が認められない
（被疑事実につき，犯罪の成立を認定すべき証拠が不十分等）場合，被
疑事実が証拠上明白であっても，被疑者の性格，境遇，犯罪の軽重と情
状，犯罪後の状況により訴追を必要としないと判断する場合の起訴猶予
などがある。このように刑事事件においては，検察官によって事件が起
訴されたり不起訴となったりするが，そこが大きく少年事件と違うとこ
ろである。少年事件は全件送致主義を採り，たとえ軽微な事件であった
としても警察や検察庁は全件を家庭裁判所に送致する。

②裁判段階

　第一審の公判手続は，冒頭手続，証拠調べ手続，弁論手続，判決宣告
手続に大きく分けられる。また，必要な場合に，争点及び証拠の整理手
続（公判前整理手続，期日間整理手続）が行われる。

　まず冒頭手続では，裁判所に出頭した被告人が検察官により公訴を提
起された者に間違いないかどうかを確かめる人定質問に始まり，審判の
対象を明らかにする起訴状朗読，被告人に対し黙秘権等の権利告知，事
件の争点を明らかにする被告事件についての陳述の機会の付与がある。
次の証拠調べ手続では，検察官の立証と被告人側の立証とに別れる。刑
事事件においては，「疑わしきは被告人の利益に」の原則が貫かれてい
るため，まず検察官が証拠によって公訴事実の存在を合理的な疑いを入
れない程度にまで立証活動をしていく。その後，反対の当事者である被
告人側が公訴事実につき立証を行うが，公訴事実の存在に争いがない場

合は被告人にとって有利な情状の主張をすることになる。

　証拠調べ手続が終わると，次は弁論手続となり，まず検察官が論告を行う。そこでは，事件に対する事実面や法律面の意見を述べ，求刑を行う。その後，弁護人が弁論を行い，被告人の立場から意見を述べ，最後に被告人の最終陳述となる。これが終わると結審となり，判決が宣告される手続に移行する。第一審の判決に不服がある当事者は，高等裁判所に控訴することができ，高等裁判所の判決に不服がある者は，最高裁判所に上告することができる。

③執行・治療教育段階

　刑を言い渡され有罪の裁判が確定すると，全部執行猶予の場合を除き，検察官の指揮により刑が執行される。

　まず矯正における処遇では，懲役，禁錮及び拘留は刑事施設（刑務所及び少年刑務所は受刑者を収容する施設であり，拘置所は未決拘禁者を収容する施設）において執行される。そこでは刑事収容施設法に基づき，受刑者の改善更生の意欲を喚起し，社会生活に適応できる能力を育成するため，作業をさせたり，改善指導（一般改善指導と特別改善指導の2つがあり，特別改善指導には薬物依存離脱指導・暴力団離脱指導・性犯罪再犯防止指導・被害者の視点を取り入れた教育・交通安全指導・就労支援指導がある）や教科指導等を行っている。なお，平成19年以降，民間企業の参入を積極的に行い，刑事施設の整備・運営をPFI（Private Finance Initiative。民間資金を活用し，公共サービスの提供を行う）手法によって運営する官民協働の刑務所が設立された。その社会復帰促進センターにおいては，民間のノウハウとアイデアを活用した各種の特色あるプログラムに基づく職業訓練や改善指導が実施されている。さらに，平成29年度からは，刑事施設においても運営業務の一部を民間事業者に委託して行われるようになった。

　矯正における処遇に対し，もう1つは更生保護による処遇がある。これは更生保護法に基づいて行われる。

　まず仮釈放があり，改悛の状が認められ，改善更生が期待できる懲役又は禁錮の受刑者を刑期満了前に仮に釈放し，仮釈放の期間（残刑期

保護観察対象者	保護観察の期間
保護観察処分少年（家庭裁判所で保護観察に付された少年）	20歳まで又は2年間
少年院仮退院者（少年院からの仮退院を許された少年）	原則として20歳に達するまで
仮釈放者（刑事施設からの仮釈放を許された人）	残刑期間
保護観察付執行猶予者（裁判所で刑の全部又は一部の執行を猶予され保護観察に付された人）	執行猶予の期間
婦人補導院仮退院者（婦人補導院からの仮退院を許された人）	補導処分の残期間

保護観察処分少年の保護観察には処遇方法等により、一般の保護観察、短期保護観察、交通事件の保護観察、交通短期保護観察がある。

図 4 - 5　保護観察対象者及び保護観察の期間

間）が満了するまで保護観察に付するというものである。その目的は再犯を防止し，その改善更生と円滑な社会復帰を促進することにあり，その審理は地方更生保護委員会が行う。

　保護観察は保護観察に付された者（図 4 - 5 参照）の再犯・再非行を防ぎ，その改善更生を図ることを目的とするものである。通常の社会生活を営ませながら，保護観察官と民間篤志家である保護司が協働して対象者の行状を把握したり，遵守事項及び生活行動指針を守るように指導監督を行ったり，自立した生活ができるように住居の確保や就職の援助等の補導援護を行う。なお，保護観察対象者が守るべきものとして法律で規定されている一般遵守事項と，個々の保護観察対象者ごとに定められる特別遵守事項とがあり，遵守事項違反又は再犯等があった場合には，仮釈放者に対する仮釈放の取消し及び保護観察付全部・一部執行猶予者に対する刑の執行猶予の言渡しの取消しをする。

（2）裁判員裁判

　裁判員裁判は，平成16(2004)年に「裁判員の参加する刑事裁判に関する法律」が成立し，平成21(2009)年から始まった。これまでの刑事裁判では裁判官だけで行われてきたが，裁判員裁判では一般市民から選ばれた裁判員が裁判に参加して裁判官とともに審理を行うことになった。これは司法を身近なものにし，国民感覚を反映させることを目的とするものであるが，それゆえ裁判が一般市民にもわかりやすく，かつ迅速な審理であることが求められるようになった。

　裁判員裁判の対象事件は，死刑又は無期の懲役・禁錮に当たる罪に係る事件などで，殺人や傷害致死，強盗致死傷，現住建造物等放火，保護

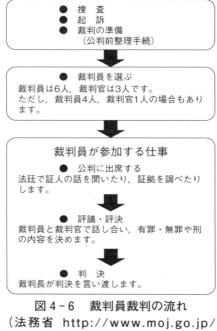

図4-6　裁判員裁判の流れ
（法務省　http://www.moj.go.jp/
keiji1/saibanin_seido_gaiyou05.html）

責任者遺棄致死等の重大事件となる。裁判員の選び方としては，まず選挙人名簿をもとに裁判員候補者名簿が作成され，その中から１つの事件ごとに裁判所における選任手続がなされ，原則，裁判官３人と裁判員６人で裁判員裁判が行われる。

　裁判員裁判の流れは図4-6のとおりであるが，裁判員は公開とされる公判に出席するとともに，証拠に基づいて被告人が有罪か無罪か，有罪だとしたらどんな刑にするべきかを裁判官と一緒に非公開で議論し（評議），決定する（評決）。そして，法廷で裁判長が判決の宣告をし，裁判員としての仕事は終了する。

（3）触法精神障害者と医療観察制度
①触法精神障害者の処遇の経過
　警察は被疑者を保護，逮捕，取調べを行う経過の中で，精神障害者の

疑いがあったり，自傷他害のおそれがあると判断した場合，精神保健福祉法第23条に基づき，最寄りの保健所長を経て都道府県知事に通報（警察官通報）をしなければならない。また，検察官は警察から送致があった事件の捜査に当たり，被疑者が精神障害者の疑いが明らかになり，司法精神鑑定の必要があると判断すると，起訴前鑑定が実施される。この鑑定結果をもとに，被疑者が心神喪失により不起訴，あるいは心神耗弱により起訴猶予と検察官が判断した場合，精神保健福祉法第24条に基づき，都道府県知事に通報（検察官通報）しなければならない。

　さらに，公判において，被告人の犯行時の責任能力が疑われる場合は，刑事訴訟法（165条から168条）の規定により，裁判官の命令による精神鑑定が実施される。その結果，被告人が心神喪失に該当すると判断すれば無罪の判決がなされ，心神耗弱に該当すると判断すれば軽減された刑罰が宣告される。なお，保護観察所長は，保護観察に付されている者が精神障害者の疑いがある時は都道府県知事に通報（保護観察所長通報）しなければならないし，矯正施設長も精神障害者の疑いがある収容者を釈放，退院又は退所させる場合は本人の帰住地の都道府県知事に通報（施設長通報）をしなければならない。

②心神喪失者等医療観察法

　平成17(2005)年に「心神喪失等の状態で重大な他害行為を行った者の医療及び観察等に関する法律」（以下，医療観察法と記載）が施行され，心神喪失等の状態で殺人や放火等の重大な他害行為を行った者に対して，継続的かつ適切な医療等を提供し，病状の回復と再犯防止を図って社会復帰を促進させることを目的とした制度が生まれた（図4-7）。つまり，責任能力がない精神状態で重大な他害行為が行われることは，被害者に甚大な被害を与えるだけでなく，その病状のために加害者となってしまう最悪な事態を生じさせないように，国の責任において手厚い専門的医療を行い，かつ地域の継続的医療を提供するものである。医療観察制度ができる以前は，精神保健福祉法に基づく措置入院等による対応を図ってきたものの，必要となる専門的な治療が困難であることや退院後の継続的な医療を確保するための制度的仕組みがないなどの問題があったわ

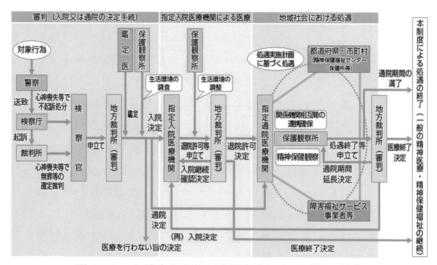

図 4 - 7　心神喪失者等医療観察法による手続の流れ
（犯罪白書平成29年版：http://hakusyo1.moj.go.jp/jp/64/nfm/n64_2_4_10_3_0.
html#h4-10-3-01）

けである。

　医療観察制度では，心神喪失又は心神耗弱の状態で重大な他害行為を
行い，不起訴処分となるか無罪等が確定した人に対して，検察官は医療
観察法による医療及び観察を受けさせるべきかどうかを地方裁判所に申
立てる。その申立てがなされると，鑑定を行う医療機関での入院等が行
われるとともに，裁判官と精神保健審判員（精神科医）の各1名からな
る合議体によって審理される。審判の結果，医療観察法の入院による医
療の決定を受けた人には，厚生労働大臣が指定した医療機関（指定入院
医療機関）で手厚い専門的な医療の提供が行われ，入院期間中から保護
観察所の社会復帰調整官による退院後の生活環境の調整が行われる。

　医療観察法の通院による医療の決定を受けた人及び退院を許可された
人については，社会復帰調整官の作成する処遇実施計画に基づいて，原
則3年間は地域において厚生労働大臣が指定した医療機関（指定通院医
療機関）による医療を受けることとなる。通院期間中は，継続的な医療
を確保することを目的として，保護観察所の社会復帰調整官によって生

活状況を見守るという精神保健観察を受けることになる。また，保護観察所は指定通院医療機関や処遇に携わる精神保健福祉関係機関と，ケア会議を開催するなどして情報を共有をしたり，処遇の実施計画を定めたりする。この会議には対象者本人とその保護者も出席して意見や希望を述べたりすることもできるようになっている。

🔌 研究課題

1．少年事件の処理手続について説明できる。
2．刑事事件の処理手続を説明できるとともに，少年事件との違いを理解する。
3．矯正による処遇と更生保護による処遇の特徴を概説でき，関係機関の特徴やそこに所属する専門職の役割を説明できる。
4．裁判員裁判について概説できる。
5．医療観察制度について概説できる。

引用文献

法務省法務総合研究所（2017）『平成29年版犯罪白書』(http://hakusyo 1 .moj.go.jp/jp/64/nfm/n64_ 2 _ 4 _10_ 3 _ 0 .html#h 4 -10- 3 -01）平成30年 4 月30日閲覧

5 | 非行・犯罪からの回復と心理的支援

　この章では，非行や犯罪から回復するということはどういうことかを概説した上で，具体的な心理的支援について学習していく。そして，従前とは違って，非行や犯罪への支援はエビデンスに基づいたものを積極的に導入しており，再非行（少年）率や再犯（者）率の低下に向けた方策を打ち出している。
《キーワード》 枠の意味，性犯罪再犯防止指導，薬物依存離脱指導，認知行動療法，リラプス・プリベンション，マインドフルネス，リスク・ニーズ・リスポンシビリティ・モデル（RNR モデル），グッドライブズ・モデル，保護観察制度，医療観察制度

1. 枠を活用した心理的支援

（1）「外面的な枠」と「内面的な枠」

　非行や犯罪とは，ある意味では社会規範を逸脱したり，法を犯す行為をしたりすることであり，端的に言えば，枠からはみ出すことを指す。逆に，非行や犯罪から立ち直るというのは，社会のルールを守り，枠からはみ出さないように適応的であることと言える。その意味で，司法や矯正の領域における支援というのは，非行少年や犯罪者にいかに適応的な枠を提供するかという "枠の臨床" と言いかえてもいいかもしれない。

　その枠にはさまざまなものがあり，もっともわかりやすいのは法律や約束事などの「外面的な枠」である。これは客観的に明らかな物理的な枠と言ってもよく，刑務所などの逃げられない高い塀も 1 つの外面的な枠の一例である。あるいは，社会生活を送られる点では施設での処遇よりも緩やかであるが，執行猶予や保護観察という制限を受けるという処遇も実は外面的な枠と考えてよい。

　一方，「内面的な枠」は，仮に犯行がばれない状況にあったとしても，

自分なりの行動の制御ができ，悪いことをしないという決意や意志のことである。要するに，客観的に捉えられたり，物理的に明かな外面的な枠に対して，内面的な枠はややもすると自由気ままになりがちな自己の欲求や欲動を適度に制御し，社会的に適応することができるように自らを規制する内面での働きのことを指すのである。

　非行や犯罪をしてしまう人のなかには，外面的な枠と内面的な枠の調整がうまくできない人も少なからずいる。例えば，乳幼児から子ども，大人へと成長するに伴い，しだいに明確な内面的な枠を確立させていくものである。しかし，非行少年のなかには未熟さゆえに，その枠が確立されておらず，一時的に逸脱してしまうことがある。特に，思春期や青年期はこれまで築き上げてきた内面的な枠を一旦は壊し，次の大きな枠を再構成させていく時期でもあるため，従来からの枠を逸脱してしまいやすくなる。「一過性の非行」には，このような意味づけができる。

　いずれにせよ，非行少年や犯罪者がどのような外面的な枠と内面的な枠を持っているかをアセスメントし，それに応じた支援のあり方を考えていくことが必要である。例えば，自己の衝動が抑えられず，それが法を逸脱する行動となって現れてしまうというケースならどうであろうか。外面的な枠として，自由を制約させ身柄拘束などの措置を加え，少年院や刑務所などの社会から閉鎖された施設で一定期間教育や訓練などを施すことが必要になるかもしれない。そして，そこでの生活が効果を生み，その人の内面に自身を律する能力が育ち，法律や規則を破らないという意志が強固になってきたならば，施設から出て社会生活を送れるようにしていく。

　ただ，外面的な枠のしっかりした施設にいれば，自然に内面的な枠も築かれていくかというとそうとは限らない。いわゆる「回転ドア現象」と言って，薬物犯罪者や性犯罪者，あるいは生活困窮ゆえに犯罪を繰り返してしまう者のなかには，何度刑罰を受けて刑務所に服役しても，出所するとすぐに再犯を繰り返してしまい刑務所に逆戻りとなる者がいる。そこで大切な視点となるのは，その非行少年や犯罪者にはどのような枠が欠けており，その枠をかけるためには何が必要とされているのかを

しっかり見極めることなのである。例えば、未熟さが顕著にあり、精神的な成熟をさせていく発達的な視点からの枠が必要であるとするならば、多くの経験を積ませたり、将来展望や目標を持たせて、それに到達できるように訓練をさせることで成長を促さねばならない。別の例では、性に対する独特な価値観を有しており、異性やその時々の状況に対する認知のあり方にも歪みが見受けられるとするならば、さまざまな物事を捉える認知の枠を修正させる方法が支援としては必要である。

（2）枠の意味

　これまで"枠の臨床"を支援者の視点から捉えてきたが、今度は非行少年や犯罪者が枠をどのように受け取るのかを考えたい。

　まず第一に、彼らは枠について、自分の行動を制限するという「規制機能」として捉えがちなのが一般的である（図5-1参照）。「法律を破ると警察に捕まり、刑務所に行かねばならない」、「保護観察の遵守事項を守って生活しなければいつまでも保護観察が解除にならない」等、その枠からはみ出してはいけないという意味で、枠に行動が押さえ込まれ、枠を自ずと意識させられる。それゆえ、枠で自分の自由を奪われたように窮屈で息苦しく感じることさえある。しかし、その枠を逸脱してしまうと社会的な不適応となってしまうため、支援者が留意しなければならないのは、たとえ彼らに規制する枠が窮屈に感じられようが、その枠を曖昧にせず、明確に示すことが必要である。

　第二に、彼らにとって、枠が自分を守ってくれるという「保護機能」として作用することがある（図5-2参照）。わかりやすい例で言えば、小学生が学校の外には出てはいけないというルールがあるのは、学校の外に出ると交通事故や誘拐など危険が高く、学校の門や塀の内にいると安全が守られるからである。それと同様に、これだけのことを遵守していると不利益なことはされない、社会の危険からも自分を守ってくれる等、その枠が自分を保護してくれる作用が働く。非行少年や犯罪者が枠の機能として、先の規制する枠だけではなく、自分を守ってくれる枠という作用があることに気がつくと、より一層更生が進んでいる証にもな

る。そして，保護機能としての枠への意識を強くさせ，簡単に枠内に侵入されないよう非行や犯罪から自分の身を守るようになっていく。

　第三に，枠には基準を明らかにする「判断機能」としての意味もある（図5-3参照）。下の図にあるように，（A）と（B）の区別がグラデーションのようになっており，境界が曖昧であるならば，（A）か（B）かの判断をしにくい。しかし，上の図のように，（A）と（B）の境界が枠で明確に区別されていると，判断にも迷いがない。非行少年や犯罪者の中には，物事を曖昧に認知するゆえに逸脱行為となってしまうこともある。例えば，道で1万円札が落ちていたとしよう。一般的にはそのお金は自分のものではないとの線引きができているため，拾得した1万円は警察に届け出る。しかし，中には，落ちていて所有者が明らかでなく，今は拾った自分が持っているので，自分の所有物でもあると曖昧に判断し，結局は警察に届け出ることなく自分の財布にそのまま入れる者もい

図5-1　"枠"の意味　―その1―　　図5-2　"枠"の意味　―その2―

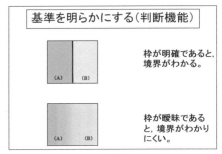

図5-3　"枠"の意味　―その3―

るかもしれない。そうなると，刑法の遺失物等横領罪となってしまう。その際，支援者は彼らに，この枠を明確に示すこと（先の例で言えば，10円でも1万円でも100万円でもお金には違いないので，それを拾った場合は警察に届け出ること）が重要である。

　以上のように，枠には大きく3つの意味がある。それを非行少年や犯罪者が意識し，行動にどのように作用させているかを理解することが大切である。そして，支援者はその枠をいかに活用させて支援に結びつけていくかがポイントとも言える。

2. 矯正による施設内処遇

（1）施設内処遇における支援

　非行少年や犯罪者への処遇の中で，少年院や刑務所などで行う「施設内処遇」を"矯正"と言う。日本においては明治41年に監獄法ができ，受刑者の処遇が定められたが，2006年に現行の「刑事施設及び受刑者の処遇等に関する法律」（以下，刑事収容施設法）に変わり，処遇の流れや作業，再犯防止や更生支援に向けた改善指導の内容が明記された。そして，非行少年が収容される矯正施設（少年院や少年鑑別所）においても，2014年に新少年院法，少年鑑別所法が成立し，新たな矯正教育が行われるようになった。

　従前であれば，刑務所における受刑者に対しては刑務作業を義務づけていただけで，犯罪の類型や本人の持っている課題に即した十分な改善指導は行われていなかった。しかし，上記の刑事収容施設法になってから，受刑者処遇の基本理念として，受刑者の改善更生および円滑な社会復帰を図ることが明記された。そして，受刑者に必要な改善指導を受けさせることが法的にも義務づけられた。それには一般改善指導と特別改善指導がある。一般改善指導とは，①被害者感情を理解させ，罪障感を養うこと，②規則正しい生活習慣や健全な考え方を付与し，心身の健康の増進を図ること，③生活設計や社会復帰への心構えを持たせ，社会適応に必要なスキルを身に付けさせること等を目的として行う指導のことである。

　また，特別改善指導には，「薬物依存離脱指導」，「暴力団離脱指導」，「性犯罪再犯防止指導」，「被害者の視点を採り入れた教育」，「交通安全指導」，「就労支援」の6つの指導が法令で定められている。このような指導において，現在は認知行動療法が積極的に導入されており，上記の薬物依存離脱指導や性犯罪再犯防止指導においては特にそれが顕著である。

　また，少年院における処遇の中核となるのは矯正教育であり，生活指導，職業指導，教科指導，体育指導及び特別活動指導の5つの分野にわたって指導が行われる。ここでは個別処遇が重視され，個々の少年の特性に応じて，その目標や内容，方法，期間が定められ，個別処遇計画が作成され，それに基づき実施される。

　いずれにせよ，これまでの施設内処遇のあり方が見直され，再非行率や再犯率を低下させるための効果的な処遇が必要となり，エビデンスに基づいた処遇を追求する動きが活発になっている。また，1つの特定の処遇技法やプログラムだけではなく，それらをどのように活用していけば有効に機能するのかという効果検証も盛んになされるようになってきている。

（2）認知行動療法を中心とする治療教育モデル

　非行少年や犯罪者において見られる物の見方の偏りは，そもそも先天的に備わったものも確かにある。しかし，それは主には幼い頃からの家庭環境や成育歴のなかで学習されたものであるとしたならば，それを修正するように働きかけ，社会適応を目指していこうとするのが施設内処遇における認知行動療法である。そして，実際のプログラムにおいては，自分自身の思考のあり方やその時々で選択した行動がなぜ犯罪行為につながるのかを自分でモニタリングする力を培い，事前にそのようなリスクに気付くとともに，問題が生まれる悪い方向に進まないように適切な行動が取れるように訓練を行うのである。

①性犯罪再犯防止指導における活用

　性犯罪再犯防止指導においては，これまでは加害者の性嗜好の異常を

改善させるということを目標にしていたものの，それでは効果が上がらないことがわかってきた。そこで，この認知行動療法を取り入れた治療教育が活発となった。

　この指導の流れは，全受刑者に対して，性的動機が本件に見られたり，常習性や反復性の有無，性犯罪につながる問題性の大きさという３つの観点からスクリーニングされ，再犯リスクの高さと処遇ニーズの高さと内容，処遇適合性を調査し，対象者を選定する。プログラムは，オリエンテーションを経た後，自己統制，認知の歪みと変容方法，対人関係と親密性，感情統制，共感と被害者理解という本科のプログラムを受講し，最後に学んだ知識やスキルを釈放前に復習させるとともに円滑な社会生活への導入を図るためにメンテナンスのプログラムが実施される。

　2012年に公表された研究成果（法務省矯正局成人矯正課『刑事施設における性犯罪者処遇プログラム受講者の再犯等に関する分析』2012）では，図５－４のようになった。それによると，このプログラムを受講した者の方が受講しなかった者に比べて，あらゆる犯罪に対する再犯の抑止効果が実証でき，処遇の効果があったという結果となった。しかし，性犯罪に対する再犯，もしくは粗暴事犯罪の再犯については有意な効果が見られなかった。この統計は，出所から３年後の時点での推定再犯率であるため，今後もデータの蓄積が必要であり，エビデンスに基づく処遇のあり方をさらに探索していかねばならない。

②薬物依存離脱指導における活用

　覚せい剤や麻薬および向精神薬の薬物使用によって受刑した者が全体に占める割合は約４分の１（平成30年版犯罪白書より）と高く，社会復帰するも再犯をして刑務所に入所してくる割合も高い。特に，女子の覚せい剤取締法違反の受刑者の割合は高く，深刻な問題でもある。

　薬物依存離脱指導は，薬物依存の認識や薬物使用に関わる自分の問題を理解させた上で，その離脱への動機づけを図り，再使用に至らないための知識やスキルを身につけさせることを目的としている。そのためには認知行動療法を活用し，内的な刺激（感情等）や外的な刺激（交際相手や注射器等）によって欲求が誘発され，薬物使用をすることで報酬獲

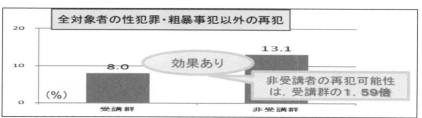

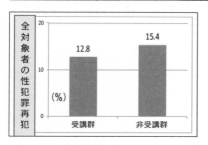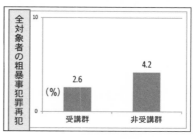

図5-4　刑事施設における性犯罪者処遇プログラム受講者の再犯等に関する分析（法務省矯正局成人矯正課，2012）

得や罰の回避が強化されるという考えに基づき，その分析を通じて再犯リスクの高い状況を回避し，別の対処スキルを身に付けさせるのである。

　具体的には，薬物使用につながる「外的引き金」，「内的引き金」の理解を深めさせたり，リラプス（後述）によって薬物を使用していた行動・生活パターンに戻ってしまうことを考えさせる。さらに，再使用の前兆があることに気付かせ，回復途中に感じる退屈さが呼び水となって

しまうことからスケジュールを立てさせ，自助グループの活用の大切さ
を認識させたりする。

③リラプス・プリベンション（Relapse Prevention; RP）

　嗜癖行動においては，一度改善への変化が生じてもそれを持続するこ
とが難しく，再度の嗜癖行動に陥ってしまうという特徴がある。そのよ
うなことを防止するための認知行動療法を利用したのがリラプス・プリ
ベンションである。

　これは，標的となる嗜癖行動の状況に陥ってしまうトリガー
（trigger）とハイリスク状況を特定すること，それへの対処スキルを
学習することが大きな方略となる。例えば，覚せい剤を再使用してしま
う状況として，売人との接触，注射器の所持，公衆トイレなどの場所，
退屈な時間，イライラしたり怒りを抱く感情などがある。そして，回避
できるものとしては，上記の場合は売人のところに近づかない，注射器
は捨てるなどの方法をとる。また，回避できないものには，時間をもて
あまさないように計画を立てる，気持ちを落ち着かせるため音楽を聴い
たり，対人スキルを訓練する等，適応的な対処方法を学ぶ。

　このリラプスで重要な視点は，ラプス（lapse。「ちょっとした間違
い」，「しくじり」という意味）を防止することであり，万一それが生じ
たとしても，リラプス（relapse）への発展を阻止することである。嗜
癖行動や依存症治療においては，ラプスはしばしば生じるものであり，
仮にそれが生じたとしてもリラプスさえ防止できればそこから離脱する
ことは可能となる。

　このリラプス・プリベンションは薬物依存離脱指導だけでなく，性犯
罪再犯防止指導にも使用されている。ただ，性犯罪者処遇に適用した場
合，トリガーを回避するためにあれも駄目，これも駄目というような行
動制限が多くなり，対象者の動機づけを低下させてしまう難点が指摘さ
れている。また，そのことが再犯率の低下につながらないという批判も
出ている。そこで，最近ではグッド・ライブズ・モデル（後述）を併用
し，目指すゴールは回避の結果ではなく，本人が達成に向けて能動的に
取り組めることが重要とされるようになった。その方が対象者の動機づ

けや責任感を高める効果も生まれるからである。

④マインドフルネス

　近年，呼吸あるいは身体のある部分に意識を集中させ，その瞬間瞬間に捉えられる感覚を観察するというマインドフルネスが医療や心理の分野だけではなく，産業分野での企業研修にも導入されている。少年院においても集中力や自己統御力の向上，洞察力や受容的態度の育成等を目的として実施されるようになってきた。

　マインドフルネスは，カバッドジン（Kabat-Zinn,J.）が意図的に，その瞬間に注意を払うことで，それによって今のこの瞬間に存在する現実に対し，より大きな気づきを得ることだと考えたことから広まった。従来の認知行動療法では問題として捉える思考や感情の変容を目的とするものであるが，マインドフルネスのプログラムでは自身のありのままの思考や感情に気付くとともに，それにこだわらず手放すことが重要とされる。瞑想を行っている最中は脳裏に浮かんでくる思考や感情に一切の評価を下さず観察し，それを継続することによって，衝動的にならずに気分を安定させることができる。

　マインドフルネスは過去にトラウマ体験がある者にも有効とされ，誰でもが比較的安全に実施できるのも特徴の1つである。

（3）リスク・ニーズ・リスポンシビティ・モデル（RNRモデル）

　リスク・ニーズ・リスポンシビティ（risk need responsivity principle; RNR）は，再犯率を低下させ，更生に効果的な処遇をするため，リスク原則（risk principle），ニード原則（need principle），リスポンシビティ原則（responsivity principle）の中核的3原則に基づきアセスメントや処遇を行う方法論である。これはアンドリューズら（Andrews. et.al., 1990）が提示し発展させたもので効果検証でも実証されている。

　リスク原則は，対象者の再犯を起こしてしまう水準に応じた介入方法が必要であり，そうすることで再犯の削減の効果が最も上がる。高リスクの者には広範で濃密な処遇が必要であり，逆に低リスクの者には低密度の最低限の介入にとどめておくのがよい。このリスク水準と処遇密度

のミスマッチは処遇効果を低下させてしまうばかりか，再犯を増やすことにもなるとしている。

　ニード原則は，対象者が犯罪を誘発するものに介入をして処遇効果を上げるという考えに基づいている。再犯率を低下させる要因として，①行動履歴，②反社会的パーソナリティ・パターン，③反社会的認知，④反社会的仲間関係（以上がビッグ４），⑤家族・婚姻関係の問題状況，⑥学校・職場の問題，⑦余暇活動，⑧薬物乱用（合わせてセントラル８）が挙げられる。そのなかでも，前科などの犯罪歴や再犯歴といった行動履歴は，再犯予測には関連が深いものの，過去の動かしがたい行動歴であり，変化しない静的なリスクである。そのため，それを治療のターゲットにはしにくく，それよりも，変化を起こしやすい動的なリスクである要因に介入する方が望ましい。このようにどの要因に優先的に働きかけるのかを考えて処遇を行うことで，再犯の削減の効果を高めようとする。

　リスポンシビティ原則は，対象者の特徴に最も響く指導法を選択し計画，実施することが処遇の効果が上がるというものである。それには，犯罪や非行の行動変容全般に該当する「一般反応性」と，個々人の異なる学習スタイルや人格特徴，動機づけ，適性，能力，長所等の「特殊反応性」があり，これらを見極めて適合した指導や介入の方法を見出していくことが必要となる。

　現在，成人だけではなく，少年の矯正においてもこのリスク・ニーズ・リスポンシビティ・モデルが活用され，2013年から少年鑑別所では法務省式ケースアセスメントツール（Ministry of Justice Case Assessment tool; MJCA）を使用し，非行少年の処遇に活かされている。このツールは図５−５のように，少年の生育環境や学校適応，問題行動歴，非行・保護歴，本件態様の静的要因５領域と，保護者との関係性，社会適応力，自己統制力，逸脱親和性など動的要因４領域で構成されている。少年鑑別所の心理職である法務技官がこれをもとに評定し，再非行のリスクを示し所見を記載することになっている。

　このように，リスク・ニーズ・リスポンシビティ・モデルの利点は，

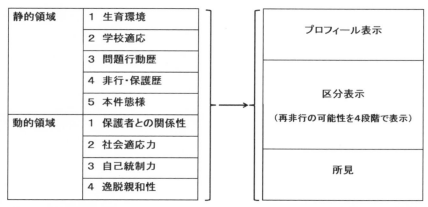

図5-5 法務省式ケースアセスメントツール（MJCA）の概要（法務省矯正局，2013より作成）

刑務所や少年院など限られた人的資源や物的資源を有効に活用し，処遇の個別化を推進させ，再犯を効果的に防止する処遇を提示できることにあると言える。

（4）グッド・ライブズ・モデル（Good Lives Model; GLM）

　上記のリスク・ニーズ・リスポンシビティ・モデルは対象者のリスクや問題点のみを抽出して管理しようとするモデルである。また，対象者の立ち直りや社会復帰よりも管理が主たる目的となっているため，動機づけを低下させ，処遇プログラムから離脱しやすくなるという批判が出てきた。

　それに対して，グッドライブズ・モデルが提唱されるようになり，犯罪者は犯罪者でない人と同様に，他人と親密な関係を持ったり，成功体験を持つことを求めており，それらがうまく満たされるようなスキルを身に付けさせることで，より良い人生を送れるようになり，再犯もしなくなるとした。イエイツら（Yates, P.M. & Prescott, D., 2011）は，このグッドライブズ・モデルについて，「心しておくべき最も大切なことは，真の変化はあなたの内にある，ということです。周りの人はあなたを助けることはできますが，自身の人生を変える決断をできるのはあな

たしかいません。性犯罪者のアセスメント（評価）と治療の専門家はたくさんいますが，あなたがどんな人であり，どんな人になりたいかについての真の専門家は，あなた自身しかいないのです」と述べている。その意味でも，管理を中心とするリスク・ニーズ・リスポンシビティ・モデルとは対極にあると言える。

　ただ，このグッドライブズ・モデルにおいては，実証的な効果検証がまだできていないのが課題と言える。

3. 更生保護による社会内処遇

　非行や犯罪を犯した人を社会において更生を図ろうとする，あるいは施設において収容された後に社会に戻って更生を促進させる「社会内処遇」のことを"更生保護"と呼んでいる。

　施設内処遇の場合は，身柄を拘束されていることもあって，そこでは徹底した生活管理や訓練などの濃密な処遇ができる。それに対して，社会内処遇の場合は，対象者が社会で生活をしていることもあり，常に再犯や再非行のリスクと抱き合わせ，訓練をする時間的制約等もあって，施設内処遇ほどには効果的な処遇ができない面もある。しかし，施設内処遇との一貫性を確保し，施設から出てきた後も指導を受けることによって円滑な社会復帰ができるように支援したり，時には再犯や再非行があった場合は仮釈放の取消しや少年院に戻し収容をするなどの措置を講じて，対象者の社会と施設との処遇の転換を速やかに行うことができるという特徴もある。

　更生保護制度には，保護観察制度，仮釈放制度，更生緊急保護，恩赦制度，医療観察制度などがある。ここでは，保護観察制度と医療観察制度を中心について説明する。

（1）保護観察における処遇

　社会内処遇でもっとも中心的なものが保護観察である。保護観察には，矯正施設に収容しない処分として，家庭裁判所の少年事件の保護処分としての保護観察と刑事事件の保護観察を付した刑の執行猶予がある。ま

た，矯正施設から仮釈放後に付された保護観察として，刑事施設からの仮釈放や少年院または婦人補導院からの仮退院によるものがある。

　保護観察の内容としては，保護観察官や民間篤志家である保護司が対象者との接触を保ち，その行状を把握したり，対象者が遵守事項を守り，生活行動指針に即して生活するよう指示することである。また，更生保護法が2008年に施行されてからは，特定の犯罪的傾向の改善のための専門的処遇が実施され，そのプログラムを受けることを遵守事項として定めることもできるようになった。専門的処遇プログラムは，性犯罪者，覚せい剤事犯者，暴力防止，飲酒運転防止の4つがある。

　保護観察の対象者には，すべての者に保護観察期間を通じて遵守すべき一般遵守事項と，それぞれの対象者に応じて定められる特別遵守事項を守ることが義務づけられている。

　上記のような「指導監督」とは別に，対象者に円滑な社会生活をおくらせるため，「補導援護」と呼ばれる支援が保護観察にはある。具体的には，住居の提供，医療や療養を受けさせること，職業に就かせること，教養訓練の手段を得させること，生活環境の改善と調整，生活指導，その他必要な助言や措置である。この目的は対象者が自立した社会生活を営むことを援助することで，そのことが再犯や再非行の防止にもつながるからである。

　このように，社会内処遇を充実強化していく方向性が打ち出されたのは，少年院や刑務所等の施設内処遇だけでは再犯率や再非行率の低下につながらず，十分な処遇効果が得られないことが現実問題として大きかったからである。2016年に刑の一部執行猶予制度が施行され，裁判所で宣告された刑の一部が実刑として執行された後，残りの刑期の執行猶予期間について保護観察を付すことができることとなったのも，このような背景があったからと言える。

　なお，更生保護制度の1つとして，「仮釈放制度」がある。仮釈放の意義として，行状の良好な受刑者への褒賞が与えられることによって，施設内の規律と秩序の保持ができること，受刑者の改善によって拘束を排除し個別的に正義の実現ができること，受刑者を一挙に自由にさせず，

再犯を防止することで社会を保護できること，拘禁を必要最小限にとどめ，自立生活に受刑者を導くことが考えられる。この仮釈放の審理等をするのは地方更生保護委員会で，その目的のために，そこに所属する保護観察官が対象者へのリスクアセスメントを行う。また，対象者が社会内にいる状況においては，保護観察所の保護観察官が対象者の再犯や再非行を把握し，処遇のあり方を検討することを目的にリスクアセスメントを行うことになっている。いずれも，近年は犯罪行動の分析や犯歴等の静的リスクだけではなく，動的リスクの評価を組み合わせて実施している。

（2）医療観察制度における支援

2005年に「心神喪失等の状態で重大な他害行為を行った者の医療及び観察等に関する法律」（以下，医療観察法）が施行された。これは，殺人などの重大な他害行為（殺人，放火，強盗，傷害致死，強制性交，強制わいせつ，傷害）を行ったが，心神喪失もしくは心神耗弱と判断され，不起訴，起訴猶予，執行猶予，無罪になった者（以下，対象者）に対して，適切な医療や必要な観察，指導を行うことによって，病状の改善や再発防止を行い，社会復帰を促進させることを目的としている。

第4章の図4-7に示すように，医療観察法の手続きとして，確定裁判（実刑は除く）を受けた対象者については，検察官が地方裁判所に申立てをし，ただちに2か月（最長3か月）の鑑定入院となる。裁判官1名と精神保健審判員1名（精神科医）の合議体による審判で処遇の要否や内容（入院，通院，不処遇）が決定される。その際，保護観察所の社会復帰調整官が行った生活環境調査の結果や医療観察法による鑑定結果なども考慮される。

入院となった場合，厚生労働大臣が指定する医療機関で，医師，看護師，精神保健福祉士，心理療法士，作業療法士らがチームを組み，アセスメントをする。また，処遇としては，おおむね18か月を入院治療期間の目安とし，急性期，回復期，社会復帰期の3つのステージの段階的治療が行われる（厚生労働省入院処遇ガイドライン，2005）。

　入院中の具体的な処遇として，精神疾患の改善のため，精神疾患についての疾病に対する教育，認知行動療法を主とするメタ認知トレーニング，認知リハビリテーションなどが行われる。また，他害行為の防止のための治療的介入として，アンガーマネジメント，内省プログラム，問題解決プログラムなどが行われたりする。そして，自分が行った他害行為に直面化させる作業も行われ，対象者の家族に対しても支援を行う。

　当初審判で通院となった対象者や入院治療によって退院となった対象者は，地域社会における処遇へと移行する。そこでは，リスクアセスメントを行いながら，やはり多職種のチーム医療の通院医療が展開され，遵守すべき事項が定められて，社会復帰調整官が見守りや指導という精神保健観察が実施される。さらに，地方自治体・障害福祉サービス事業者等は精神保健福祉法や障害者総合支援法等に基づいた援助を行う。

（3）その他の更生保護制度

　更生保護制度には，保護観察や仮釈放制度，医療観察制度以外にも「更生緊急保護」や「恩赦」，「犯罪予防活動」がある。

　更生緊急保護は，身柄拘束を解かれた者が行き場がなく申し出があった場合，住居や就労等を援助するものである。恩赦は，行政権によって，国の刑罰権を消滅させ，裁判の内容を変更させたり，裁判の効力を変更もしくは消滅させることができる制度である。

　さらに，更生保護には犯罪や非行が起こらないように地域社会の人々と協力して啓発広報を行うという犯罪予防活動もある。「社会を明るくする運動」はその代表的な活動である。

🔖 研究課題

1．施設内処遇としての矯正の具体的内容を説明できる。
2．社会内処遇としての更生保護の具体的内容を説明できる。
3．「リスク・ニーズ・リスポンシビリティ・モデル」と「グッドライ

ブズ・モデル」を理解する。

4．医療観察制度について説明できる。

引用文献

Andrews, D.A., Bonta, J.& Hoge, R.D.(1990)Classification for effective rehabilita-
tion: Rediscovering psychology. Criminal Justice and behavior, 17, 19-52.

法務省法務総合研究所（2018）『平成30年版犯罪白書』（http://hakusyo1.moj.go.jp/
jp/65/nfm/mokuji.html）2019年4月30日閲覧

法務省矯正局成人矯正課（2012）『刑事施設における性犯罪者処遇プログラム受講
者の再犯等に関する分析』（http://www.moj.go.jp/content/000105286.pdf#searc
h=%27%E5%88%91%E4%BA%8B%E6%96%BD%E8%A8%AD%E3%81%AB%E3
%81%8A%E3%81%91%E3%82%8B%E6%80%A7%E7%8A%AF%E7%BD%AA%E
8%80%85%E5%87%A6%E9%81%87%E3%83%97%E3%83%AD%E3%82%B0%E3%
83%A9%E3%83%A0%E5%8F%97%E8%AC%9B%E8%80%85%E3%81%AE%E5%
86%8D%E7%8A%AF%E7%AD%89%E3%81%AB%E9%96%A2%E3%81%99%E3%
82%8B%E5%88%86%E6%9E%90%E7%B5%90%E6%9E%9C+%E5%B9%B3%E6%8
8%9024%E5%B9%B4+%E6%B3%95%E5%8B%99%E7%9C%81%E7%9F%AF%E6%
AD%A3%E5%B1%80%27）2019年4月30日閲覧

Kabat-Zinn.J.（1994）『Wherever You Go, There You Are: Mindfulness Meditation
in Everyday Life』，Hyperion.（松丸さとみ訳（2012）『マインドフルネスを始め
たいあなたへ』星和書店）

厚生労働省（2005）『厚生労働省入院処遇ガイドライン』http://www.kansatuhou.
net/10_shiryoshu/pdf/4_nyuinshoguu_guide.pdf　2019年4月30日閲覧

Yates, P.M., Prescott, D（2011）『Building a better life: a good lives and self-
regulation workbook』，Safer Society.（藤岡淳子監訳（2013）『グッドライフ・
モデル─性犯罪からの立ち直りとより良い人生のためのワークブック』誠信書
房）

6 │ 犯罪被害者の心理

これまでは非行や犯罪をする加害者の特徴や心理について取り上げてきたが，この章では犯罪被害者の心理について考えてみたい。そこには被害者ならではの特異な心理状態や思考傾向があることがわかる。なかでも解離や心的外傷後ストレス障害（posttraumatic stress disorder：PTSD）という概念を理解しておきたい。

《キーワード》 犯罪被害者等基本法，解離，トラウマ，心的外傷後ストレス障害（PTSD），急性ストレス障害（ASD），タイムスリップ現象，ストックホルム症候群，トラウマ的人間関係，外傷性の絆

1．犯罪被害者と被害者学

（1） 被害者の定義

まず犯罪被害者とはいかに定義されているかというと，2016年に施行となった犯罪被害者等基本法に「犯罪等により害を被った者及びその家族又は遺族をいう」（第2条第2項）とある。そして，この基本法よりも前の1985年に「犯罪およびパワー濫用の被害者のための司法の基本原則宣言」（以下，国連被害者人権宣言）が採択された。そこに挙げられている犯罪被害者とは，「個人であれ集団であれ，加盟国で施行されている，犯罪的パワー濫用を禁止する法律を含むところの刑事法に違反する作為または不作為により，身体的または精神的傷害，感情的苦痛，経済的損失，または基本的人権に対する重大な侵害などの被害を受けた者」とし，「加害者が特定されているか，逮捕されているか，告訴されているか，あるいは有罪判決を受けているかに関係なく，また加害者と被害者の間の親族関係の有無に関係なく，被害者と見なし」，「直接の被害者の直近の家族または被扶養者，および苦しんでいる被害者を助けた

り，被害を防止したりして介入した際に被害を受けた者も含まれる」と定義している。

　さらに，この宣言においては，パワー濫用による被害者を，「個人であれ集団であれ，国内の刑事法には違反していないものの，人権に関して国際的に認められた基準に違反する作為または不作為により，身体的または精神的傷害，感情的苦痛，経済的損失，または基本的人権に対する重大な侵害などの被害を被った者」と定めている。つまり，犯罪被害者だけではなく，ドメスティック・バイオレンス（以下，DV）や虐待，ハラスメント等による被害者も含めるとしたのであった。

　しかしながら，被害者の数は暗数が実に多く，捜査機関に認知されていないものも含まれていることを当然考慮しなければならない。2012年にわが国で実施された法務総合研究所（2013）の調査によると，過去5年間に犯罪の被害に遭った人のうち捜査機関に被害を届け出た人の割合は，性的な被害で2割弱である。その意味では，まだまだ被害者が守られていないという社会の状況がここから読み取れる。

（2）被害者学の成立

　これまで犯罪学や犯罪心理学の中で，専ら焦点が当たるのは加害者についてであり，被害者は加害者と対になった対象としてしか捉えられていなかった。つまり，犯罪学は加害者を視点にして捉えられていたのである。その点について，諸澤（1998）は被害者学が犯罪学とどう違うのかについて，「犯罪学が犯罪（すなわち，犯罪者と被害者）についての学問であるのに対して，被害者学は，被害（すなわち，被害者と加害者）についての学問である」（図6-1参照）と述べている。

　そして，被害者学にとっての重要な研究テーマは，被害者としての人間だけでなく，被害という現象でもあるとしている。要するに，従来の被害者の捉えられ方は犯罪学からみた被害者であり，被害者学としての被害者ではなかったのかもしれない。しかし，先の国連被害者人権宣言で謳われたように，被害者の人権を尊重し，被害者特有のあり方に目を向けていこうという動きに近年はなっている。

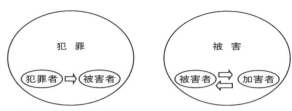

図6-1　【犯罪学のパースペクティブ】と【被害者
学のパースペクティブ】（諸澤，1998）

2. 被害者特有の心理

（1）被害者の抱えるさまざまな問題

　犯罪被害者は犯罪に巻き込まれたことにより，命を奪われたり，怪我
を負ったり，所有物を壊されたり盗まれたりするという直接的な被害を
受ける。しかし，実際の被害者はその被害だけにとどまらず，さまざま
な問題が降りかかり，精神的にも追い詰められていく。例えば，被害直
後の意気消沈している状況の中で何度も警察の捜査に応じなければなら
なかったり，裁判の過程において参加したり協力したりするなどの関与
をしなければならない。社会的に関心を集めた事件の場合などは，マス
コミの執拗な取材攻勢を浴びてしまうこともあり，テレビやインター
ネット，新聞等による報道で了解もなく自分のことが社会に曝され，プ
ライバシーが侵されかねない状況に陥ることも少なくない。それゆえ，
周囲や地域の人々に事実無根のうわさを流され，本来は被害者であるは
ずなのに，いつの間にか加害者のような目で注目を受けることもないと
は言えない。

　要するに，犯罪の被害を受けたという一次被害による精神的なショッ
クだけでなく，上記のような被害を受けた後のストレスや不快感という，
言わば二次被害，三次被害に見舞われ，われわれが想像している以上に
過酷な状況に被害者が立たされるのである。

（2）被害者の心理

　平成20年に内閣府が行った「犯罪被害者等に関する国民意識調査」に

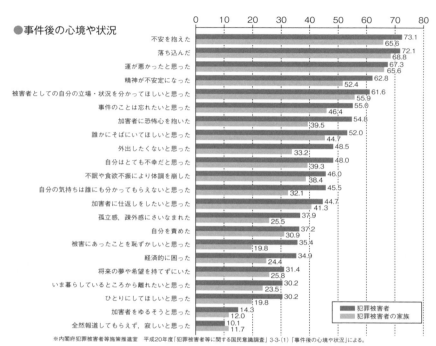

●事件後の心境や状況

※内閣府犯罪被害者等施策推進室　平成20年度「犯罪被害者等に関する国民意識調査」3-3-(1)「事件後の心境や状況」による。

図6-2　犯罪被害者等に関する国民意識調査（内閣府，2008）

よると，図6-2のように，犯罪被害者やその家族は，事件後の心境や状況について，「不安を抱えた」「落ち込んだ」「運が悪かったと思った」「精神が不安定になった」「被害者としての自分の立場・状況を分かってほしいと思った」「事件のことは忘れたいと思った」「加害者に恐怖心を抱いた」という回答が多かった。つまり，被害者は心身に変調を来し，それによって苦悩をしてしまうことが少なくない。

　具体的な身体的な影響としては，不眠になったり，悪夢にうなされたり，日常においても動悸やめまい，吐き気，過呼吸，食欲不振などとなって現れる人もいる。

　また，心理的な影響としては，今後も同じような被害に遭うのではないかといった不安感や恐怖感を抱いたり，混乱の中で先を見通せない絶望感や無力感などを持ったりする。加害者に対しては，屈辱感や怒りを感じるとともに，なぜ自分が被害者にならなければならないのかという

納得のいかなさや悲壮感や，時には自分がいけなかったからこのような事態になったのではないかといった自責感さえ抱くこともある。

　そのような心理状態に陥ってしまうと，正常な認知機能が低下し，本来保有している記憶力や判断力が思うように発揮できなかったり，現実感がわかず，自分自身も気がつかないうちにどこか感覚や感情が麻痺してしまうこともある。

　あるいは，身体的な不調が心理的にも大きく影響を与えることがあり，被害を受ける前にあった日常のリズムが狂ってしまい，それをなかなか取り戻せずに苦しむこととなる。時には，犯罪被害に遭った時から時間が止まってしまったようなタイムスリップ現象を体験したり，気がついたら日が暮れていたなどといった正常な時間感覚がなくなり，周囲の動きから取り残されてしまっている感じさえ持つこともある。そして，そんな自分に焦りや苛立ちを感じたり，自己効力感が持てずに自己評価が低下し，本当は援助を求めたいのに周囲の人まで信じられなくなってしまうといった負のスパイラルに陥ってしまう。

　もちろん被害者の陥りやすい心理はさまざまであり，人によってもその現れ方は違っている。同じ被害者であったとしても被害直後としばらく時間が経過した後とでもその様相は変わってくる。

　しかし考えてみると，犯罪というショッキングな出来事に遭遇したのであるから，誰しも身体や心理に大なり小なり影響を受けてしまうのはある意味では当然であり，決して珍しいことではない。その中でも，急性ストレス障害（acute stress disorder：ASD）のように症状（図6-3参照）が重症になったり，また，そのような症状が1か月以上も続いてしまうと，心的外傷後ストレス障害（posttraumatic stress disorder：PTSD）といったより深刻な事態に発展することもある（図6-4参照）。このような障害についてしっかり理解していくために，解離やトラウマという概念をまず理解しておかねばならない。

急性ストレス障害（Acute Stress Disorder）の診断基準（DSM-5）

A．実際にまたは危うく死ぬ、重傷を負う、性的暴力を受ける出来事への、以下のいずれか1つ
　（またはそれ以上）の形による曝露：
（1）心的外傷的出来事を直接経験する。
（2）他人に起こった出来事を直に目撃する。
（3）近親者または親しい友人に起こった出来事を耳にする。
　注：家族または友人が実際に死んだ出来事または危うく死にそうになった出来事の場合、それは
　　　暴力的なものまたは偶発的なものでなくてはならない。
（4）心的外傷的出来事の強い不快感をいだく細部に、繰り返しまたは極端に曝露される体験をす
　　　る。
　　　（例：遺体を収集する緊急対応要員、児童虐待の詳細に繰り返し曝露される警官）。
　注：仕事に関連するものでない限り、電子媒体、テレビ、映像、または写真による曝露には適用
　　　されない。
B．心的外傷的出来事のあとに発現または悪化している。侵入症状、陰性気分、解離症状、回避症
　状、覚醒症状の5領域のいずれかの、以下の症状のうち9つ（またはそれ以上）の存在。
　侵入症状
（1）心的外傷的出来事の反復的，不随意的，および侵入的で苦痛な記憶。
　注：子どもの場合、心的外傷的出来事の主題または側面が表現された遊びを繰り返すことがある。
（2）夢の内容と情動またはそのいずれかが心的外傷的出来事に関連している、反復的で苦痛な夢。
　注：子どもの場合、内容のはっきりしない恐ろしい夢のことがある。
（3）心的外傷的出来事が再び起こっているように感じる。またはそのように行動する解離症状
　　　（フラッシュバック）（このような反応は1つの連続体として生じ、非常に極端な場合は現
　　　実の状況への認識を完全に喪失するという形で現れる）。
　注：子どもの場合、心的外傷に特異的な再演が遊びの中で起こることがある。
（4）心的外傷的出来事の側面を象徴するまたはそれに類似する、内的または外的なきっかけに反
　　　応して起こる、強烈または遷延する心理的苦痛または顕著な生理的反応。
　陰性気分
（5）陽性の情動を体験することの持続的な不能（例：幸福、満足、または愛情を感じることがで
　　　きない）。
　解離症状
（6）周囲または自分自身の現実が変容した感覚（例：他者の視点から自分を見ている、ぼーっと
　　　している、時間の流れが遅い）。
（7）心的外傷的出来事の重要な側面の想起不能（通常は解離性健忘によるものであり、頭部外傷
　　　やアルコール、または薬物など他の要因によるものではない）。
　回避症状
（8）心的外傷的出来事についての、または密接に関連する苦痛な記憶、思考、または感情を回避
　　　しようとする努力。
（9）心的外傷的出来事についての、または密接に関連する苦痛な記憶、思考、または感情を呼び
　　　起こすことに結び付くもの（人、場所、会話、行動、物、状況）を回避しようとする努力。
　覚醒症状
（10）睡眠障害（例：入眠や睡眠維持の困難、または浅い眠り）
（11）人や物に対する言語的または肉体的な攻撃性で通常示される、（ほとんど挑発なしでの）い
　　　らだたしさと激しい怒り
（12）過度の警戒心
（13）集中困難
（14）過剰な驚愕反応
C．障害（基準Bの症状）の持続は心的外傷への曝露後に3日〜1ヵ月。
　注：通常は心的外傷後すぐ症状が出現するが、診断基準を満たすには持続が最短でも3日、およ
　　　び最長でも1ヵ月の必要がある。
D．その障害は、臨床的に意味のある苦痛、または社会的、職業的、または他の重要な領域におけ
　る機能の障害を引き起こしている。
E．その障害は、物質（例：医薬品またはアルコール）または他の医学的疾患（例：軽度外傷性脳
　損傷）の生理学的作用によるものではなく、短期精神病性障害ではうまく説明されない。

図6-3　急性ストレス障害についてのDSM-5の診断基準

> ```
> ┌─────────────────────────────────────────────────┐
> │　　　　PTSD（心的外傷後ストレス障害）の診断基準（DSM-5）
> │　　　　　　　＊成人・青年・6 歳を超える子供に適用
> └─────────────────────────────────────────────────┘
> ```

A．実際にまたは危うく死ぬ，重症を負う，性的暴力を受ける出来事の形による暴露
（1）心的外傷的出来事を直接体験する
（2）他人に起こった出来事を直接体験する
（3）近親者または親しい友人に起こった心的外傷的出来事を耳にする。家族または友人が実際に
　　　死んだ出来事または危うく死にそうになった出来事の場合，それは暴力的なものまたは偶発
　　　的なものでなくてはならない
（4）心的外傷的出来事の強い不快感をいだく細部に，繰り返しまたは極端に暴露される体験をす
　　　る
B．心的外傷的出来事の後に始まる，その心的外傷的出来事に関連した侵入症状の存在（1つ以
　　上）
（1）心的外傷的出来事の反復的，不随意的，および侵入的で苦痛な記憶
　　　　（6 歳を超える子どもの場合は出来事の主題または側面の遊びを繰り返すことあり）
（2）夢の内容と情動またはそのいずれかが心的外傷的出来事に関連している。反復的で苦痛な夢
（3）心的外傷的出来事が再び起こっているように感じる。またはそのように行動する解離症状
　　　（フラッシュバック）
（4）心的外傷的出来事の側面を象徴するまたは類似する，内的または外的なきっかけに暴露され
　　　た際の強烈なまたは遷延する心理的苦痛。
（5）心的外傷的出来事の側面を象徴するまたは類似する，内的または外的なきっかけに対する顕
　　　著な生理学的反応
C．心的外傷的出来事に関連する刺激の持続的回避（1つ以上）
（1）心的外傷的出来事についての，または密接に関連する苦痛な記憶，思考，または感情の回避，
　　　または回避しようとする努力
（2）心的外傷的出来事についての，または密接に関連する苦痛な記憶，思考，または感情を呼び
　　　起こすことに結びつくものの回避，または回避しようとする努力
D．心的外傷的出来事に関連した認知と気分の陰性の変化，心的外傷的出来事の後に発現または悪
　　化（2つ以上）
（1）心的外傷的出来事の重要な側面の想起不能
（2）自分自身や他者，世界に対する持続的で過剰に否定的な信念や予想
（3）自分自身や他者への非難につながる，心的外傷的出来事の原因や結果についての持続的でゆ
　　　がんだ認識
（4）持続的な陰性の感情状態（恐怖，戦慄，怒り，罪悪感，恥など）
（5）重要な活動への関心または参加の著しい減退
（6）他者から孤立している，または疎遠になっている感覚
（7）陽性の情動を体験することが持続的にできないこと
E．心的外傷的出来事と関連した，覚醒度と反応性の著しい変化（2つ以上）
（1）人や物に対する言語的または肉体的な攻撃性で通常示されるいらだたしさと激しい怒り
（2）無謀なまたは自己破壊的な行動
（3）過度な警戒心
（4）過剰な驚愕反応
（5）集中困難
（6）睡眠障害
F．障害（基準B，C，DおよびE）の持続が1カ月以上
G．その障害は，臨床的に意味のある苦痛，または社会的，職業的，または他の重要な領域におけ
　　る機能の障害を引き起こしている
H．その障害は，物質または他の医学的疾患の生理学的作用によるものではない

図 6-4　心的外傷後ストレス障害についての DSM-5 の診断基準

3. 解離とトラウマ

（1）解離という現象

　解離（dissociation）という概念を最初に用いたのはジャネー（P. Janet）であり，ヒステリーにその症状が現れるとした。その後，フロイト（Freud, S.）がヒステリー研究の中で，抑圧という防衛機制の概念を見出した。そして，フロイトは，外的な力によって受けるのは身体的外傷だけでなく，そのときに引き起こされた激しい驚愕の感情といった心的外傷があると考え，それをトラウマと定義したのである。

　その後，解離やトラウマが精神医学で大きく注目を受けるようになったのは，ベトナム戦争帰還兵が過覚醒による不眠，過去の嫌な思い出を想起させる場所や物の回避，戦争体験のフラッシュバックといった，いわゆる戦争神経症と呼ばれる心的外傷が指摘されるようになってからである。そして，多重人格（現在は解離性同一性障害と呼ばれている）を有する者の中に，解離と深くかかわりがあることもわかってきた。

　心理臨床大事典（1992）によると，解離とは「強い情動体験や外傷的な記憶によって，意識や人格の統合的な機能が一時的に傷害されたり，交代したりする現象」と解説されている。筆者はこの説明しにくい解離についてできる限りわかりやすく説明するために，少し乱暴ではあるが，「意識の連続性がなくなること」と述べることにしている。本来，意識というのは寝ている時は別として，連続性を持っている。しかし，外からかなり強いストレスがかかったり，衝撃的な出来事に曝されたりすると，意識の連続性がどこか保てなくなってしまう。その現象を解離と説明している。

　具体例を挙げると，ボォーとしていて，一瞬ここがどこかわからなくなったり，名前を呼ばれているのにまったく気がつかないことは健康な人でも起こりうる。あるいは，家庭の中にいる時，隣の部屋に何かの用事で行ったのであるが，何をやりに自分がここに来たのか思い出せないということは誰しも一度は経験しているのではなかろうか。これらも解離の1つと言え，本来は何かをする目的で隣の部屋に行ったけれども，

すぐ直前のことと今とがどこか連続性を失ってしまっているわけである。それ以外の例では，暴力などの身体的虐待を受けている子どもが，殴られていても痛みを感じなかったという場合もある。つまり，殴られた痛みをそのまま感じていたのでは心が壊れてしまうことから，その痛みを感じないようにどこか連続性を断ち切り，心を守ろうとしているのであり，これも解離の現象だと言える。

　ただ，解離は上記のような健康なものだけとは限らず，自分でないような体験をしてしまうというものもある。例えば，ストレスの強い出来事に対して，幽体離脱のように，自分をそこから距離を置いて眺めていたり，その出来事を自分が当事者ではないかのように実況中継するように捉えてしまったりもする。もっと病的な解離となってしまうと，距離を置いて眺めている自分のことを自分とは違う別の人格の者であるという捉え方をする。これがまさに解離性同一性障害といわれるものである。

　解離の現れ方としてもさまざまあり，ストレスの強い出来事があったこと自体を忘れてしまうという解離性健忘，知らぬ間にどこかに行ってしまい，どのようにここに来たのか，現在いる場所がどこかもわからないといった解離性遁走，現実感がなく，夢を見ているか映画のスクリーンを眺めているかのように目の前の現実が見えたりするといった離人症などがある。

　いずれにせよ，解離という現象は，自分の心を守る 1 つの防衛機制として捉えられ，強いストレスの出来事との連続性を切り，その影響力が直接心に届かないようにしている作用と理解してよい。

（2）トラウマと PTSD

　次に，トラウマについて取り上げたい。トラウマを日本語で言うならば，「心的外傷」あるいは「心の傷」と訳すことが多い。そのため，トラウマという定義があいまいになり，トラウマの体験とショッキングな体験との区別がつきにくくなり，心に傷を負う体験がすべてトラウマと間違って理解されてしまう。確かに，トラウマの体験とショッキングな体験という両体験はいずれも心に傷を負うことには違いないが，どこが

どのように違っているのかしっかり理解しておく必要がある。

　考えてみると，人間というのは，生きている限り，何らかの出来事で心に傷を受けるものである。おそらく，その体験をしたことがないという人はまずいない。しかし，いくら心の傷を受けたとしても，その傷をずっと抱えながら生きているかというとそうではない。受傷時はその人なりにとても耐えきれない体験であったとしても，環境が変わり時間が経てばそのうちに傷が癒え，知らず知らずのうちに自然に傷は治癒していく。同時に，傷ついた当時のひどい苦しみや悲しみが薄らいでいったりもする。「日にち薬」とはよく言ったもので，このような体験が，言わばショッキングな体験と言える。

　しかし，トラウマの体験はそれとは少し違っている。アメリカの精神医学の診断基準であるDSM-5の心的外傷後ストレス障害（posttraumatic stress disorder：PTSD）を見ると（図6-4のA），「実際にまたは危うく死ぬ，重症を負う，性的暴力を受ける出来事」と記載してあり，これこそがトラウマの体験であると定義できる。つまり，トラウマの体験という限りは，ここにあるように，どこか死という体験に近いものであることが前提となっている。

　そして，このようなトラウマを体験すると，図6-4のB・C・D・Eにあるように，4つのカテゴリー（侵入，回避，陰性気分，過覚醒）の20の症状のうち6つ以上の項目に該当し，トラウマの出来事から1か月以上持続し，その人に著しい苦痛を与え，あるいは社会的，職業的といったところにも機能の障害を引き起こすことがPTSDであるとしている。

　このPTSDにおけるトラウマ反応の特徴は，どちらかと言うと，1回限りの被害体験のことが多いが，児童虐待をはじめとする持続して繰り返される反復的，慢性的な体験もある。ハーマン（Herman, J.L., 1992）はこれを複雑性トラウマ（この逆が単回性トラウマ）とし，子どもが被害を受けている最中や被害直後ばかりでなく，将来にわたって身体的，認知的，感情的，行動的，対人関係的なあらゆる領域で，広範な変化が生じると指摘した。

（3） ショッキングな体験とトラウマの体験の心の処理

　では，ショッキングな体験とトラウマの体験をした際の心のあり方やその体験を心がどのように処理するのかについて考えていきたい。

　まずショッキングな体験であるが，それが心の中に衝撃的に入ってきて（図6-5のa），その影響で人格や意識の一部は傷付く（図6-5のb）。当初は被害の範囲は広がっていたものの，時の経過とともにショッキングな体験そのものが小さくなり，傷付きの範囲も縮小してくる（図6-5のc）。そして，次の段階では体験そのものの影響力も弱まり，心の傷そのものも以前ほどの深刻さはなくなり（図6-5のd），最終的には体験をした記憶もしくは傷の痕跡は残るにしても，その時点では人格や意識にはまったく影響力を及ぼさなくなる（図6-5のe及びf）。

　なぜ，時間の経過とともに体験そのものの影響力が弱まったり，被害を受けた心の傷が回復するのかと言うと，人間には自然治癒力が備わっていて，元どおりに復元しようとする力が働くからである。身体的な外傷も多少の傷は血液の中の血小板が凝固して出血を止め，白血球を増やしてその傷口から入ってくる細菌を殺し，外からの細菌の侵入を防ぐために皮膚の代わりのかさぶたができ，その内側には皮膚を作り上げ，完治するという経過をたどる。心の傷も同じように，内に侵入してきたショッキングな体験という外敵に対して，「そんなことはたいしたことではない」，「自分と同じ境遇に置かれると誰でもそうなる」，「こうなったのもアイツが全部悪いのだ」などと，合理化や責任転嫁などさまざまな心理機制を働かせ，体験そのものの影響力を弱め，被害を縮小していく。

図6-5　ショッキングな体験と心理的なメカニズム（橋本和明，2004）

102

　このような過程がショッキングな体験とそれを受けた人の心理的なメカニズムである。

　それに対して，トラウマの体験の心の処理は少し違う。まずトラウマの体験が侵入すると（図6-6のa），人格や意識に多大な影響を与えることになる（図6-6のb）。なぜなら，先にも述べたように，トラウマの体験はショッキングな体験とは違って，死にまつわる体験であり，それゆえに大きな破壊力が備わっているからである。心の傷は非常に広範囲にわたってしまい，被害も甚大となり，人格や意識全体に大きなダメージを与え，時の経過を待っている余裕もないため，トラウマの体験そのものを隔離させようとする（図6-6のc）。これがまさに解離という現象であり（図6-6のd），すでに述べたように，体験と人格や意識との連続性を断絶して心を防衛しようとしているのである。そこには，体験と人格や意識との間に，溝のようなものがあり，直接に影響を受けないようにさせている。

　トラウマとは「瞬間冷凍された体験」であると比喩的に表現されることがあるが，瞬間的にその体験を冷凍させることによって，その影響を一時的に受けなくてすみ，心が自らの処理能力を超える凄まじい体験の被害から身を守ろうとする。つまり，解離と同じ作用をしていると考えられる。ただ，これらはあくまでも応急処置としての作用でしかなく，瞬間冷凍をしているだけに，それが何らかの形で解凍されると，体験そのものの衝撃の大きさや鮮度は受傷当時と変わらないまま，図6-6のbの時の被害を再度受けることになる。ショッキングな体験の場合は時

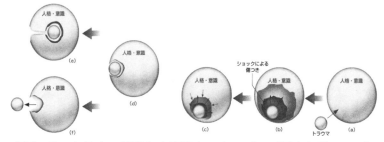

図6-6　トラウマ体験と心理的なメカニズム（橋本和明，2004）

の経過に伴って，その体験自体の質や色合い，大きさが変わってきたが，トラウマの体験にはそれがなく，年月を経ても衰えがないまま最初に受傷した当時の状況がリアルに繰り返されることになる。

　以上のように考えると，ショッキングな体験というのは，ある意味では人に傷を与えるものの，同時に，その傷はその人の成長を遂げるきっかけや肥料となる場合もある。それに対して，トラウマの体験は心に深く傷を残し，その呪縛から解放されずに過去に取り残されてしまうと，それは成長を妨げるものと言わざるを得ないかもしれない。

4. トラウマを介した特殊な人間関係

（1）ストックホルム症候群

　犯罪被害者の心理の顕著な例として挙げられるものにストックホルム症候群がある。これは1973年に実際にスウェーデンのストックホルムで発生した銀行強盗人質事件から名付けられた。この事件は，犯人が人質を取って立てこもり，警察と銃撃戦を行ったが，その被害者の1人は犯人に対して好意的な感情を抱き，逆に警察に対して敵意を持ったのであった。そして，犯人が警察に逮捕された後もその人質となった女性は加害者の彼に恋愛感情を抱き，獄中結婚までしてしまう。これは異常な状況に人間が置かれると，自分を本能的に守ろうとする防衛機能が働き，被害者は加害者に対して特殊な認知を持ってしまうということを如実に示している。つまり，自分が殺されるかもわからないという窮地に立たされると，自分を苦しめている目の前の相手に対して見方が変ってしまうことさえあるというわけである。なぜなら，憎しみや恨みの否定的な感情を相手に抱いていると，より一層殺されるという不安や恐怖心に圧倒されてしまう。そのため，逆に不安や恐怖心を解消させようと相手に対して肯定的な感情を持とうとするからである。また，そのような究極の状況であるからこそ，犯人が脅し言葉でなく普通の言い方で接してきたり，あるいは被害者の心情を少し汲むような言い方を多少でもすると，被害者は一気にそこに加害者の優しさを感じてしまう。

（2）トラウマ的人間関係

　トラウマを介した特殊な人間関係が生まれる例はストックホルム症候群だけではない。例えば，激しい児童虐待や配偶者虐待に曝されている被害者と加害者の関係においても，そこには通常では考えられない人間関係が生じてしまうことも珍しくはない。本来であれば，生命さえも奪われるような被害に遭ってしまう状況であるならば，被害者は加害者の元から逃げていくのが当然である。しかし，それをせずにあえて加害者の元に居続けようとすることさえある。DV の被害者にはこのことが頻繁に見受けられる。重症を負ったり殺されかねない状況に立たされているのであるから，加害者のところから逃げるのはあたり前であるが，それをしないで，あるいは一時的に逃げたとしても「もう夫（加害者）は反省していると思う」と言って，加害者のもとに戻ってしまう。そこには加害者と被害者との間でトラウマを介した人間関係が構築されてしまっていると理解でき，これをハーマン（Herman, J. L., 1992）は「トラウマ的人間関係」と呼び，バンクラフトら（Bancroft, L. & Silverman, J. G., 2002）は「外傷性の絆（trauma band）」と言っている。

　いずれにせよ，トラウマというのは体験してしまうとその人に身体的な変調を来すだけではなく，認知や感情，行動とともに対人関係的なあり方さえも変えてしまうところがある。被害者への支援をしていくに際して，上記に述べた被害者ならではの特別な心理があることを十分に理解しておく必要がある。

🔌 **研究課題**────────────────────────

1．犯罪被害者がしばしば呈する身体的特徴，心理的特徴を理解する。
2．解離の現象を説明できる。
3．ショッキングな体験とトラウマの体験の違いと，それを体験した心のあり方を説明できる。
4．トラウマを介した人間関係について理解する。

引用文献

American Psychiatric Association 編　日本精神神経学会／日本語版（2014）『DSM－5精神疾患の診断・統計マニュアル』医学書院

Bancroft, L. & Silverman, J. G.（2002）『The Batterer as Parent.; Addressing the Impact of Domestic Violence on Family Dynamics』. Sage Publications.（幾島幸子訳（2004）『DV にさらされる子どもたち』金剛出版）

橋本和明（2004）『虐待と非行臨床』創元社

Herman, J. L.（1992）『Trauma and Recovery』Basic Books（中井久夫訳（1996）『心的外傷と回復』みすず書房）

法務総合研究所（2013）『研究部報告49犯罪被害に関する総合的研究』

諸澤英道（1998）『新版被害者学入門』成文堂

内閣府（2008）『犯罪被害者等に関する国民意識調査』

氏原寛・亀口憲治・成田義弘・東山紘久・山中康裕編者（1992）『心理臨床大事典』培風館

7 | 犯罪被害者への支援

　前章では，犯罪被害者の心理について学んだが，この章ではそのような犯罪被害者へのさまざまな支援や方法について取り上げてみたい。
《キーワード》 ビデオリンク方式，被害者参加制度，被害者等通知制度，二次被害，持続エクスポージャー療法，眼球運動による脱感作と再処理法（EMDR），マインドフルネス，エンパワーメント，代理受傷，バーンアウト

1. 犯罪被害者支援の法律と関係機関の具体的内容

（1） 刑事手続における犯罪被害者支援と法

　これまでわが国の司法の領域においては，どちらかと言うと犯罪の加害者への処遇や更生に焦点が当てられ，犯罪被害者への支援は不十分であった。例えば，犯罪被害者は自分が被害にあった事件の公判を傍聴しようとしても，一般の傍聴人と同じ扱いをされ，優先的に傍聴席を確保されることもなかった。また，事件記録を読むことすら認められていなかったため，加害者がどのように供述しているのかさえ知ることができなかった。その意味では犯罪被害者はまったく蚊帳の外に置かれた存在であったと言える。

　そんななかで2000年に刑事訴訟法が改正となり，被害者の法廷での証言時に，被害者に対する配慮がなされるようになった。例えば，犯罪被害者等と被告人（あるいは傍聴人）との間を遮蔽する措置（図7-1）を採ったり，ビデオリンク方式（図7-2）といって証人を法廷外の別室で証言をさせ，それをテレビモニターを通して証人尋問を行う方法を採用することもできるようになった。さらに，適当と認める者を被害者の証言する横に付き添わせるなどの措置（図7-3）もでき，しだいに

図7-1　証人の遮蔽の措置

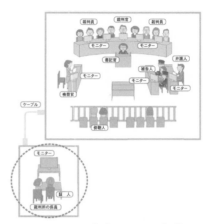

図7-2　ビデオリンク方式

図7-3　証人への付添いへの措置
（図7-1～図7-3はいずれも平成29年版犯罪白書）

被害者への配慮が拡充してきている。

　また，同じ年に犯罪被害者保護法が制定され，公判傍聴の配慮，記録の謄写・閲覧，刑事和解の手続が定められた。そして，2004年に犯罪被害者等基本法が制定され，犯罪被害者等のための基本方針及び重点課題が決められた。これにより，刑事手続への関与の拡充への取組，損害回復や経済的支援への取組，被害者参加制度の創設など大幅な制度改正が行われた。なかでも2008年から開始された被害者参加制度は，殺人や傷害等の一定の被害者が公判期日に法廷で検察官の隣に着席して裁判に出

席し，法廷で意見を述べることができるようになった。その際，国選あるいは私選による弁護士が犯罪被害者の選任を受けて，被害者に代わって質問や発言をすることも可能となった。

　上記に見てきたように，これまで犯罪被害者は刑事手続の中では認められなかったさまざまな権利利益が法律によって認められるようになったのである。

（2）　警察・検察庁における犯罪被害者支援

　犯罪被害者にとって，警察は被害を届け出るところであり，加害者を逮捕，検挙してくれ，再発の防止にも最も支援を期待している機関であることは言うまでもない。そのため，警察は犯罪被害者の支援の必要性からこれまで多くの取り組みを進めてきた。そして，警察官が捜査活動をする際に被害者に対する十分な配慮を怠らないことや，情報の提供者や被害者の保護をしなければならないといったことから犯罪捜査規範も改定された。

　犯罪被害者にとって，警察の捜査の状況がどこまで進んでいるのかはもとより，加害者の検挙の状況，あるいは逮捕被疑者の処分状況等についての情報はもっとも関心が強いところである。なぜなら，犯罪被害者にとっては，加害者が今はどのような状況にいるのか，あるいは自分が被害を受けた事件がどのように裁かれたり，どのように扱われるのかということがその後の犯罪被害からの立ち直りにも大きく関係するからである。特に，殺人や傷害，性犯罪，ストーカー等の被害者やひき逃げ事件や交通死亡事故などの重大な交通事件の被害者（遺族も含め）は，身体的あるいは精神的に大きなダメージを受けているためなおさらである。

　そんなことから，警察は事件を担当する捜査員に犯罪被害者に連絡を取らせて，それらの情報を伝えるようにしている。また，交番等の地域警察官は被害者が同じような被害を受けないように予防したり，不安感を少しでも解消できるように，犯罪被害者の要望に基づいて家庭訪問をし，警察に対する要望を聞くなどの連絡活動を実施している。犯罪被害者のニーズに応じてさまざまな相談に応じたり，時には精神的ダメージ

を受けた人にはカウンセリングを実施することもある。

　また，犯罪被害者は被害の内容によっては病院に通院するなどの医療費が必要となったり，仕事に行けなくなって収入が減ったりするなど経済的な困窮に陥ることも少なくない。そのため，犯罪被害給付制度が1981年から始められた。

　検察庁においても，警察と同様に，犯罪被害者のさまざまな負担や不安を軽減するために，被害者支援員を配置して，相談に応じたり，法廷への案内や法廷での付添いをしたり，事件記録の閲覧などの手続の手助けをするなどの活動もしている。

　また，情報の提供においては，事件の処分の結果や裁判の結果に関する情報を犯罪被害者に提供するという通知制度を設けている。検察庁では加害者の受刑中の刑務所における処遇状況や刑務所からいつ出所することになるのかといった情報もできる限り通知するようにしている。

（3）　少年審判に関する犯罪被害者支援

　少年事件においては，成人の刑事事件とは違って，家庭裁判所で調査・審判が行われる。その手続は非公開であり，審判を傍聴することは認められていない。しかし，少年事件においても犯罪被害者への配慮の必要性が認められ，事件記録（ただし，少年の要保護性に関しての調査記録は除かれる）の閲覧やコピーが認められるようになった。

　また，犯罪被害者は審判廷で直接裁判官に，あるいは審判廷外で裁判官や家庭裁判所調査官に意見を述べるという意見聴取制度が設けられた。ただ，刑事事件の被害者参加制度のように，審判で加害をした少年に質問をしたりすることはできず，あくまでも審判を傍聴する権利にとどまっている。また，審判結果を通知する制度や審判後の少年院に収容されている状況，出所や仮退院の状況，保護観察中の状況などを犯罪被害者が申し出をすれば通知する制度もある。

（4）　更生保護における犯罪被害者支援

　更生保護における犯罪被害者への支援については，加害者の仮釈放や

仮退院の審理や保護観察の状況等に関する情報を犯罪被害者に通知する「被害者等通知制度」があり，その際，地方更生保護委員会に対して仮釈放や仮退院について犯罪被害者が意見等を述べることができる「意見等聴取制度」もある。そして，保護観察中の加害者に対しては，犯罪被害者が述べた被害に関する心情等を加害者に伝えるという「心情等伝達制度」もできた。特に，この点については，被害者でないとわからない心情や，被害を受けた後にどのような状況に置かれているかを，加害者に知ってもらうためにも重要である。また，それによって，保護観察中の加害者に対して，被害者の実情をしっかり見つめてもらい，反省を深めさせることにもつながる。そして，更生保護においても，犯罪被害者の不安や悩みに応じる相談や支援，関係機関への紹介などを実施している。

（5） 民間団体による犯罪被害者支援

　民間団体による犯罪被害者支援も近年は活発になされており，なかでも「全国被害者支援ネットワーク」の活動は顕著である。そこでは，電話や面接で犯罪被害者の相談を受けたり，裁判所や警察，病院などへの付添いや，裁判を犯罪被害者に代わって傍聴をしたり，犯罪被害者等給付金の申請などの各種手続きの補助や，日常生活への手助けといった支援を行っている。このような活動を通じて，犯罪被害者が被害を受けた時から再び平穏な生活を営むことができるようになるまで，途切れのない必要な支援を行う必要を訴えている。

　警察，検察庁，裁判所，保護観察所等の公的機関においてはしにくい物品供与や貸与などの犯罪被害者支援も，民間団体なら可能になることも少なからずあり，その重要性は今後はますます大きくなっていくことが予想される。

2．犯罪被害者へのさまざまな支援

（1） 被害者の複雑な心情理解の重要性

　第6章で述べたように，犯罪被害者の心理は非常に複雑で，それこそ

被害者でないとなかなか理解できないことがある。まずはその犯罪被害者がそのような複雑な心情を持っているということを支援者が十分に理解をしていくことがなによりも重要で，それを支援を始める際の基本に置いておくべきである。

　例えば，犯罪被害者が被害を受けた事件から何年も時が経過したとする。すでに加害者も裁判で刑が確定し，すでに刑務所で服役も終えているとする。われわれ一般人としては，その事件の手続はすでに終わったのであるから，過去の出来事の1つであると見てしまいやすい。しかし，被害者の見方や感じ方はそれとはまったく違っている。仮に加害者が刑に服したり，刑の執行を終えたとしても，被害者である彼らは今もなお被害に苦しみ，とても過去の出来事には感じられない。裁判のゆくえや刑期の状況とはまったく無関係に犯罪の被害に遭ったことに苦しんでいるのである。特に，その事件が被害者にとってトラウマとなっている場合はなおさらのことであり，被害者は被害を受けたその時点から時間が止まったような感覚に陥っていることさえよくあるのである。

　筆者が出会った犯罪被害者の方は，「自分はあの出来事があって以来，異次元の空間に陥っているように思える」と印象深い言葉を語った。つまり，犯罪被害者は現実の時間の流れにまったく付いていけず，時間が被害を受けた時から動いておらず，ふとした瞬間にいつも犯罪を受けた時点にタイムスリップしてしまうような時間感覚を持ってしまっていると言うのであった。

　別の言い方をするならば，トラウマの出来事に遭遇し，あまりにも大きな心の傷を受けたため，なかなかそこから立ち直れない。そこで何とか生き残るために，そのトラウマ体験を思い出さないように封印したり，影響力を持たないようにいわば瞬間的にその体験を冷凍させて自分の中にしまい込んでいると考えてもよい。そんな状態のまま前にも後にも進めず，しかもトラウマを思い出させる状況に遭遇すると，一瞬のうちに冷凍されていた体験が解凍され，それがフラッシュバックして再び心に大きな傷を受けてしまう。その繰り返しこそが，現実の時間の流れに付いていけない理由となり，周囲の状況にもますます取り残されてしまう。

先ほどの犯罪被害者の言葉ではないが，異次元の空間に自分だけがいるといったように感じてしまうのであろう。

　このような複雑な心理状態にある犯罪被害者であるがゆえに，専門家であってもなかなか支援が届かず，逆にこちらが困惑させられてしまうこともしばしばある。そして，被害者に元気になってもらおうと，「生きているだけでもよかったと思ってはどうか！」などと安易な慰めをしてしまうと，被害者はその言葉にさらに傷付いてしまう。また，「いつまでもくよくよせず，早くよくなってほしい」と立ち直りを促すようなことを家族や支援者が被害者に言ってしまうと，余計に被害者の時間感覚が乱され，体調や精神状態を悪化させてしまうことさえある。

　結局，そんな被害者に対して何もできない無力感を家族や専門家が痛感してしまうことも珍しくはなく，そこに支援の難しさがある。

（2）　二次被害，三次被害の防止

　犯罪被害者はさまざまな二次被害，三次被害に悩まされやすいことも支援者は知っておく必要がある。つまり，犯罪の被害を受けたことが一次被害だとするならば，そのことが次々と雪だるま式に被害が拡大されていくのである。

　例えば，マスコミによる取材攻勢を受け，何の落ち度もない犯罪被害者に対して「被害者側にも事件の原因があったのでは」といったことを言わんとする無神経で，配慮のない報道がなされることもある。記者には犯罪被害者を傷付けようとする意図がまったくなく，通常なら聞き流せるような発言や表現であったとしても，犯罪被害者には傷跡をえぐられたような気持ちになってしまう。彼らは最初の一次被害で相当にダメージを受けているため，些細なことでも傷付いてしまう。"弱り目に祟り目"という言葉があるように，ちょっとしたことであったとしても二次被害，三次被害へと被害を拡大させ，傷口を大きくさせてしまうのである。

　なかには，事件後，加害者から謝罪や示談の申し出の連絡を受けたものの，あまりにもそれが事務的であり，こちらの心情を汲むような言葉

や態度が見受けられないことから，ますます立ち直りが遅れたという犯罪被害者もいる。あるいは，ある犯罪被害者は事件前と同じ日常や生活を早く取り戻すために，事件そのものについて忘れ去ろうと努力をしようとする。しかし，それをすればするほどうまくいかずに苦しんだりする。いずれにせよ，犯罪被害者の複雑な心理がそこには隠されており，自分では事件の記憶を消したい一方，事件が風化されてしまうと自分が取り残されたように感じて苦しくもなる。そんな犯罪被害者の相反する感情に対して，家族や支援者は十分な配慮をしているつもりでも，やはり彼らを知らぬ間に傷付けてしまう。時には家族や支援者とも言い争いとなったり，円満な関係が保てなくなることもあり，そのことでも彼らはより傷付き被害的に受け止めてしまう。

　それらを防止するには，家族や支援者の高度な共感力が何より要求される。そして，何度も繰り返すが，まず何よりも犯罪被害者のそのような複雑な心理をより深く理解し，「いつもあなたの味方であるし，決して見捨てはしない」というメッセージを送り続けることが必要である。

（3）　被害者性の認識を持つこと

　犯罪被害者の支援の中で，筆者が最も重要と思われることは，彼らが自身の被害者性の認識をしっかり持てることだと考える。これは当たり前のように聞こえるかもしれないが，実際には自分が被害者であるとの認識がなかなか持てないことが多い。その理由はいくつか考えられる。

　まず，犯罪被害者は被害に遭遇して以降，それ以前の生活とはまったく状況が変わってしまい，非日常のことをたくさんこなさねばならないからである。例えば，事件の状況を警察に説明に行ったり，供述調書の作成に協力したりと普段では想像もしなかったことをしなくてはならず，それは苦痛以外に何ものでもない。すでに述べたように，トラウマを受け，心的外傷後ストレス障害（PTSD）となっている者にとって，いくらこちらに配慮をしてくれる警察官であったとしても，辛い出来事を思い出したり語ったりするのは大きなストレスになる。また，加害者から謝罪の申し出を受けたり，示談交渉を求められたりすることもあるかも

114

しれないが，それによってこちらのペースがかき乱されてしまう。本来の日常を早く取り戻したくても，自分ではそれをなかなかコントロールできず，それまで考えもしなかった非日常に犯罪被害者は直面しなければならないのである。

極端なことを言うならば，大切な人が亡くなってしまった遺族の場合，被害直後の混乱の中で，通夜や葬儀を執り行わねばならない。本来なら，故人を偲び，お別れをする重要なセレモニーであるにもかかわらず，動揺と混乱の中に身を置かねばならない。また，心の中の整理がつかず，何が何だかわからないまま悲しむことさえできずに時間が流れ，あっという間に数年の月日が過ぎてしまうことさえある。

これとはまったく逆に，日常の中に没頭して事件のことを忘れようとする犯罪被害者もいる。事件のことを考えたり思い出したりすると恐怖心や不安がよみがえるため，日常の生活や仕事にあえて我が身を没頭させ，忌まわしいことを忘れたいといった心境にさせる。また，被害を受けて精神的に落ち込んだり，自分を被害者として認識してしまうと，それだけで弱者のような感覚になりやすく，人生の敗者に自分が感じ取られるという人も中にはいる。そのような人は外から見ると，非常に気丈に見えたり，精神的にはさほどダメージを受けていないようにも見えてしまう。それゆえ，周囲の者は支援の手を差し伸べずにいたり，本人も助けを求めにくくなり，気がついた時には立ち直れない程のどん底に陥ってしまうことも少なくない。

時には，事件直後のマスコミの取材攻勢によって思考が混乱させられて，自分の方こそ世間に何か悪いことをしでかしたかのように錯覚したり，自身にも落ち度があったのではないかと自分を責め，社会を騒がせているのは自分の方だという感覚にさえなってしまう。つまり，被害と加害の立場が入れ替わってしまうという間違った認識さえ持つことがある。

いずれの場合においても，犯罪被害者が自分の被害者性をなかなか認識しにくく，それが被害者への円滑な支援を停滞させてしまうことにつながりやすい。

　そこで，犯罪被害者が自分の被害者性を認識するような支援が何よりも大切である。犯罪被害者が加害者に対してありのままの感情をストレートに出してしまうことに抵抗を感じる場合もあるかもしれないが，そのような怒りや憤りは犯罪被害者としては当然であり，そのような感情を封印してしまわない方が回復は早い。いつまでも自分自身のありのままの感情に目を向けずに，どこかそれを回避したり偽ったりした状態でいることの方が問題をこじらせてしまう。

　例えば，「事件から長い月日が経っているにもかかわらず，あのことを思い出すと涙が止まらない」といった感情や，「犯人は逮捕されているにもかからわず，すぐに社会に戻ってきて私に再び被害を加えるのではないか」といった不安感や恐怖感，「なぜ自分が被害者になったのか考えてもわからず，自分に落ち度があったのではないか」と考える自責の念への捕らわれ，「事件前の生活を返してほしい。何もかもを元通りにしてほしい」という非現実的な主張，等々。一見，あまりにも現実的なレベルの話とはかけ離れていたり，いくら被害者であったとしてもそこまで言うべきではないのではないかと思われることがあるかもしれない。しかし，被害者にとってはそれは当たり前の感情や態度，行動であると理解することが必要である。そして，そのような犯罪被害者のありのままを支援者が受け入れることが何より彼らが自分の被害者性を認識できる近道であると言えるのである。

（4）　犯罪被害者以外の被害者との共通性

　犯罪被害者への支援について取り上げてきたが，犯罪以外の他の被害者についても共通点が多い。特に，先に述べた被害者性の認識を持ってもらう働きかけは，支援の要となり，そのことを支援する側がしっかり理解しておくべきである。

　ＤＶや家庭内暴力といった家族が被害者になることについて考えてみよう。ＤＶの被害者は配偶者から殴られ，いったんはシェルターに身を隠したりするものの，しばらくすると加害者のもとに平気で戻ってしまうことがよくある。今度戻れば，それこそ加害者の暴力で生命の危険が

伴う場合であったとしてもである。その被害者は，「夫は私を殴ったことをきっと今では後悔していると思うから」「もう二度としないと反省しているから」と理由を付けて，加害者の暴力を帳消しにしようとする。しかし，その後も配偶者の暴力は定期的なサイクルで繰り返され，被害者は加害者のもとを出たり入ったりしているうちに，自分が被害者であるという認識さえ麻痺してしまい，挙げ句の果てには逃げることさえしない無気力状態に陥ってしまう。

　これと似たように，家庭内で起こる暴力の被害者には，多かれ少なかれ，同じような理由で被害者性を認識できない場合が多い。子どもが親に暴力を振るう場合なども，被害者である親は重傷を負っているにもかかわらず，子どもをかばったり，自分の育て方が悪かったからといった理由で警察への通報に消極的となったりする。自分だけが我慢すればよいと誰にも相談できない被害者も多く，結局は救助のサインを発せず，介入の時機を失して重大な事件につながる場合もある。

（5）　トラウマ的人間関係からの脱却

　ＤＶや児童虐待における加害者と被害者との関係においては，そこには通常は考えにくい特殊な関係が生じることがあるというのは，第6章でも述べた。西澤（2004）はこれを「トラウマ性の体験による結びつき」と称し，被虐待者が虐待者に対してしがみつき的な結びつきを求め，それはトラウマのゆえにさまざまな歪曲を伴ったものとなりやすいと説明している。このことは先にも述べた被害者は加害者から逃げ出せばいいと思う状況でさえ，被害者は加害者のもとを離れようとはせず，加害者にしがみついてしまうことにも言える。

　これに類した犯罪者と被害者の特殊な人間関係の1つが，まさに「ストックホルム症候群」なのである。この症候群における犯人と人質との関係は，まさに「トラウマ性の体験による結びつき」に他ならない。ここにも被害者でありながら，自分の被害者性が認識できないという問題が存在し，自分と加害者の人間関係がトラウマを介した特殊な結びつきであると自覚していくことが必要なのである。

　信田（2002）は，「当事者性をもたなければ外部に援助を求めること
は困難である。援助者の側も，求められなければ従来は動けなかった。
しかしそのような姿勢が被害者に対して重大な人権と生命危機をもたら
すことは，すでに多くの事件で明らかになっているのだ。したがって
『当事者性のなさ』こそが，外部からの介入を必要とし，正当化し，要
請しているのである」と述べている[注]。いずれにせよ，被害者が自分の
被害者性（当事者性）を認識することが回復の第一歩であるし，同時に
その視点こそがわれわれ援助者の支援の足がかりとなることは間違いな
い。

（6）　トラウマからの回復に焦点を当てた支援

　ただ，被害者が自己の被害者性を認識することは想像以上に困難なこ
とが多い。なぜなら，被害者の多くは心的外傷後ストレス障害
（PTSD）を負っているためであり，その症状の大きな特徴である侵入，
回避，認知と気分の陰性の感情，過覚醒などがそのことに大きな抵抗と
なっているからである。

　その1つの例として，ハーマン（Herman, J.L., 1992）はレイプを受
けた女性被害者が危険な現場に再び近づく傾向について，「外傷の瞬間
を再演して，危険な出会いの結果を変えようという幻想を抱く」と説明
している。つまり，レイプを受けた光景が被害者の中で何度も何度も再
現され，そのような惨めな自分から脱却するために，自分が被害者であ
ることを否定し，加害者に屈したくないと考えるあまりに，さらなる危
険な目に遭ってしまう。被害者に物事に対する認知や気分の陰性への変
化が生じ，被害者が被害者性の認識を持つことがしにくくなったり，認
識を持つことへの大きな抵抗感が生まれてくる。その結果，再度の被害
を招く危険へと導くのである。

　従って，トラウマ体験をし，PTSDなどで苦しんでいる犯罪被害者へ
の大きな支援として，トラウマを回復するための医療的あるいは心理的

注）信田は「被害者性」という言葉を使わず，「当事者性」という言葉を使用して
いる。

118

な支援が必要となってくる。

　それに対する具体的な支援の方法はさまざまある。まずエビデンスを有した治療効果が期待できるものとして認知行動療法がある。さらに言えば，トラウマに焦点を当てた認知行動療法として，持続エクスポージャー療法（prolonged exposure therapy）がある。これは外的な刺激に向き合うという現実に曝露（エクスポージャー）させたり，トラウマを受けた場面に向き合うように想像させたりしながら，回避しているトラウマに関する物事や状況に対してしだいに向き合わせていくというものである。

　それ以外のトラウマからの回復の治療としては，眼球運動による脱感作と再処理法（Eye Movement Desensitization and Reprocessing；EMDR）がある。これは左右に振られるセラピストの指を目で追いながら，過去のトラウマ体験を思い出すという方法を用い，そうすることで想起された記憶だけでなく，身体感覚や自己否定的認知なども眼球運動によって脱感作できるというものである。

　あるいは近年では，瞑想の方法を取り入れ，意図的にその瞬間瞬間に注意を払うことで気付きや集中力を高め，ストレスを低減させるマインドフルネスも盛んに行われている。また，従来からあるカウンセリングや精神療法をはじめ，薬物療法などの治療法もトラウマの回復には適用されている。しかし，どの治療法を実施するにしても，被害直後の急性期においては，生活支援をまず優先し，安全・安心な環境に身を置かせ，その次にそれが確保された後の慢性期においては，上記のような治療法を適用させ，最後にそれを日常の生活に落とし込ませていくようにするプロセスが重要である。

（7）　エンパワーメントすること

　犯罪被害者への支援についてもう1つ重要なことは，支援者は犯罪被害者に対して少しでもパワーを持ってもらうようにエンパワーメントするよう心掛けることである。すでに述べたように，犯罪被害者は被害に遭ったことから日常を喪失し，不安や恐怖を抱き，さらには突然に降り

かかった非日常の問題処理に奔走され，エネルギーを使い果たしてしまっている。

　まずは犯罪被害者の話を被害者の立場で，ありのままに聴くことであろう。ありのままというのは，聴き手は彼らの話を遮らず，安易な慰めや励ましなどせずに，話し手に共感していくということである。そのようなプロセスを辿るなかで，犯罪被害者は本来自分の持っているパワーに気付き，少しずつそれを蓄積させていく。

　そもそもエンパワーメントとは，森田（2006）によれば，「人は皆，生まれながらに様々な素晴らしいパワーを持っているという人間観から出発する。そのパワーの中には自分を癒やす力，降りかかってきた問題を解決する力，そして人権というのもある」と説明している。そして，本来持っている力を取り戻して，自分への信頼を回復させ，自分の尊さや素晴らしさを再び生き生きと息づかせることがエンパワーメントである。そうだとするならば，犯罪という被害に遭って心身に傷を負い，気力さえ亡くしかけている犯罪被害者に本来の自分自身を取り戻し，生まれながらに持っているパワーを再発見させていくプロセスを共に歩むことが支援では重要なのである。

　また，心身共に極度に疲労困憊している犯罪被害者を前にして，十分に睡眠や食事をするようにと，ありきたりな助言や指導をしても実効性がない場合もある。犯罪被害者の方もそうしたいのは山々であるが，それが思うようにいかずに苦しんでいるのである。それゆえ，「ベッドでぐっすり眠られなくても，少しでも体を休め，ソファーでうたた寝できるだけでもよしとしよう」「朝昼晩の三食は喉を通らないとしても，軽食やおやつであっても口に入るものを当分の間は採り入れることで急場を乗り越えていこう」といった臨機応変な対応が必要な時もある。生活のリズムを急に立て直そうとせず，できるところから手を付け，停滞しているところに少しでも流れを作っていく支援こそが被害者支援には欠かせない。それが犯罪被害者にとっては徐々にエンパワーメントとなっていくのである。

（8） 支援の際の留意点

　最後に，犯罪被害者を支援をする際，支援者自身が留意をしなければ
ならないことがある。

　まず最初の問題は，犯罪被害者に親身になり共感的に関わることから，
知らず知らずのうちに支援者側にも心に傷を受けてしまうという「代理
受傷（vicarious traumatization）」である。この概念はマッキャンら
（McCann, I.L. et al. 1990）が概念化したもので，「クライエントのト
ラウマ素材に共感的に関わった結果，関わった者の内的体験が変容する
こと」から生じてしまい，自己や世界に対する認知に変化が見られると
言うのである。これと類似したものとして，「外傷性逆転移」がある。
これはハーマン（Herman, J.L., 1992）が指摘したもので，支援者（治
療者）は犯罪被害者等（患者）の外傷体験を聞くうちに，「程度こそ違
え，患者の同一の恐怖，怒り，絶望を体験する」というものである。代
理受傷においても，外傷性逆転移にしても，犯罪被害者との心理的距離
感が適度に保てず，支援者自身が犯罪等の被害の影響を少なからず被っ
てしまうこととなる。そうならないためには，村瀬（1995）が指摘する
ように，「治療者は相手と同じ地平でものを見，感じる努力をしながら
も，自分の半身は醒めていて，相手との関係がどう推移しているか，そ
の関係の周りの状況はいかにあるかについて，的確に把握していること
が，責任性との関連において，必要欠くべからざること」となる。

　そして，しばしば犯罪被害者は自分を助けてくれる支援者に藁をも摑
む思いでしがみついてくる。逆にそのことで支援者は身動きが取れなく
なって，両者とも回復には長い道のりを歩まなくてはならなくなる。つ
まり，犯罪被害者とのかかわりから代理受傷や外傷性逆転移が生じ，支
援者自身もそのパワーで圧倒され巻き込まれた結果，燃え尽き症候群
（バーンアウト（burnout）症候群）となってしまう。

　犯罪被害者の支援の難しいところは，支援者が必要以上に手を差し伸
べてしまうと，逆に犯罪被害者の自主性を損なってしまうことも肝に銘
じておかねばならない。そして，支援者自身のバーンアウトなどの問題
にも気を付けなくてはならない。長井（2004）は「回復の主体はあくま

でも被害者にある。対応如何によっては被害者の主体性は回復せず，む
しろ精神を荒廃させ，また依存心を強め，その結果むしろ無力感と孤立
感を強めてしまうこともある」と指摘している。そうならないためにも，
支援者はやはり犯罪被害者の心理についての理解を深め，支援の専門性
を高めていくことが何より大切なのである。

🔋 研究課題

1．犯罪被害者についての関係機関の具体的支援について理解する。
2．犯罪被害者を支援する際の留意点を理解する。

引用文献

Herman, J. L.（1992）『Trauma and Recovery.Revised ed.Basic Books』（中井久夫
　　訳（1999）『心的外傷と回復』増補版　みすず書房）
法務省法務総合研究所（2017）『平成29年版犯罪白書』（http://hakusyo1.moj.
　　go.jp/jp/64/nfm/n64_2_1_1_0.html#h1-1-1-01）平成31年 4 月31日閲覧
McCann,I.L.& Pearlman,L.A.（1990）Vicarious traumatization:A framework for
　　understanding the psychological effects of working with victims.Journal of
　　traumatic stress,3（1）　131-149.
森田ゆり（2006）『子どもが出会う犯罪と暴力』ＮＨＫ出版
村瀬嘉代子（1995）『子どもと大人の心の架け橋—心理療法の原則と過程』金剛出
　　版
長井進（2004）『犯罪被害者の心理と支援』ナカニシヤ出版
西澤哲（2004）「子ども虐待がそだちにもたらすもの」『そだちの科学』，Vol.2（4）
　　日本評論社，p.10-16.
信田さよ子（2002）『ＤＶと虐待』医学書院

8 | 虐待の発生とメカニズム

　この章では，まずは児童虐待について取り上げ，その発生や虐待のメカニ
ズム，虐待が子どもにどのような影響を与えるのかについて論じる。また，
社会問題となっている虐待には児童虐待だけではなく，配偶者虐待や高齢者
虐待などさまざまな虐待があり，それらをメタの視点で包括的虐待として捉
え，そこから見えてくるものは何かについても考えていきたい。

《キーワード》　児童虐待の防止等に関する法律（児童虐待防止法），身体的
虐待，性的虐待，ネグレクト，心理的虐待，要保護児童，虐待通告，立入調
査，臨検・捜索，反応性愛着障害，脱抑制型対人交流障害，心的外傷後スト
レス障害（PTSD），性化行動，世代間伝達，被害と加害の逆転現象，包括的
虐待

1. 児童虐待の現状

（1）児童虐待の法律と関係機関の役割

　児童虐待の定義については，児童虐待の防止等に関する法律（いわゆ
る児童虐待防止法）に，「保護者（親権を行う者，未成年後見人その他
の者で，児童を現に監護するものをいう）がその監護する児童について
行う次に掲げる行為」（同2条）として，身体的虐待，性的虐待，ネグ
レクト，心理的虐待の4つの種類を定めている。

　次に，児童虐待を受けたと思われる児童（要保護児童）を発見した場
合，児童福祉法第25条の規定に基づき，「これを市町村，都道府県の設
置する福祉事務所若しくは児童相談所又は児童委員を介して市町村，都
道府県の設置する福祉事務所若しくは児童相談所に通告しなければなら
ない」（児童福祉法第25条）と定められた（児童虐待防止法第6条の通
告がなされた場合も，児童福祉法第25条の通告とみなされる）。ここで
注意をしたいのは，児童虐待防止法が制定された当初は，「児童虐待を

受けた児童を発見した者」となっていたが，その後に「児童虐待を受けたと思われる児童を発見した者」に改められた。つまり，家庭内で起こっている出来事に対し，それが虐待かどうかは通告する者にとっては判断しにくいところがある。虐待かどうかを確認してから通告していたのでは手遅れになる危険もあることから，児童虐待と思われる段階で通告をしてほしいとしたのが改正の趣旨なのである。そして，仮にその通告が結果として児童虐待でなかったとしても通告者は責任は問われないし，刑法の秘密漏示罪の規定やその他守秘義務に関する法律の規定の義務の遵守を怠ったことにもならない。

　通告を受けた児童相談所や市町村は，情報収集と安全確認に努めなければならない。安全確認においては，原則48時間以内に目視により子どもの安全を確認するようになっている。それでも安全確認ができない場合，児童相談所には家庭に立ち入って調査を行う権限が設けられている（児童虐待防止法第9条）。さらに，保護者が施錠などによって立入調査ができない場合，児童相談所は家庭裁判所の許可を得た上で，警察と共に家庭内に立ち入る臨検・捜索の規定（同第9条の3）も定められている。

　なお，子どもを保護者の元から一旦は離して安全の確保に努めたり，子どもの行動観察等やさらなる情報収集をするために一時保護をする場合がある。この一時保護中に，より適切なアセスメントを行ったり，家庭引取りを含めた処遇方針が検討される。一時保護は保護者の同意がなくても職権で行うことができるが，その場合に一時保護が2か月を超えるときは家庭裁判所の承認を求めなければならない（児童福祉法第33条の5）。

　児童相談所は処遇方針が決定されると支援を開始していくことになるが，大きくは「在宅支援」と社会的養護と呼ばれる「代替養育」とに分かれる。在宅支援の場合は，市町村に設置されている要保護児童対策地域協議会と情報を共有したり，関係機関同士が協働のもとで行ったりすることが多い。一方，代替養育の場合は里親に養育をさせる措置を行ったり，児童養護施設あるいは児童心理治療施設（旧，情緒短期治療施

設），児童自立支援施設などへの入所措置をするなどの方法で子どもの
支援に当たることもある。しかし，その際には必ず保護者の同意が必要
である。なお，同意が得られない場合は施設入所措置ができないため，
児童相談所は家庭裁判所に児童福祉法第28条による承認を得なければな
らない。

（2）現代の児童虐待の特徴

　児童虐待の通告件数が毎年発表されるが，その増加率には驚かされる。
図8-1のように，統計を取り出した1990年度は1,000件足らずであった
ものが，児童虐待防止法が施行された2000年度から急増し，2017年度は
13万件を超えている。また，厚生労働省は毎年児童虐待による死亡事例
の検証結果を公表しており，2018年に公表されたものが第14次報告とな
る。年度によって違いはあるものの，児童虐待（心中も含む）によって
100人近くの子どもが毎年亡くなっている。そして，死亡した子どもの
年齢は，0歳が最も多く，しかも0歳のうち月齢0か月が特に高い割合
を占めている。虐待の種類は，身体的虐待が一番多く，次にネグレクト
が多くなっている。主たる加害者は実母が最も多い。さらに，実母の抱
える問題（複数回答）として，「望まない妊娠／計画していない妊娠」
や「妊娠健康診査未受診」が挙げられている。
　以上のように，児童虐待の通告件数の増加は顕著であり，それだけ社
会が虐待への認識を高く持つようになったことは確かである。その一方，
近所づきあいも少なくなるなど社会全体の人間関係の希薄さも指摘でき，
育児不安などを抱えた親が孤立しながら子育てを強いられるといった状
況も虐待増加の背景には大きい。
　さらに言うならば，児童虐待そのものの質的変化も以前と比べて相当
大きい。一昔前までは，殴ったり，蹴ったり，放り投げるといった深刻
な身体的虐待が顕著であり，それで死亡するケースが多かった。今でも
それは少なくなっていないのは確かである。しかし，それ以上に近年は
親の愛情や関心が子どもに向かないことによる深刻なネグレクトが子ど
もに心身両面でダメージを与えている。身体的虐待の場合は，親の養育

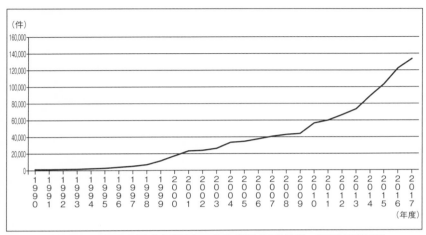

図 8 - 1　全国の児童相談所の虐待相談処理件数（厚生労働省）

観などの認知のあり方に問題が多々ありながらも，子どもとの強い関係（時には一体感）を求めようとする志向性も同時にうかがえることができた。しかし，近年のネグレクトの場合は，愛情がわかず，関心すらないといった，言わば親子の関係がそもそも成立していないところに問題の端緒があるようにも思える。それだけに身体的虐待とは違う介入の難しさがある。

2.　児童虐待の子どもへの影響

（1）日常面におけるさまざまな困難さ

　児童虐待を受けた子どもはさまざまな面で虐待の影響を受ける。表 8 - 1 に示したように，死亡や外傷といっただけでなく，低身長や低体重といった発育不全に陥ってしまう身体への影響が見られる。また，言葉や学習の遅れという知的発達への影響もある。

　情緒，心理面への影響も深刻である。その 1 つが過敏さと傷付きやすさである。例えば，何気なく親が頭に手を持っていった瞬間に，側にいた子どもは叩かれると思って手を自分の頭にやって防御姿勢を取ってしまう。おそらく脳が常に警戒警報を発しており，そうしなければやられてしまうといった子どもの過敏さが見て取れる。あるいは，泣き出した

表8−1　虐待が子どもに及ぼした影響（『児童虐待が問題となる家庭事件の
　　　　　実証的研究』（2003）より）

身体への影響	・　死亡 ・　身体的外傷 ・　低身長，低体重，肥満 ・　その他（貧血，皮膚病，第二次性徴の遅れ，夜尿など）
知的発達への影響	・　言葉の遅れ ・　学習の遅れ
情緒，心理面への影響	・　過敏さと傷つきやすさ ・　感情のコントロールの悪さ（感情の爆発，感情の抑え込み） ・　慢性的な欲求不満 ・　自己イメージの悪さ
行動への影響	・　身辺自立の遅れ（基本的な生活習慣獲得の遅れ） ・　落ち着きのなさ ・　自傷行為 ・　食行動の異常 ・　トラウマによる反応 ・　粗暴な言動 ・　非行
対人関係への影響	・　虐待に関連する対人関係を避ける傾向 ・　適切な距離を保てない傾向 ・　赤ちゃんがえり ・　相手の期待を先取りした行動 ・　大人への不信感，絶望感 ・　同世代の子どもとの関係を結べない傾向

ら止まらない，怒り出したら止まないといった感情の爆発が見られたり，
逆に感情を抑え込み，酷い場合は顔に表情を出すことを一切なくし能面
のようにしている子どもさえいる。これは泣いていると親から「いつま
で泣いているのか！」と叱られ，笑っていると「先ほど叱ったばかりな
のに笑うとは何事だ！」と怒られるというような状態が繰り返されてい
るからであり，子どもとしては表情を出さないのが一番被害に遭わない
方法だと考えた末の対処方法なのである。いずれにせよ，感情の爆発も
感情の抑圧もコントロールの悪さという点では共通している。また，虐
待で被害に遭っている子どもはストレスが高く，慢性的な欲求不満を抱

いたり，「どうせ自分なんか」というように自分自身に肯定感が持てず，自己イメージが悪いのも特徴である。

　児童虐待が行動面に影響することも多く，歩行や睡眠などの点で身辺自立の遅れが目立ったり，夜尿がいつまでも続くなどトイレットトレーニングが進まないこともある。落ち着きがなく多動傾向となったり，食行動にも異常が見られる場合もある。ある子どもはネグレクトを受けていたことから空腹に対する恐怖心が異常に強く，学校の給食で好きなカレーライスが出ると吐き気をもよおしながらも３杯もおかわりをする行動を取った。これなども過去のネグレクトが子どもの現在の食行動に影響を与えている顕著な例である。そして，少し年齢が上がり思春期以降になってくると，リストカットなどの自傷行為や粗暴な言動，非行などの行動に出てしまうこともある。

　最後に対人関係への影響としては，虐待に関連する対人関係を避ける傾向があったり，大人への不信感や絶望感を強く持っている子どももいる。そうかと思えば，大人をはじめとする周囲の者と適切な距離を保てずに，親近感から距離を縮めたかと思うと，急に攻撃的になって相手を拒絶したりする。時には，相手の期待を先取りするように動く場合もある。いずれも，虐待の被害を受けないためにそうせざるを得ない子どもの苦悩がそこから読み取れる。

　以上のように，児童虐待がさまざまな面で悪影響を与えるのであるが，中でも対人関係面における愛着の問題は重要である。なぜならば，愛着に起因する問題は，その後の人生にも大きく影響するからである。

（2）愛着における課題とトラウマ

　そもそも愛着とは，親子関係をはじめとする二者間の対人関係における情緒的な絆を意味する。英語表記では「attachment（アタッチメント）」とされ，字義通りに捉えると，近接（アタッチ）をすることなのである。つまり，愛着とは，信頼できる者に近寄り，それで安堵の気持ちを得たり，安心感を維持しようとすることを指すのである。赤ん坊は生まれた時はこの愛着は誰とも形成されていないが，泣いたり，微笑ん

だり，何らかの言葉（あるいは喃語）を発することで主な養育者（ここでは母親とする）は赤ん坊に関心を寄せ近づく行動を取る。もう少し年齢が大きくなると，今度は何かを主張しようと自らが母親に接近していく。特に，見知らぬ人や場所に遭遇した際，赤ん坊には不安感や危機感が高まり，母親のところに逃げ込み，そこを安全基地とする行動をしばしば取る。まさにこのようなことを愛着と心理学的に理解し，そのことを最初に唱えたのがボウルビィ（Bowlby, J.）であった。ボウルビィ（1976）は，個体が危機的状況に直面し，あるいは危機を予知して不安や怖れなどのネガティブな感情が強く喚起されたとき，特定の個体にしっかりとくっつく，あるいはくっついてもらうことを通して，主観的な安全の感覚を回復・維持しようとする心理行動的な傾向を愛着と定義した。

　ところが，養育者が赤ん坊に乱暴な接し方をしたり，逆に赤ん坊の発する行動やサインに養育者が無関心であったり，求めていることと違う不適切な対応をしてしまうと，しだいに赤ん坊は誰にも接近する行動を取らなくなってしまう。これが愛着障害の１つのパターンなのである。DSM-5（アメリカの精神医学会の診断基準）では，反応性愛着障害の診断基準を図8-2のように定めた。端的に言えば，愛着が形成されて

A．大人の養育者に対する抑制され情動的に引きこもった行動の一貫した様式（両方）
　（1）苦痛なときでも，その子どもはめったにまたは最小限にしか安楽を求めない
　（2）苦痛なときでも，その子どもはめったにまたは最小限にしか安楽に反応しない
B．持続的な対人交流と情動の障害（少なくとも２つ）
　（1）他者に対する最小限の対人交流と情動の反応
　（2）制限された陽性の感情
　（3）大人の養育者との威嚇的でない交流の間でも，説明できない明らかないらだたしさ，悲しみ，または恐怖のエピソードがある
C．不十分な養育の極端な様式を経験している
　（1）安楽，刺激，および愛情に対する基本的な情動欲求が養育する大人によって満たされることが持続的に欠落するという形の社会的ネグレクトまたは剥奪
　（2）安定したアタッチメント形成の機会を制限することになる，主たる養育者の頻回な変更
　（3）選択的アタッチメントを形成する機会を極端に制限することになる，普通でない状況における養育
D．基準Cにあげた養育が基準Aにあげた行動障害の原因であるとみなされる
E．自閉スペクトラム症の診断基準を満たさない
F．その障害は５歳以前に明らかである
G．その子どもは少なくとも９カ月の発達年齢である

図8-2　反応性愛着障害の診断基準（DSM-5）

A．見慣れない大人に積極的に近づき交流する子どもの行動様式（少なくとも2つ）
（1）見慣れない大人に近づき交流することへのためらいの減少または欠如
（2）過度に馴れ馴れしい言語的または身体的行動
（3）たとえ不慣れな状況であっても，遠くに離れて行った後に大人の養育者を振り返って確認することの減少または欠如
（4）最小限に，または何のためらいもなく，見慣れない大人に進んでついて行こうとする
B．基準Aにあげた行動は注意欠如・多動症で認められるような衝動性に限定されず，社会的な脱抑制行動を含む
C．不十分な養育の極端な様式を経験している（少なくとも1つ）
（1）安楽，刺激，および愛情に対する基本的な情動欲求が養育する大人によって満たされることが持続的に欠落するという形の社会的ネグレクトまたは剥奪
（2）安定したアタッチメント形成の機会を制限することになる，主たる養育者の頻回な変更
（3）選択的アタッチメントを形成する機会を極端に制限することになる，普通でない状況における養育
D．基準Cにあげた養育が基準Aにあげた行動障害の原因であるとみなされる
E．その子どもは少なくとも9カ月の発達年齢である

図8-3　脱抑制型対人交流障害の診断基準（DSM-5）

いない場合は不安や危機の時においても誰にも助けを求めようとせず，養育者に近寄って行こうともしないのである。

　そして，もう1つの愛着障害のパターンは，前頁の反応性愛着障害とは逆に，見慣れない大人や場所であっても誰彼なく平気で接近する。これをDSM-5では脱抑制型対人交流障害と呼び，図8-3のように診断基準を定めた。本来であるなら，見慣れない大人や場面では子どもなりに警戒心を抱き，不安を引き下げるために信頼関係のある養育者にくっついたりするのであるが，その関係が成立していないがゆえにこのような行動に出てしまう。

　愛着に課題を抱える子どもは，乳幼児期から養育者より愛情や関心を向けられないでネグレクトされたり，本来なら安全基地となるはずの養育者から身体的にも心理的にも性的にも不適切なかかわりを強いられているため，不安感や恐怖心が生じて安定した情緒的絆を築けなかったりしてしまう。つまり，虐待を受けることによって，対人関係の基礎となる愛着に何らかの課題を抱えることになり，そのことが将来にわたって人間関係に影響を及ぼすことになってしまう。

　愛着の問題以外にも，虐待を受けたことがトラウマとなってしまい，このことも子どもの将来に大きな打撃を与えてしまうことも忘れてはならない。

　トラウマについては，第6章の被害者の心理で取り上げたが，DSM-5の心的外傷後ストレス障害（posttraumatic stress disorder；PTSD）の診断基準（図6-4）にあるように，「実際にまたは危うく死ぬ，重症を負う，性的暴力を受ける出来事」に他ならない。子どもにとってみれば，性的虐待は勿論のこと，身体的虐待や心理的虐待も「殺されるのではないか」「死んでしまうのではないか」という死と結びついた体験となってしまうことが少なくない。そして，解離についてもすでに取り上げたが，トラウマと関連の深い現象であり，解離があるために連続性が途切れたり，同一性が保てないなど日常面でさまざまな支障をきたしてしまう。

　親から酷く殴られていた時の状況について，ある子どもは「痛みをまったく感じなかった。楽しいことを考えていた」と語ることがよくある。あるいは，面接で父親から受けた性的虐待の話を聞き出す際，話題が性的な話題に及ぶとその少女は必ず寝てしまった。これらの子どもの行動は解離として理解でき，いわば虐待というトラウマから自分自身を守ろうとしているのである。

　また，別の子どもは親から何度も殴る蹴るをされている時に，「オヤジの右パンチが僕の左頬に的中した。次に，下からの蹴りがまさに今，僕の腹に命中しようとしている」と実況中継をしているかのようにやられている自分を見ていたと語った。

　さらに，別の女の子はベットの上で父親から性的虐待をされている際，「そのことを天井から見ていた」と言ったりした。

　いずれも虐待をされている自分から距離を取って，いわば客観的にその状況や自分を眺めて見ている。自分がやられていることに直面すると心理的に耐えられないからである。そのようなことをしてもまだ傷付きが酷くなるようなら，やられているのは自分ではなく，別の者だと認知したりすることもある。先の性的虐待を受けている女の子で言えば，天井からベットの上にいる父親と女の子（私）を見ているが，「その女の子は私ではない」と語る。つまり，距離を取って事態や自分を見ているだけではなく，見ているものは自分ではなく，別の者に置き換えている

のである。このことが進めば解離性同一性障害が疑われることにもなる。

（3）性的虐待の影響（性化行動など）

　性的虐待を受けた影響には，他の身体的虐待やネグレクト，心理的虐待とは違った特異なものがある。その1つとして，性交やオーラルセックスを強要された児童のなかには，その場面の苦痛の反映として腹痛や咽頭痛などを訴えたり，自分の身体が汚らわしいと感じる子どもがいる。

　その一方で，肌を異様に露出したり，大人や異性に必要以上に密着した接し方をしたり，エッチごっこ，キスごっこなどのように性的色彩の強い遊びを好んでする。これは性化行動（sexalized behavior）と呼ばれるもので，性的被害に遭った児童にしばしば出現する。この性化行動の背景には，大人や異性との関係の取り方がわからず，これまで虐待を受けて経験してきたようなやり方でしか対人関係が取れなくなってしまっているからである。あるいは，自分のされてきた性的虐待の意味がわかっていないが故に，それを理解しようとして同じ行為を自らしようとする場合もある。さらに，性的虐待というトラウマ体験を乗り越えようとして，その体験を繰り返してしまい，結果としてトラウマの再体験となってしまうなどが考えられる。これらの性化行動がさらなる性的被害を生んでしまったり，周囲からは誤解と偏見で見られてしまわれがちとなり，被虐待児は本当の自分をますます見失ってしまう。

　性的虐待を受けた子どもの中には，妙に大人びた偽成熟現象が見られたり，現実とはかけはなれた妄想的な思考を好んだりすることもよくある。そんな子どもの多くが深刻な心的外傷を負い，抑うつや恐怖，不安などで苦悩する。しかしその一方で，性的虐待の事実を誰にも打ち明けられずに長年一人で悩み続けたり，すべて自分に責任があるのだと思い込み，罪悪感に苛まれながら過ごす子どもも少なくない。孤立感や絶望感を抱えながら，親密になることへの抵抗が根底にあったりする。反面，不特定多数の異性には簡単に性関係を許してしまうといった一貫性のないちぐはぐな行動がさらにその子を追いやり，心と身体のバランスを崩してしまう。

コラム　昔話に見られる児童虐待－『手なし娘』（日本昔話）から教えられること

　子どもに読み聞かせる昔話には思いのほか，児童虐待のことが登場する。有名なグリム童話においても，全部でおよそ200ぐらいの話が収録されているが，その中で30ほどの話に虐待がある。「ヘンゼルとグレーテル」，「白雪姫」，「シンデレラ」などがその代表と言える。そして，そのような逆境にもめげず，立派な成長を遂げる主人公の生きざまが書かれてあるのも昔話のいいところである。

　ここでは，日本昔話の「手なし娘」を紹介し，被虐待児がいかに対人関係を結びにくくさせ，苦悩の多い生き方をせざるを得ないのかについて考えてみたい。

＜物語＞父母と娘の３人家族であったが，母は早く亡くなり，父は再婚して継母が来ることになった。しかし，継母は娘が嫌いで，娘が15歳になった時，娘を家から追い出してほしいと父に言った。父は継母のいいなりになって，山奥で娘の両腕を切り落とし，そのまま山に置き去りにして帰ってきた。娘は山中で木の実を食べて生きながらえていたところ，立派な若者に出会い助けられた。そして，若者の家で暮らすようになり，その若者と結婚し，若者の母親にも優しくされた。

　ところがその後，若者は江戸へ単身で行くことになり，その間に娘には男児が生まれた。そこで娘は飛脚をとばして誕生の知らせを若者に伝えようとするが，途中で手紙が何者かによって書き換えられ，「化けものが産まれた」と若者に知らされた。手紙を受け取った若者は「化けものでもいいから大切に育ててくれ」と返事をしたが，やはりその手紙も途中で書き換えられて，「そんな子は見たくもない。手なし娘とともに家を出て行ってほしい」と娘に伝えられた。それを読んだ娘は男児とともに行くあてもなく彷徨い，川の水を飲もうとした時，背中に背負っていた男児を落としそうになった。娘はとっさにずり落ちる男児を押さえようとした瞬間，娘に手が生えてしっかり男児を抱えることができた。江戸から戻った若者は真相を知り，娘と男児を捜して再会し，今度こそ幸せに暮らすことになった。

＜分析＞まず「手を切られること」の意味するところは，関係を断たれ

ることと考えてもいいであろう。なぜなら，手（腕）というのは，腕を組む，手をつなぐというように，人との関係を成立させるための重要な人間の部位であるからである。この昔話ではその手を切断されるのであるから，虐待の中でもこれほどの酷い虐待はない。そんな手なし娘が，継母という否定的な母子像と，実母や若者の母親という肯定的な母子像の間に大きく翻弄されながら生きていく。被虐待児は大なり小なり，このようなよい親と悪い親の両極端な愛憎の中で右往左往しながら葛藤や不安を体験していく。そして，書き換えられた手紙が象徴するように，お互いのコミュニケーションが円滑に行かない。このことは被虐待児が誰ともしっかりとした情緒的な結びつきが持てないことを示しているとも言える。つまり，愛着の課題が成人になってからも大きくのしかかり，安定した人間関係が築けないのである。また，自分の本当に言いたいことが相手に伝わらず，誤解を受けて周囲からの評価を落としたりしやすい。被虐待児が施設に入所し，今度こそよい大人と出会って自分のことを大切にしてほしいと内心は考えているにもかかわらず，施設職員に憎まれ口をわざとたたいたり，試し行動として悪ふざけやいたずら，逸脱した行動を取ることもある。そこには甚大な被害を受けた子どもが何度も何度も安全を確認せざるを得ない苦悩が横たわり，それゆえにそんな行動を取らざるを得ないのだと理解できる。しかし，結果的には円滑にコミュニケーションができず，さらに関係を悪化させてしまうのである。

　この「手なし娘」のクライマックスにおいては，落ちそうになった我が子を救おうと考えた際，手が自然に生える。娘の中に育った母性愛によって，ようやくわが子との情緒的結びつきがここで成立したことを示している。同時に，手なし娘にとっては自分自身の傷ついた心を癒すことでもあったに違いない。いずれにせよ，虐待を受けた手なし娘が関係性の欠陥を持ちながら苦悩の道を生きていき，ようやく真の愛情を手に入れ，夫をはじめとするさまざまな関係性が改善されて幸せになる話と言ってもいい。

3. 虐待する親とパートナー関係

（1） 虐待する親の特徴

　これまで児童虐待が子どもにどのような影響を与えるのかを見てきたが，ここでは虐待をする親の特徴について取り上げたい。

　虐待をする親の一般的な特徴として，衝動性の高さ，依存傾向の強さなどが顕著に見受けられる。なかには体罰を肯定する養育観を持っていたり，暴力に対する認知の歪みがあったりする親もいる。また，本来は虐待の加害者であるにもかかわらず，「子どもが私を困らせる」「いくら注意しても泣き止まない子が悪い」というように，親自身が被害者であるという受け止め方をしていることも珍しくない。

　そして，虐待する親の特徴の１つとして，過去には自身も虐待の被害を受けた被虐待児であった事例も少なくなく，虐待研究ではこの「世代間伝達」（Steele, BF. & Pollock, C.B., 1968）が古くから注目されてきた。世代間で虐待が伝達される理由は，親の不適切な養育を学習してきたゆえに，自分自身が親になり子育てをする際にそのやり方を使用してしまうという学習理論からである。それ以外にも，虐待がトラウマとなっている深刻な場合など，トラウマの再現として虐待が繰り返されたりする。さらに，親からの愛情を十分に受けずに育つことで自己肯定感が低く，子育てにも自信が持てなかった場合，即効的に自分をエンパワーメントする手段として暴力を使用してしまう。

　以上のような虐待の被害者が虐待の加害者へと移り変わっていく「被害と加害の逆転現象」（橋本，2004）は，虐待の世代間伝達と大いに関係し，問題を拡散し深刻化させる。

（2） 虐待する親のパートナー関係

　児童虐待のメカニズムを明らかにする際，親と子どもの縦の関係だけに注目するのではなく，親の夫婦関係，内縁関係という横の関係を見ていくことが重要である。なぜなら，そのような横の関係が虐待という縦の関係に大いに影響を与えるからである。

　橋本（2007）は，虐待が深刻化してしまう親のパートナー関係を【葛藤不満型】，【孤軍奮闘型】，【同調共謀型】，【支配服従型】の４つにタイプ化した。

　まず【葛藤不満型】は，喧嘩や別居，離婚，子の奪い合いなどの紛争がパートナー間に存在し，パートナー関係は対立した構造となる。そのため，親やパートナーはストレスや心理的な葛藤を溜めやすく，互いに相手に対する不満や攻撃を向け合うだけでなく，それらの不満や攻撃を子どもに向けることから，虐待が発生し深刻化していく。

　次に，【孤軍奮闘型】は，パートナーが不在となったり，パートナーがいても頼りにならず，親は家庭内では孤立しがちで，子育てに孤軍奮闘してしまう。逆に，パートナーからすると，親の虐待行為を止められなかったり，虐待を未然に防ぐことができない。

　【同調共謀型】は，養育観の一致や極端に同調してしまうために，親とパートナーは一緒になって虐待を行ったり，交互に子どもへの虐待を繰り返してしまう。

　最後に【支配服従型】は，DV（ドメスティック・バイオレンス）が典型的で，親はパートナーを暴力によって相手を支配下に置き，逆にパートナーは，そのような親に文句も言わず服従し，忠誠を誓わされる。

4. 児童虐待が発生するメカニズム

（1）悪循環から読み取り

　児童虐待は一時的なものではなく，しばしばそれが繰り返され，子どもに深刻なダメージを与える。しかも虐待の程度がしだいに重くなっていくなどエスカレート，過激化する傾向が見られる。さらに，そこには悪循環のサイクルさえも読み取れる。

　悪循環の１つ目が，図8-4のように，親は子どもに過剰な要求をし，子どもの方も親の期待に応えようとそれを受け入れたり，無理な適応をしようとする。そのことがかえって親の行動を促進させ虐待が深刻化してしまうのである。２つ目は，図8-5のように，親の言動やかかわりに子どもが反発し，問題行動を呈したりすることによって，親の怒り等

をますます買い，反応が過激となって虐待が深刻化してしまうのである。これらの2つの悪循環は家庭内で生じるものといえるが，3つ目の悪循環は図8-6のように，親が家庭外の人々との関係において生じるものとなる。例えば，虐待通告を受けた児童相談所や関係機関が家庭訪問などの介入をすることになるが，そのことが親の閉鎖的な対応を増長させ，家族が孤立化してしまう。そうなると密閉状態となった家庭内の空気が悪くなり，それがさらなる虐待を招いてしまうのである。

　いずれにせよ，虐待が深刻化しないようにするためには，これらの悪

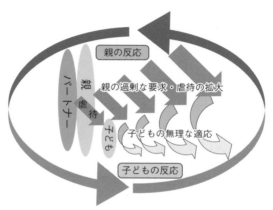

図8-4　家族内における虐待の悪循環(1)

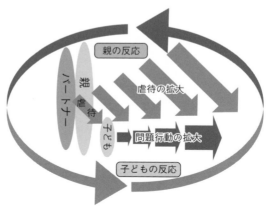

図8-5　家族内における虐待の悪循環(2)

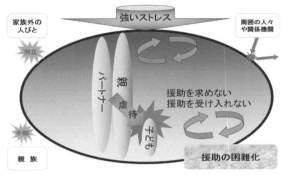

図8-6　家族と家族外の人々との関係における
　　　　悪循環(3)
(図8-4，8-5，8-6は（家庭裁判所調査官研修所（2003））
『児童虐待が問題となる家庭事件の実証的研究－深刻化のメカニズムを探
る－』から引用)

循環をどこかで断ち切らねばならず，そのような介入方法を考えること
が必要となる。

（2）さまざまな要因からの発生機序

　虐待は1つの要因だけで発生するのではなく，多くの要因が複雑に絡
み合ったところから生じる。虐待をする親の特徴としてすでに述べたよ
うに衝動性の高さが挙げられているが，仮にそのような親であったとし
てもそのパートナーが親の短所を補い，関係が円満であるとしたら虐待
は発生しないかもしれない。あるいは，子どもが障害を抱えるなど育て
にくい子（difficult child）であったとしても，その親が適切なかかわり
方を身に付けていたり，細かいことにこだわらず穏やかな気質であると
するならば，不適切な養育にはつながらない。

　ベルスキー（Belsky, J.）ら（1989）は，児童虐待が生じる要因とし
ての環境相互作用モデルを提唱した。それによると，図8-7のように，
虐待を加える親のパーソナリティや親の育ちの歴史，養育知識の不足と
いったペアレンティングなどの要因のほかに，仕事や経済事情，夫婦関
係や家庭状況，ソーシャル・ネットワークなどの要因，虐待を受ける子

138

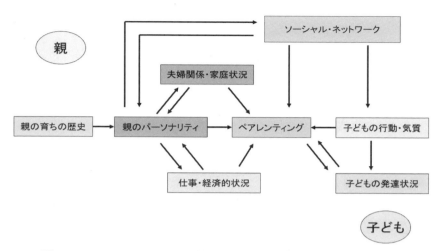

図 8 - 7 ベルスキーらの環境相互作用モデル（Belsky ら，1989）
(Reproduced with permission of the Licensor through PLSclear. Arranged through japan UNI Agency., Inc. Tokyo)

どもの発達状況，行動や気質などの要因も関与している。つまり，虐待のメカニズムを複合的な視点から見ていくことが重要なのである。

5. 包括的虐待という視点

（1）包括的虐待として捉えるメリット

　これまで児童虐待を取り上げてきたが，それ以外にもいろいろな虐待が存在する。橋本（2012）は，図 8 - 8 のように，児童虐待，配偶者虐待，高齢者虐待，施設内虐待，障害者虐待，動物虐待などすべての虐待を「包括的虐待」として定義した。

　包括的虐待として捉えるメリットとして，単一の虐待だけを見ていたのでは，虐待の発生機序の理解が深まらなく，包括的に見ることによって虐待間の関係や移行の理解が深まることを挙げている（橋本，2012）。例えば，児童虐待から児童虐待への移行としての世代間伝達として読み取るからこそ，親がなぜ子どもに虐待を加えてしまうのかが理解できる。また，過去に児童虐待を受けた被虐待児は，配偶者を持った場合に DV をしてしまう危険が有意に高いと言われている。これなどは児童虐待と

＊家庭内だけでなく，施設などの家庭外の虐待を含む

図8-8　包括的虐待について（橋本，2012）

配偶者虐待の関係が明らかとなる。ここにも世代間伝達と同様の「被害
と加害の逆転現象」が生じていると理解できる。配偶者虐待と高齢者虐
待の関係についても同じで，これまで夫から頻繁に暴力を加えられてき
た妻が，夫が脳梗塞を患って半身不随の状態に陥り，介護が必要な状態
になると，介護の時に夫の体をつねったり，叩いたりしてしまう例もあ
る。要するに，包括的に虐待を見ることで，「縦の関係」だけでなく，
「横の関係」の双方からメカニズムが理解できるのである。

　そして，包括的虐待として捉えることで，そこに共通した要因が理解
しやすくなる。すでに述べた「被害と加害の逆転現象」もそうであるが，
「立場や役割との関係」が虐待には必ず存在することもわかる。児童虐
待では，親が親権者である自分の立場を横暴に使用したり，それにこだ
わり固執しようとする。配偶者虐待は「男の俺に偉そうに言うな！」
「女のくせに！」といったジェンダーの役割や立場にこだわり，虐待が
発生しやすい。高齢者虐待や施設内虐待においても，介護や仕事という
役割とは切っても切れないところから虐待が派生する。つまり，立場や
役割がうまく機能しなくなったり，その使い方もわからず，それにもか
かわらずそれらに強いこだわりを持ってしまうと，虐待という不適切な
形で問題が表出される。

　以上のような見方をもう少し拡大してみると，虐待という事象にとど

まらず，いじめやハラスメント，体罰といった虐待の構造と似ている周辺領域の事象にも理解が及ぶ。例えば，いじめと虐待の共通要因の1つは「被害と加害の逆転現象」であり，いじめにおいては加害者と被害者がしばしば逆転する。また，いじめをよくよく分析すると，役割や立場と非常に関係深いところから発生していることがわかったりする。ハラスメントや体罰についても役割と立場と深いつながりがあることは言うまでもない。そこにはその役割や立場の濫用（abuse）があるのであり，不適切な使われ方こそが問題になると理解できる。

　以上のように，ある虐待のメカニズムを掘り下げ，そこに現れる被虐待者の心理や特徴，加害者である虐待者の心理や特徴，そして被虐待者と虐待者の互いの関係性などを明らかにするとともに，メタの視点から包括的に虐待を捉え，他の共通した社会的な事象への理解につなげることが今後はより必要となってくるはずである。

🔌 研究課題

1．被虐待児の心理，特に愛着障害やトラウマ，解離について説明できる。
2．虐待を加える親の心理や特徴，パートナー関係について理解する。
3．さまざまな虐待を包括的に捉えて考えることができる。

引用文献

American Psychiatric Association 編　日本精神神経学会／日本語版（2014）『DSM－5精神疾患の診断・統計マニュアル』医学書院

Belsky, J., Vondra, J.(1989)：「Lessons from child abuse the determinants of parenting」. Chiicchetti D,Carlson, V.(Eds)『Child Maltreatment』Cambridge University Press, USA., pp153-202.

Bowlby, J.（1976）『Attachment and loss. vol. 1』（黒田実郎，大羽蓁，岡田洋子，黒田聖一訳（1991）『母子関係の理論　Ⅰ愛着行動』岩崎学術出版社）

橋本和明（2004）『虐待と非行臨床』創元社

橋本和明（2007）「虐待が深刻化する親のパートナー関係についての研究－事例のメタ分析を用いた類型化の試み－」心理臨床学研究，第25巻第4号，p396-407.

橋本和明（2012）「包括的虐待という視点からみた虐待の深刻化する要因分析－事例のメタ分析を用いた虐待の共通カテゴリーの抽出」心理臨床学研究，第30巻第1号，p17-28.

家庭裁判所調査官研修所（2003）『児童虐待が問題となる家庭事件の実証的研究－深刻化のメカニズムを探る－』一般財団法人司法協会

厚生労働省（2018）『平成29年度児童相談所での児童虐待相談対応件数＜速報値＞』（https://www.mhlw.go.jp/content/11901000/000348313.pdf#search=%27%E5%8E%9A%E7%94%9F%E5%8A%B4%E5%83%8D%E7%9C%81+%E5%85%90%E7%AB%A5%E8%99%90%E5%BE%85%E9%80%9A%E5%91%8A%E4%BB%B6%E6%95%B0%27）平成31年1月20日閲覧

厚生労働省（2018）『子ども虐待による死亡事例等の検証結果等について（第14次報告）』（https://www.mhlw.go.jp/stf/seisakunitsuite/bunya/0000173329_00001.html）平成31年1月20日閲覧

Steele, B.F. & Pollock, C.B.（1968）「Psychiatric study of parents who abuse infants and small children」R.E.Helfer & C.H.Kempe（Eds.）,『The battered child』University of Chicago Press.

9 | 虐待と非行臨床

　前章では，児童虐待について取り上げたが，ここでは児童虐待が非行とどのように関係するのかを考えていきたい。つまり，児童虐待が非行にどのように移行していくのか，虐待と非行のメカニズムについて論じる。また，虐待と非行のある事例にしばしば見られる「被害と加害の逆転現象」の理解や支援のあり方についても考えていきたい。

《キーワード》　回避的行動，暴力粗暴型非行，薬物依存型非行，性的逸脱型非行，被害と加害の逆転現象，世代間伝達，バランス感覚

1. 児童虐待から非行への移行

（1）　被虐待児と非行少年

　非行臨床をしていると，被虐待児と非行少年はいわば双生児のように見えることがある。同じ人を見ているのに，児童虐待の視点から見ると被虐待児で，犯罪の視点で見ると非行少年の顔をしており，それがまるでうり2つに感じることがある。

　非行少年の中には，児童虐待を受けた者が多いとされる調査データは法務総合研究所の調査報告（2001）を初めとし，多くの研究から見い出せる。シルバとワレン（Silva, P.A.&Warren, R.S, 1996）が，ニュージーランドのダニーディンで，40年以上にわたって，1,000人を対象にした縦断的研究をし，家庭内の愛着関係が崩壊していることがほかのあらゆる家庭内要因（社会的階級や家族構成，しつけなど）に比べて，子どもの反社会的行動の持続性に強く影響を与えるとの結果を示した。また日本においては，全国児童相談所長会（2006）が平成15年度の全国児童相談所で，非行相談を行った児童全員を対象に調査したところ，24％に虐待経験があり，そのうち身体的虐待が61％，ネグレクト52％，心理

的虐待27％，性的虐待 5 ％（重複が多い）であった。

　確かに，不適切な養育環境で育てられると，思春期以降になって非行などの問題行動が出現することは一般的な感覚からも理解できる。しかし，虐待を受けた子どもがすべて非行に走るかというとそうではない。虐待を受けても健全に育っていく子どもの方が圧倒的に多いし，摂食障害や不登校，引きこもりといった非行とは違うベクトルに向かうことだってある。では，被虐待児が非行へと移行するプロセスにはどのようなものがあるかを考えていきたい。

（2）　虐待と非行の移行のプロセス

　橋本（2004）は，虐待と非行の移行のプロセスを図 9 - 1 のように考察した。虐待を受けてすぐに非行という問題行動が出現するのではなく，そのプロセスには必ず家出や盗み，動物虐待といった「回避的行動」が現れる。この行動を非行として捉えるのではなく，むしろ虐待を避けるための適応的な行動であると理解すべきであると言うのである。

　具体的な回避的行動を挙げると次のようなものがそれに該当する。家に帰れば殴られるので家出をする，ネグレクトに耐えられずに菓子等を盗む，親から愛情をかけてもらえないので問題行動を起こして関心を引こうとする，虐待のことを告白するきっかけとして万引きをする，等々。これらはほんの一例に過ぎない。ただ，虐待への介入がないまま，このような行動が反復され，常習的になってくると，虐待から回避するという行動の目的が変容し，非行という要素が強くなってくる。家に帰る気もなくなり不良仲間といた方が楽しくなる，お金があってもスリルを味わいたいために万引きをする等，不適応な行動としての色合いに変容していく。

　いずれにせよ，児童虐待の被害者性がしだいに非行という加害者性に転じていくプロセスには，この「回避的行動」が分岐点となりやすい。そして，このような行動が虐待から回避するという意味だけではなく，救助サインとして周囲に発せられる場合も少なくなく，介入にとっては絶好の機会になる。ところが，この行動の意味を読み違えたり，問題行

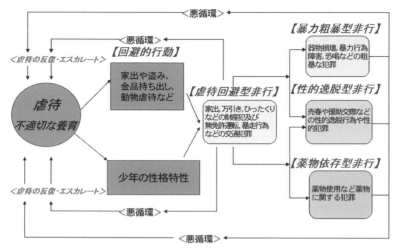

図 9−1　虐待と非行のメカニズム（橋本，2004）

動あるいは非行だと認識してしまうと，虐待への支援の手が届かないま
ま彼らは非行少年としてしか生きられなくなってしまう。それが「虐待
回避型非行」なのである。

2.　虐待と非行のメカニズム

　児童虐待が非行に移行していくなかで，暴力を振るうなどの粗暴とい
う方向に向いてしまう人と，薬物への依存傾向に向いてしまう人，性的
な逸脱へと向いてしまう人とに大きく分かれる。さらに言えば，非行を
することによって，ますます虐待がエスカレートしていき，負のスパイ
ラルに陥って非行性も高まってしまう。このことが虐待と非行の関係を
より複雑化させてしまうのである。

（1）　身体的虐待と暴力粗暴型非行
　身体的虐待を受けた子どもが，思春期以降になって暴力を振るう場合
がある。そこには図9−2のようにいくつかの身体的虐待と暴力とを結
びつけるメカニズムが存在する。
　もっともわかりやすいのは，暴力行為は親の暴力的行動を学習したり，

図 9 - 2　身体的虐待と暴力粗暴型非行との関係（橋本，2004を改変）

あるいはそのような親に自分を重ね合わせた（同一視した）結果と理解することである。しかし，それ以外にも両者の関係にはさまざまな要因が作用している。その１つは，被虐待児の過敏性であり，対人関係における安心感や信頼感の不十分さが他者の些細な言動に対して怒りや攻撃を向けてしまう。身体的虐待を受けてきた子どもはわが身を守るために親のちょっとしたしぐさや言動にも過敏にならざるを得ない。その過敏さが対人関係においても表出してしまい，他者が急に顔色を変えたり，語気強く言ってくる場面に遭遇すると，これまで親からされてきたように「殴られるのではないか」と過剰に意識してしまい，すぐに手を出してしまう。

　また，暴力を受けると何をする気にもなれず無気力となってしまう。さらに，自己イメージも悪くなる。それを払拭しようと暴力を振るうことさえある。なぜなら，暴力を振るうことによって自分があたかもパワーをもったように感じられ，それが一時的であるにせよ，優越感にひたれるからである。このようなエンパワーの手段として暴力の使用のされ方も身体的虐待を受けた子どもには非常に多い。

　虐待のことがフラッシュバックして解離を引き起こし，それが意識のつながりの途切れたところで暴力となってしまうこともある。ある事例

では，些細なきっかけで起きた単なる喧嘩であったにもかかわらず，その場面が幼少期の親からの虐待場面を突如として想起させてしまったばかりに，解離状態を招き，相手に重大な被害を与えた。

親からの暴力の恐怖はどうすることもできずコントロールできないが，自分が他者に振るう暴力はコントロールができたりする。そのため，片っ端から周囲に暴力を振るうことで現実の親からの暴力の恐怖心を彼らなりにコントロールしようとして，それが暴力につながることもある。これは"マステリー"（日本語では「統御力」と訳す）という心理機制にあたり，大きな不安を自分なりにコントロールさせて低減させようとする心理的メカニズムと考えてもいいかもしれない。大地震や大津波の被害に遭った子どもたちが被災地で地震ごっこや津波ごっこをする現象は，これと同じ心理であり，それらの遊びによって，本当の地震や津波の怖さを統御させようとしているのである。

要するに，身体的虐待と暴力は単なる親の行為を真似ているといった学習による結びつきだけではなく，さまざまな要因が関係している。そのメカニズムを１つ１つ明らかにすることで，暴力のメカニズムが読み取れる。そうすることで，今度はそこにどのような支援や介入が必要なのかのヒントが浮かび上がる。

例えば，過去に虐待を受け，エネルギーが枯渇している被虐待児が，エンパワーメントの手段として暴力を振るうとする。その際の介入として，その子に対して自分にはパワーがあるのだと感じさせるようなかかわりがもっとも効果的である。具体的に言えば，その子に達成できる課題を与え，それができれば褒めてやる。次の段階では，少しハードルを上げ，それをクリアーしたら，さらに評価する。人は褒められたり，良い評価を受けたりすると，自分に自信が持て，エネルギーが注入されたように感じ，それが生きていくパワーとなるものである。そんな対応を続けると，子どもは暴力という手段でパワーを手に入れなくてもすむかもしれない。

あるいは，過敏性が強くてすぐに暴力に出てしまう子どもであった場合は，まずは安全で安心な環境を提供することが先決である。なぜなら，

その子の置かれている現在の環境が不安であるからこそ，すぐにイライラしたり，過敏や多動となってしまうと理解できるからである。「ここなら安全」「この人なら安心してつきあえる」という環境を提供することで，暴力が減少していく可能性が大きい。

　さらに，解離などによる暴力の場合，その行動にはこれまでのトラウマの影響が大きいと考え，上記に述べた安心安全感の提供はもとより，さまざまな心理療法を行いながらトラウマからの回復を目指していくことが必要となる。

　以上のように見ると，虐待と非行のメカニズムを読み解くことによって，目の前の子どもにどのような支援や介入が必要かを考えるヒントになる。

（2）　虐待と薬物依存型非行

　児童虐待が薬物への依存に移行していく場合がある。これは身体的虐待と暴力のところでも述べたように，虐待によって無気力となり，パワーを手に入れるために覚せい剤等の薬物に頼り，薬理効果によって自分にパワーを感じようとする。あるいは自己イメージの悪さ，あるいは家族や仲間と円滑な人間関係が築けないために大きな疎外感が生じる。時には見捨てられ不安が高まり，嫌なことから逃れたいといった問題回避のために薬物に手を出してしまうこともある。特に，シンナーなど意識がボォーとなり，現実を忘れてしまうような薬理効果がある薬物使用にはこのような動機が少なくなく，そこには惨めな自分を見たくないといった気持ちも隠れていることがある。それ以外にも，親から虐待を受けている自分が好きになれない，自分を大切だと思えないことから，自らも自分を傷つける目的を持って薬物を使用する子どももいる。それは虐待というトラウマの再現の意味が付与されていることも少なくない。

　いずれにせよ，薬物に依存することによって，自分自身がさらに傷ついたり，自分を見失ったりしてしまう。そうなると，どこかまとまりに欠け，連続性のないバラバラな自分（言ってみれば，解離的な状態となった自分）になってしまう。

（3） 性的虐待と性的逸脱型非行

　虐待の中でも性的虐待を受けた子どもは，前章で取り上げたように，他の虐待とはまた違った特別な影響を受けてしまう。その１つが性化行動であった。また，性に対する歪んだ認識や価値観を持ったり，心と体のバランスを欠き，つながりが保てずにここでもバラバラな解離的な状況に陥ってしまうことも少なくない。

　本来，子どもは親から愛される権利を有している。しかし，被虐待児は当然の権利を前提としたところに置かれておらず，むしろ性的虐待などでは親の純粋な愛情ではなく，性的な関心あるいは性的な暴力の対象とされてしまうのである。そうなると，子どもは当然に自己イメージが悪くなり，自分が大切であるという感覚をもちにくい。そんな子が思春期となり，性という課題に直面した時，自分を受け入れられず，売春や援助交際，不純異性交遊等の性的な逸脱に走ってしまう。あるいは，親からされた性的虐待そのものがトラウマとなっていた場合などは，それを再現せざるをえない状況に陥り，自分を傷つける性的な行為を反復してしまう。つまり，性的虐待によって受けた心の傷から回復するために，誰彼構わずに性交渉を繰り返し，「親からされたことはたいしたことではなかったんだ」と思い込もうとする。そのようにしてトラウマに慣れてしまえば親からされた性的虐待のトラウマからも回復する可能性は残されている。しかし，逆にそれが過去の虐待を再現させ，より深刻な傷になっていく危険も大いにある。被害がさらなる被害を生むという二次被害となったり，時には立ち直れないほどのダメージとなって重くのしかかってしまうことも珍しくないのである。

3. 被害と加害の逆転現象

　以上のように，虐待と非行との移行のプロセスやメカニズムを考えると，そこに顕著に浮かび上がってくるのは「被害と加害の逆転現象」である。虐待という被害を受けた子どもが，その後，思春期以降になって，今度は暴力を振るうなどの加害に転じてしまうのはもっとも顕著な例である。ある意味では，虐待を受けてきた子どもは深刻な心の傷を負って

いるだけに，そこから回復するためには加害に転じざるを得ない。虐待を受けた惨めな自分ではなく，内面にある弱さや劣等感を微塵も見せずに力を誇示しなければならず，そうしないとさらなる被害に遭う危険もあるからでもある。

　また，「攻撃は最大の防御なり」という言葉があるように，被虐待児は虐待という被害から自分を守るためには，加害という非行にわが身を置くことでひとまずの安全を確保できたりもする。「あいつは怒らせたら怖い」「逆らったら危害を加える」と周囲に見られている限りは，虐待のように被害を受けにくい。いずれの理由にせよ，そのようにして虐待の被害や周囲からの被害から逃れたいという思いが見え隠れしている。非行そのものが，被害から回復したいという彼らの悲痛な叫びとして受け取ることができるかもしれない。

　そして，「被害と加害の逆転現象」にはもう1つ別の角度から焦点化することもできる。それは親子の間での被害と加害のことであり，図9-3のようにそれが交錯してしまう。虐待の場合であれば，被害の立場にあるのは子ども（少年）であり，加害の立場にあるのが親であるが，これが非行ということが加わる場面になると，加害の立場には子ども（少年）が，被害の立場には親というように，そっくり入れ替わってしまう。実際には，これまでの親の不適切な養育が子どもの非行をも招いたという理解ができるはずであるが，親はそのことをまったく受け入れず，「自分こそが被害者だ」という意識を強く持ってしまう。それゆえ，

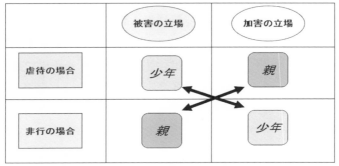

図9-3　親子関係における被害と加害の逆転現象

親子関係の修復はもとより，関係はますますの悪化してしまう。

　いずれにせよ，虐待と非行における「被害と加害の逆転現象」は問題の深刻化を招いてしまい，親子関係の悪化を促進させてしまう。そのためには，次に述べるような適切な支援や対応がなされなければならない。

4．介入と支援の方法

（1）　悪循環を断ち切ること

　すでに述べたように，被虐待児が非行少年に姿を変えるのは，まさに「被害と加害の逆転現象」があるからである。これがあるため容易には問題が解決しにくく，状況の悪化を招いてしまう。時には次世代にもその連鎖が引き継がれていくことさえある。わが子に虐待をする親自身も子どもの頃，自分の親から虐待をされていたという「世代間伝達」は，やはり「被害と加害の逆転現象」の１つであるが，やはり虐待と非行の関係も世代を超えて問題が深刻化してしまう。

　この逆転現象をどこかで食い止めるには，負のスパイラルを断ち切ることが必要である。わかりやすい例を挙げてみよう。「親が子どもを殴るから子どもは家に一晩帰ってこない。すると，親は家に戻ってきた子どもを今まで以上に殴りつける。そうなると，子どもの家出はますます増え，ついには家に寄りつかなくなってしまう」。ここに示したように，虐待がエスカレートするとともに，非行も相乗的に悪化してしまう。そこで，どこで悪循環となっているのかという構図を読み取り，悪循環を断ち切るための介入をしていかねばならない。先の例で言えば，「親には家出から戻ってきても暴力は絶対に振るわないこと，子どもには親から暴力を振るわれないのであれば家を出て行かないこと」を約束させる。

　ただ，この介入の難しいところは，悪循環の構図を正確に読み取ることであり，そして親や子どもにタイミングを見計らい，適切な指示を出すことである。また，親が現在も虐待を行っている場合は親自身もこの悪循環を自覚しやすいが，以前は虐待をしていたが今はしていない場合は親自身もこの指示を受け入れにくい。特に，親の側にはこれまでしてきた虐待の加害性の意識が乏しく，子どもの非行で困らされていると

いった被害性の方を強く感じている場合はなおさらである。

（2）　回避的行動に視点を向ける

　そこで，このような親に対して，現時点から自分の虐待のことを振り返ることには抵抗が大きいため，「被害と加害の逆転現象」が生じたところに着目することが有効である。それがこれまでしばしば述べている「回避的行動」である。つまり，子どものもっとも早期に現れた問題行動（まさに「回避的行動」のこと）に着目させ，それを丁寧に取り上げ，考えていくことが虐待と非行を結びつける有効な手段となりやすい。「回避的行動」には被害と加害の両方の視点が含まれているため，その意味でも虐待や非行に目を向けやすくなる。逆に，そうでもしない限りは，子どもも親も自分が被害者であるところに固守し，互いに相手の立場に立って考えようとしないばかりか，自分の加害性には目を向けようとはしないものである。結果的には，まったく親子関係の修復ができないまま事態が悪化していってしまう。

　被害性も加害性も両方含まれている回避的行動の出現に目を向け，その時に何があったのか，それから今までどのような経緯でここにたどり着いたのかを理解させていく介入のあり方は，当然，これまでの非行の振り返りであるとともに，これまでの虐待の振り返りにもなる。

　もちろん，回避的行動に目を向けることは，家庭や地域，学校といった周囲の人たちにとっても重要である。この行動はある意味では本来は虐待から回避する適応行動であったにもかかわらず，周囲の者はその行動に非行というレッテルを貼ってしまいがちとなる。そうなると，そこには虐待が見えにくくなり，介入の糸口すら見い出せずに，被虐待児は非行へと行動を移行せざるを得ない。そうならないためにも，早く周囲の者が回避的行動の意味を読み解いていくことが重要なのである。

（3）　責任の所在を明確にすること

　もう１つ重要なことは，すぐに被害と加害の両方を同時に理解させようとせず，当初は被害は被害，加害は加害と分けて考えるようにする方

が結果的には修復には近道となりやすい。つまり，虐待に関してはどのような理由があろうと親としての責任は逃れられない，同じように，非行に関してはどのような理由があろうと子どもの責任は免れないとする立場を貫く。「これはこれ，それはそれ」と責任の所在を明確にすることをまずした後に，初めてそこから次のプロセスとしての相互の理解や融合が生まれる。筆者の実務経験からすると，そのように介入していく方が結果的にはうまく行くことが多かった。逆に言えば，責任の所在が曖昧な状態であること自体が，親にとっても子どもにとっても不充足感や不満足感を触発し，虐待や非行をさらにエスカレートさせてしまう。

　ただ，責任の所在を明確にしたら，すぐに次の段階としての相互の理解が生まれるかというとそう簡単には進んでいかない。時には長い年月を経過した後にようやく親の方も「あの頃はおまえも相当に悪かったが，俺の方も多少はいけないところもあった」と言う程度の緩やかな相互理解が始まると考えた方がいいかもしれない。しかし，いずれにせよ，一旦は虐待と非行の責任の所在を明確にしなければ次のステップにつながらない。

（4）　被害と加害のバランス感覚を失わないこと

　虐待と非行の両者がある事例では，子ども側にも親の側にも「被害と加害の逆転現象」が見られ，支援する者にとってはその被害者性と加害者性をいかにバランスよく取り上げて対応していくことが求められる。どちらかを良い者に，どちらかを悪者にするような対応をするだけでは決して親子関係の修復につながらないばかりか，虐待や非行の深刻化を招くだけに終わってしまう。

　ところが，適度なバランスを取ることは実は想像以上に難しい。ある意味では，かかわればかかわるほどにそのバランスを崩し，支援者としての振り子が振れてしまう。そして，支援する者に何らかの逆転移が生じてしまい，それに振り回されてしまいがちとなる。

　その１つの逆転移が，被害者性をあまりに重視しすぎて，被害者（虐待の場合は子ども，非行の場合は親）に過度に同情的となり，逆に加害

者（虐待の場合は親，非行の場合は子ども）を否定的に見てしまいがちとなる。そうなると，子どもに対しては，被害に遭った虐待の方ばかりに目が向けられ，子どもの犯した加害行為に対する対応が甘くなり，結果的には行動の改善が図りにくくなる。あるいは，親に対しては，子どもの非行に苦しむ親の心情に共感はできても，虐待をしてしまう加害行為に対する親への対応が不十分となり，虐待の阻止や養育態度の改善につながらない。いずれにせよ，加害をした側を悪者と見てしまいがちとなり，家族関係の調整といったことが円滑に進まない。

　もう1つの逆転移は，加害者性をあまりに重視しすぎて，加害行為への対応が甘くなり，虐待や非行にも非常に表面的な対応となるものである。また，この場合は被害者性を軽視するために，被害者自身に対する共感も低くなり，結果的には虐待や非行という問題にも蓋をしてしまうことにもなる。

　いずれの逆転移にも共通するのは，虐待や非行の加害者に対する適切な対応ができず，虐待や非行の改善ができないことである。それに加えて，家族をはじめとする親子関係の調整が難しくなってもしまう。

　そこでこれらの逆転移に陥らないようにするためには，支援する者がさまざまな角度から物事を柔軟に思考したり行動できるようにしておくことが求められる。要するに，いかに支援者がバランス感覚を発揮させるかが重要なのである。実際のところ，難しいケースほどバランスがなかなか取れずに苦労する。その際，やじろべえのように，左右に支援者が自ら振れながらも，うまくバランスが取れる支点を探していこうとする感覚でやっていくことがコツである。バランスが取れた時に初めて「加害者の被害者性」が浮かび上がるはずである。

🎸 研究課題

1．児童虐待が非行に移行するプロセスを理解する。
2．身体的虐待と暴力の関係のメカニズムを説明できる。

3．「被害と加害の逆転現象」のメカニズムを説明できる。
4．虐待と非行がある事例への支援の難しさについて理解できる。

引用文献

橋本和明（2004）『虐待と非行臨床』創元社
法務総合研究所（2001）『法務総合研究所研究部報告11—児童虐待に関する研究—
　（第1報告）』
Silva,P.A.&Warren,R.S.（1996）『From Child to Adult-The Dunedin
　Multidisciplinary Health and Development Study』Oxford University Press.（酒
　井厚訳（2010）『ダニーディン，子どもの健康と発達に関する長期追跡研究』明
　石書店
全国児童相談所長会（2006）「児童相談所における『非行相談に関する全国調査』
　について」通巻第81号，p170-p187.

10 | 発達障害と非行臨床

この章では，発達障害と非行について取り上げ，その両者の関係をどのように理解していけばいいのかを学ぶ。また，続く第11章では，発達障害を有する者が問題行動や非行をしてしまった場合の支援のあり方を考えていきたい。

《キーワード》 知的能力障害，限局性学習症，自閉スペクトラム症，注意欠如・多動症，アイデンティティ，障害受容，二次障害，性的逸脱型非行，興味関心型非行，暴力発散型非行

1. 発達障害についての理解

（1） 発達障害とは何か

「発達障害とは何か」ということを考える前に，そもそも「発達」とはどういうことなのかについて理解していきたい。白石（2007）は，「発達とは外から与えられるという一方的過程ではなく，個々の子どもたちが，自らのなかに可能性として宿しているものを開花させていく主体的過程である」とし，浜田（2006）は「（発達とは）手持ちの力を使い，いまのできなさを引き受けて，なんとかやりくりしながら，自分の最大限をそのつど生きていくなかで初めて，次の力は伸びてくる。発達とはあくまで結果であって，目標ではない」としている。

われわれは一般的に，1歳で何ができ，2歳で何ができるというように，標準的な発達過程を頭に置き，それがクリアーできる／できないを指して，発達が早い／発達が遅いと言っている。つまり，その時期に達成しなければならない何らかの課題があり，それができることを発達と理解しているところがあった。しかし，先にも述べたように，その人その人の持っている力を発揮していくこと自体を発達と捉えて，目標や結

果のことを発達とするのではないことを頭に入れておきたい。

　そして，発達障害については，椎原（2001）は「成長・発達の過程において，特に初期段階で何らかの原因によりその過程が阻害され，認知，言語，社会性，運動などの機能の獲得が障害された状態」と定義した。また，杉山（2005）は「発達途上に生じた道筋の乱れ（disorder）であり，その乱れによって社会的な適応が損なわれているもののみを障害と呼ぶ」とし，宮本（2007）は「この道筋の乱れは，遅れ，偏り，歪みの三点で表現される」と述べた。

　要するに，発達障害は養育者の育て方の問題から生ずるのではなく，脳の器質的な損傷からくるもので，しかもそれが環境との不適応がある場合に障害と呼ぶと理解するのが望ましい。仮に，発達障害があったとしても，その人が社会に適応しておれば，わざわざ障害と言わなくてもいいわけである。実際に，偉業を遂げた発明家やノーベル賞を受賞した人の中にもそのような方がたくさんおられるが，その人たちを誰も発達障害者と言わないし，言う必要すらない。つまり，発達障害を考えていく上で，環境との適応やマッチングが非常に大切である。そのように考えると，本章で取り上げる非行などの問題行動は，環境との不適応を起こした結果として捉えることが重要なのである。

（2）発達障害の種別と特性

　発達障害の種別として，大きく知的能力障害（Intellectual Developmental Disorders），限局性学習症（Learning Disorders），自閉スペクトラム症（Autism Spectrum Disorders），注意欠如・多動症（Attention Deficit/Hyperactivity Disorders）が挙げられ，それ以外にもコミュニケーション症，運動症などがある。

　知的能力障害は標準化された知能検査だけで診断されるものではないが，おおよそのものとして，標準の知的能力をIQが85から115とすると，重度の場合は20から34まで，中度の場合は35から49まで，軽度の場合は50から69まで，境界域の場合は70から85までとされる。

　限局性学習症は，単に学校での成績が悪いといったものではなく，

「読む」「書く」「推理する」「計算する」などのいろんな学習機能の中で，1つ，あるいは複数の学習機能の障害があることを指している。そのため，例えば，本を読んだりすることは達者にできても，漢字がどうしても覚えられず書けない，国語や理科，社会はできるが，算数になると二桁の足し算ができない等といったことがある。

自閉スペクトラム症（DSMでは，以前は広汎性発達障害，アスペルガー症候群と呼ばれた）は，人とのコミュニケーションが苦手で会話がちぐはぐになったり，相手の意図するところや気持ちが読めず，いわゆる「空気が読めない」ところがある。また，つきあい方や常識が身につきにくく，場違いな行動を取ってしまったりする。このように社会性の獲得が円滑にいかずに対人関係で困難が生じたり，コミュニケーション能力が低いばかりに他者の立場に立てずに自分勝手だと見られたりしやすい。さらに，気持ちを切り替えたり，臨機応変な対応ができず，非常に決まり切ったことを好んでするというこだわりの強さも特性として挙げられる。このこだわりの強さの背景には，想像力が欠如していたり，先の見通しが持てないという不安が大きいことが考えられ，それゆえに日課やあらかじめ決まっている予定を厳格に守ろうとする。日課や予定が急に変更されると，その際の先の見通しが見えないばかりに不安が膨らんでしまうのである。

なお，自閉スペクトラム症者において，聴覚過敏（遠くのサイレンなどの音が耳元で大きく聞こえるなど），視覚過敏（テレビがまぶしすぎるなど），触覚過敏（トントンと肩を叩かれただけでも殴られるような痛みがあるなど）といった感覚の過敏があったり，動作がぎこちないといった身体的な特性を持っている人も少なくない。

注意欠如・多動症は，不注意（よく忘れ物をする，すぐに気が散ってしまうなど）があったり，多動性（じっとしておれずに動き回る，手や足をいつも動かしているなど）があったり，衝動性（相手の話している時に割り込んで話し始める，思い付いたら熟慮をせずに行動に移すなど）があったりするなどの特性が見られる。この不注意，多動性，衝動性はいずれもコントロールがきかないという共通点があると理解できる。

2. 発達障害者にとっての思春期・青年期

　発達障害を有する人は，もちろん幼少期や学童期も定型発達の人と比べて物事がスムーズにいかないことが多々あるが，なかでも思春期・青年期を乗り越えることは他の発達段階よりも苦労する。タムタム（Tantam, D.；1991）も「アスペルガー症候群は，幼少期に起源をもつ発達障害であるが，それが最大の困難をもたらすのは，何をするにも対人関係を首尾よくこなすことが鍵となる，青年・成人期の早期のことがある」と述べている。この大波が押し寄せる思春期・青年期を乗り越えると，定型発達の人と同じように，彼らにとっても少しは穏やかな時期を過ごせるようになることが多いように思える。

　では，なぜ発達障害者にとって，思春期・青年期が大変な時期になるのかという理由を2つ挙げたい。

（1）性を身につける困難さ

　1つは，「思春期」[注]という言葉通り，この時期は性の課題に直面せざるを得なくなることが理由に挙げられる。この時期は，女性なら初潮，胸のふくらみ，男性なら声変わり，精通などの第二次性徴を迎え，性ホルモンの分泌で始まる体の変化とそれに随伴する情緒面の変貌期と位置づけられる。発達障害者にとって，なかでも自閉スペクトラム症の人にとって，性についての感覚や態度を身につけるということがなかなか困難となることが多い。

　性を身につけるということは，男性器や女性器の身体的構造や名称，妊娠や出産の知識など，性についての知識を理解することだけではない。もっとも大切なことは，他者（特に異性）との距離感を身につけるということがまさに性を身につけていくことなのである。他者と親密になるにつれ，自分との距離感を縮め，手を繋いだり，キスをしたり，セックスにまで及ぶかもしれない。しかし，発達障害者のなかには親密になる

注）「春」は「性」を置き換えた言葉であり，思春期とは性を思う時期という意味。

ということがあまりに抽象的過ぎて，どうなることが親密になることなのかがわかりにくい。そのため，好きになった女性に急に距離を詰め，一方的に話をしたり，ストーカーのように後をつけ回すといった行動に出てしまうことさえある。そうなるのは，先にも述べたように他者の立場に立った理解がしにくく，コミュニケーション能力が低いという特性があるからである。

　しかし，彼らにこの距離感覚を教えていくのは至難の業でもある。それは本来ならわざわざ教えられなくても自然に身につけていくものであり，文字を読んだり，頭で考えたりして身につくものとは違うからである。また，このようなデリケートなことは親にも聞きにくいので，親しい友達とヒソヒソと性の話題を話し，それを共有して性についての対処の仕方を自然に身につけていく。ところが，発達障害の人の場合，そのような話題を共有する友達がいなかったり，いたとしても友達から性についての微妙な対処の仕方を学んで身につけることがしにくい。それよりももっとわかりやすい性の身の付け方として，性についての知識や情報をインターネットやDVDなどを利用し手に入れてしまう。すると，そこにある性の描写はあまりにも過激でストレートであり，時には感情の相互交流のない性行動であるため，それらをそのまま手本にして実行すると，法律にも抵触する行為にまで発展してしまう。

（2）アイデンティティの確立と障害受容の課題

　発達障害者にとって思春期・青年期が大変になってしまうもう1つの理由は，その時期にはアイデンティティの課題に直面せざるを得ないからである。青年期は，思春期に続く心理社会的な変化を併せ持った発達段階であるが，人生の発達段階のなかでも非常に大きな課題が設けられ，その後の人生を左右する重要な節目の時期であると言われている。エリクソン（Erikson, E.H.；1950，1959）は，「自分は何者か」という感覚を獲得することこそが青年期の課題であるとし，その自我の統合された状態をアイデンティティとして概念化した。

　しかし，発達障害者には他者の視点から自分を見られないばかりか，

自分自身をも客観的に捉える力が弱い。そのため，自分が何者であり，自分の長所，短所もわからないことも少なからずある。そうなると，本来の自分よりも自我肥大した自分を自分だと受け止め，現実に見合わない進路や職業選択をしてしまうこともある。そもそも青年期は自我の目覚めによって，自分と他者を対象化する傾向が強くなり，そこに考え方や意見の違いを自覚し，自分自身を確立させていく時期でもある。それが発達障害の特性があるために，アイデンティティの課題が停滞してしまい，自我同一性が確立できないばかりか，混乱さえ招いてしまうことにもなってしまう。

　発達障害者が青年期の課題を達成できない理由はアイデンティティだけではなく，障害受容の課題も同時並行で行わねばならないことも要因の1つとなる。つまり，障害受容の課題が青年期の課題の達成に大きな抵抗となってしまうのである。それまでの発達段階では，みんなと同じことをするのがむしろ課題であったが，青年期にさしかかると，自分はどうするのかといった個々の考えが求められる。人と違って当たり前であるという固有性あるいは個別性をこの時期から急速に意識せざるを得なくなる。そんな状況の中で，「アイツにはできて，なぜ自分にはできないのか」といった違いにこれまで以上に直面化することが多くなる。そこには必然的に自分が発達障害という特性を持っていることに改めて直面せざるを得なくなってしまう。そうなると，本来のアイデンティティを確立するためには，自分には障害があるということを理解し受容していくことが求められるのである。

　ところが，この障害受容の課題はとても一言で片付けられない複雑なものがあり，障害受容にたどり着くまでには相当の苦難を歩まねばならない。発達障害者にとってはアイデンティティと障害受容の大きな2つの山を乗り越えなければならないからこそ，思春期・青年期が定型発達者よりもそれらを乗り越えることが難しくなってくる。

　ただ，発達障害者にとっての思春期・青年期はデメリットばかりとは限らない。この時期には自我がそれなりに揺さぶられ，自分というものを見つめ，障害のことにもこれまで以上に目を向けていくようにもなる。

そのことが成長を急速に促し，これまでの幼いイメージを払拭して，大人として振る舞えるようになる人も少なくない。その意味では，発達障害者も定型発達者も思春期・青年期の荒波を乗り越えることはその後の大きな発展につながるのである。

3. 発達障害者の逸脱行為

（1）二次障害としての問題行動

　発達障害者の逸脱行為を考える際，まず大前提として押さえておきたい点は，発達障害が直接的に非行などの問題行動に結びつくことは少ないということである。つまり，発達障害があると，成長過程で，非行などの問題行動が必ず出現するかというとそうではない。ただ，直接的ではないものの，障害があるがために環境に適応できず，あるいは周囲の理解や支援が得られぬまま孤立し，疎外感や被害感を募らせて，そのことが結果的には不適応行動としての非行を誘発してしまうことはある。この理解を間違えば，発達障害である子どもは将来は非行少年になるという誤解を招きかねないし，障害そのものに対する偏見や差別を生むことになる。

　注意欠如・多動症を有する者が，不注意や衝動性の特性ゆえに何度もミスを連発して周囲を困らせることがあるかもしれない。本人なりに気をつけていたつもりでも，ミスが多くなると「どうして自分はこんなこともできないのか」と自尊感情が揺さぶられ，時には周囲から悪く見られることで被害感さえ抱くかもしれない。また，こだわりが強い特性がある自閉スペクトラム症の人は，物事を柔軟に考えることが苦手であるため，ある観念や特定の行動様式に陥ってしまうことが多い。その際，その行動が社会的に望ましくないことであったとしても，こだわりの特性も手伝って本人の力ではどうしても修正ができないかもしれない。そうなると，その反復された逸脱行為を悪意を持ってしたと周囲からは誤解を受けてしまい，その人は被害感だけではなく，その相手への恨みの感情まで抱かせるかもしれない。こんなことが結果的にはますます大きな逸脱行為に至らせてしまう。

　総じて言うと，発達障害が一次障害であるとするならば，それへの理解や支援などの対応が不十分であるがために，問題行動へと発展してしまうのが二次障害である。二次障害という問題行動にまで行かないようにするためには，本人も周囲も一次障害としての発達障害に適切に対処できるようになることが必要なのである。

（2）自我と枠との関係からみた逸脱行為

　発達障害と逸脱行動との関係を理解する際，橋本（2009，2010）は，自我と枠との関係で捉えている。図10-1に示すように，通常は成長に合わせて，その人が持っている枠も自ずと広がる。それが社会性を身に付けることでもある。自分の身体と洋服との関係で喩えるならば，体が大きくなってくれば，着る服も今までのサイズではなく，自分の体に合った大きなサイズの服を着るのと同じである。これができることが成長の証でもあり，社会にも適応していくことでもある。

　しかし，発達障害者の場合，自我と枠のバランスが悪かったり，不適合がしばしば生じる。その結果，枠との不釣り合いからバランスを逸し，逸脱行動となってしまう。そのパターンとして，橋本は次の3つを挙げている。

　1つ目は，「自我肥大型」（図10-2）である。これは，自分自身も成長して，以前と違って自分でできることも多くはなってはいるが，自分の能力以上に大きくなったように捉えてしまい，枠から逸脱するというものである。客観的に見ると，自立はおろか，まだまだ身の回りのことも親に依存しなければいけないのに，急に一人前の大人びた口調で話し，誰の助けも借りずに生きていけるなどと本気で考えているような例がこれに当たる。特に，自閉スペクトラム症の人の場合，自分のことを客観的に捉えることができにくいため，思春期・青年期にもなってくると，自分の能力を過信したり，極端な理想を追い求めたりして，等身大の自分を見失ってしまいやすい。先述した身体と服の喩えで言えば，小学校6年生の生徒が大人の背広を着て，いかにも大人びた振る舞いをするのに似ている。

図10-1　バランスのよい自我と枠
　　　　の関係

図10-2　枠からはみだす自我肥大型

図10-3　従前の枠を使用する反復
　　　　固着型

図10-4　全体への枠の意識がない
　　　　部分関心型

　２つ目は，「反復固着型」（図10-3）である。これは，自分の成長に
見合った枠の広がりとはならず，これまでと同じ枠の中でいつまでも行
動様式を変えずにいる。それゆえに，昔の小さい枠のために，その枠か
ら逸脱してしまう。例えば，学童期の頃なら女の子に近寄って，親しみ
の表現として身体接触をしたとしてもさほど大きな問題にならない。し
かし，思春期・青年期になってそれを安易にしてしまうと，もはや性的
な逸脱と見なされるかもしれない。自閉スペクトラム症の人のなかには
一度身につけた習慣やパターンを臨機応変に変えていくことがしにくく，
年齢が大きくなっても従来の枠の行動様式のままでいる場合も少なくな
い。その結果がこのような枠から逸脱してしまうのである。身体と服の
喩えで言えば，小学６年生の生徒が小学１年生の時に着ていた小さな制

服を今でも窮屈に着ているようなものである。

　3つ目は,「部分関心型」(図10-4) である。これは, 成長するにつれ, 自我も枠も大きくなる点では問題はないものの, 常にシングルフォーカスで全体を見ていないことが逸脱の理由になる。特に, 注意欠如・多動症の人の場合, 目の前の枠の意識はありながらも全体の枠にまで気を配ることがしにくい。そのために, 結果的には枠からはみ出してしまう。

　例えば, 自分が落とした財布をたまたま拾った人を見て,「盗んだだろう!」と暴言を吐くというのがこれに当たる。その場の流れや全体の状況を見れば, 拾った相手は財布を手にして持ち主である発達障害のある彼に声をかけようとしていた場面であった。しかし, 当の本人はそんな流れにはまったく関心を向けず, 財布とそれを手にしているその相手だけを見て, 盗んだと判断してしまう。身体と服の喩えで言えば, 自分の制服と思い込んで着たところ, それは友達の制服であったといった例である。制服はどれも似ているものなので, 自分の名前が書いてあるかを確認したり, 自分が脱いだ場所などの経緯(流れ)を思い起こしたりしなければならない。それをよく確かめもせず, しかもサイズの違いに目を向けずに平気で他人の制服を着ているというのはこのタイプの発達障害の人にはありがちである。

　自分の身体と服との喩えで説明したように, いずれのタイプにおいても自我と枠の不適合が問題となってくる。これが服という枠ではなく, 社会の規則, 法律といった枠であるとするならば, 事態は深刻になってくる。

(3) 自閉スペクトラム症と逸脱行為

　自閉スペクトラム症の者が枠から逸脱して, 非行や問題行動となってしまう場合はさまざまである。そこには定型発達者の場合となんら変わらないところがあったり, 発達障害の特性が犯行のメカニズムに影響を与えていたりする場合もある。ここでは自閉スペクトラム症と逸脱行為の関係で取り上げられる特徴的なことを述べたい。

①性的逸脱型非行

　すでに述べたように，性がなかなか身につけられない発達障害者の人にとって，思春期・青年期の課題はかなりハードルが高く，そこで躓き性的な逸脱行為となってしまうことが少なくない。

　発達障害と非行との関係を先駆的に研究をした十一（2004）は，その非行のタイプを「性的関心型」「理科実験型」「高次対人状況型」「従来型」に分類し，それぞれの特徴を論じている。その1つに「性的関心型」を挙げている。

　このタイプの非行態様としてしばしば報告される例は，女性の後をつけ回してストーカーのような行為をしてしまったり，好意を持った女性に急に近づいてきて自分の思ったことを一方的に話すというような例であり，いずれの場合も相手の女性からは非常に不快に思われたり怖がられたりする。性を身につけることは相手の異性との距離感を身につけることであると先にも述べたが，彼らの場合には他者の理解が乏しく，異性とどのような距離感を取ることが必要なのかがわかっていない。そのため，本人には決して悪気がなくても，相手からすると犯罪行為あるいは迷惑行為に他ならず，客観的に見ても逸脱となってしまう。

　また，性的逸脱の中にはこだわりの強さが非行となってしまう場合がある。例えば，筆者の知っている事例では，ストッキングに触ることに強い執着がある自閉スペクトラム症の青年がいたし，女性の下着を収集することに興味関心が強いという者もいた。いずれの事例においても，女性という人物への興味関心よりも，ストッキングあるいは下着というモノへのこだわり（執着）が強いのが特徴であった。犯罪心理学の学問のなかでは，女性の一部に極めて強い性的興奮を覚えることをフェティシズムと捉えられている。フェティシズムは女性の一部が女性全体を象徴して捉えられ，例えば，女性のハイヒールをフェティッシュとしている場合は，性的対象としての女性をそのハイヒールから想像させ，その人のなかではそこから性的欲求がかき立てられる。しかし，上記の2つの自閉スペクトラム症の事例では，安易にフェティシズムと決めつけることは相当でない。なぜなら，触ったストッキングや盗んだ下着からど

こまで女性を想像していたかは疑問であるからである。ストッキングに触る事例の場合は，「女性なら誰でもよかった」と述べ，「誰がはいていてもそこ（その対象者）には関心がなく，ストッキングにさえ触れればいい」と言った。また，下着盗の事例の場合，その下着で女性を想像することは一度もなく，下着の形や色に関心があり，それを集めることにだけこだわっていた。そうなると，フェティシズムによる犯行とは少し意味が違う。この2つの事例ではストッキングや下着から女性を連想し，それらを女性に置き換えて性的満足を得ていたわけではない。要するに，自閉スペクトラム症のこわだりという特性が犯行に影響していたと理解できる。彼らは女性そのものには直接的な関心はないかもしれないが，ストッキングや下着が彼らのなかで何かしらの形で性（あるいは女性）の要素と結びつき，「ストッキング＝性（あるいは女性）」「下着＝性（あるいは女性）」といった記号のように結びつけられたのではないかと筆者には思えるのである。

②興味関心型非行

　過剰な興味関心を求めた結果，逸脱をしてしまうのは性的な非行だけとは限らない。ある少年は，爆弾を作ることに興味を持ち，インターネットで爆弾の作り方を詳しく調べ，玩具店で大量の花火を購入し，火薬だけを抜き取って爆弾作りに熱中した。別のケースでは，高層ビルの屋上から物を落とす行為を繰り返した。いずれの事例においても，そのような行為がどれほど周囲に危険となる行為なのか，時には甚大な被害を生む行為なのかということがわかっていない。当人らはまったくそこには考えを至らせず，自分の興味関心ばかりを追求する。爆弾作りをした少年は，自分の作った爆弾がどれほどの威力があるかということばかりに関心が向き，被害を受ける側の立場には立てない。あるいはビルから物を落とすという行為について，仮にビルの下に人がいたならば，自分のしていることがどれほど危険なことかが想像できそうなものである。しかし，彼はいろんな形状の物がどのように落下するのかということだけに興味関心があり，自身の行為が危険という認識すら持てないでいた。

　十一（2004）は，このような非行のタイプを「理科実験型」と名付け

ているが，自分の興味関心ばかりに意識が向き，その枠組みでしか物事が見られないため，自分がしている行為が社会規範をどれほど逸脱しているかや結果の予測には注意が払われない。2014年に長崎県佐世保市の女子高校生が同級生を殺害した事件があったが，彼女は同級生への否定的な感情はなく，「（対象者は）誰でもよかった」と述べており，解剖等への興味関心が主な犯行動機であった。この事件も言わば理科実験のように犯行に及んでおり，興味関心型の１つの例と言える。

③暴力発散型非行

　もう１つの自閉スペクトラム症の人の非行には，暴力行為に及んでしまうというタイプが挙げられる。これにもさまざまな背景が考えられるが，一番多く見られるのはコミュニケーションの手段として暴力が使用されやすいことである。相手と意思疎通がなされ，自分の意図するところが相手に伝わると暴力に及ぶことはないが，発達障害によるコミュニケーションの課題があるゆえに，暴力にまで至ってしまうのである。家庭内暴力がこのような形でしばしば出現してしまうことがある。一般的にも，他人ではなく家族に対しては言葉よりも非言語的なコミュニケーションが使用されやすいが，それが暴力となってしまうと理解してもよい。親や家族は暴力を中断させるために要求をのむと，暴力というコミュニケーションの効果があると本人には認知されることとなり，暴力がエスカレートすることもしばしば見受けられる。

　次に，自分の思うようにいかず，苛立ちやストレスが募って，それを発散する手段として暴力が使用されやすい。通常であれば，気分転換をしたり，人に悩みを相談したりと適切な方法でストレス・コーピングを行う。しかし，自閉スペクトラム症の人の中にはそれがうまくできない場合が結構多い。その理由として考えられるのが，自分の中に蓄積しているストレスが許容量以上になっていることがわからず，気がついた時点では対処不能に陥って暴力として発散してしまっているからである。あるいは，刻々と変わる事態に臨機応変に対応できず，適切なストレスの発散方法が追いつかないこともあるかもしれない。あるいはコミュニケーション能力の問題もあって，自分が悩んでいることや困っているこ

とを適切に他者に伝えられないということも考えられる。いずれにせよ，それらの日常生活における不満や葛藤，ストレスの結果として暴力が出現してしまう。

　ただ，自閉スペクトラム症の人の暴力には単純なメカニズムから出現している場合もあるが，なぜ暴力となってしまうのかすぐには理解しにくいこともある。しかもしだいに暴力がエスカレートし，周囲も対処の方法を考えにくくもなる。定型発達者の場合であれば，その暴力の前後の状況をしっかり捉えたり，本人とよく話をすることで原因を掴みやすい。自閉スペクトラム症の場合の暴力の理解しにくさは，その動機（あるいは原因）と暴力という行為とのつながりがあまりにも遠いところでつながっているので周囲には両者の関係が読み取りにくくなるからである。時には，本人自身もそれを認識できていないこともしばしばである。

　そのような場合，自閉スペクトラム症者の暴力という行為だけに目を向けず，彼らの生活全般に注目していくことが必要である。その人が生活のなかでどこか躓きや困っているところがないかに目を向けていき，それが暴力とどのように結びついていくのかを１つ１つ読み解いていくことが重要である。

　実際にあった例として，中学２年生の４月になって急に荒れ出し，多くの同級生や教師に暴力を振るう男子生徒がいた。暴力を振るう理由がどうもわかりにくく，周囲はその対応に苦慮した。そして，よくよく最近の生活状況の変化がなかったかを本人や保護者から聞いていくと，１か月前の誕生日にゲームを購入してもらい，以来深夜遅くまでゲームをやり続け，朝が起きづらい状況がわかってきた。彼はその頃から不機嫌に学校に登校し，しかも新学年のクラス替えもあって，担任教師やクラスメートとの馴染みも少なかったことからイライラが余計に募り，それが暴力になっていったのであった。そこで，暴力に出ないようにするために，まず深夜遅くまでゲームをしないように，タイムアップや切り替えの方法を提案し，生活リズムが改善されてくると暴力もなくなった。

（4）注意欠如・多動症と逸脱行為

①不注意・多動性・衝動性から生まれる逸脱

　注意欠如・多動症の発達障害の特性である不注意・多動性・衝動性は，非行や問題行動という逸脱と近接にあることは容易に理解できる。例えば，刺激にすぐに飛びついて羽目をはずした行動をしたり，失敗した時はそれなりに反省はしたつもりでも，場面が変わると先の反省が活かせずに同じ誤ちを繰り返してしまうなどはほんの一例である。

　ある注意欠如・多動症の少年は普段から落ち着きがなかったが，自分のクラスが学級崩壊となってからはさらにそれが激しくなった。他の生徒にちょっかいを出したり，喧嘩をふっかけることが日常茶飯事となり，さらに悪ふざけから交番に消火器を投げつけたり，海上保安庁に「海で溺れている人がいる，助けて！」といたずら電話をかけたりもした。

　この注意欠如・多動症の３つの特性のいずれにも共通するのは，コントロールが効かないという点にあるというのはすでに述べた。自分では悪いことをしないでおこうと決めても実行できず，知らぬ間に規範や規則を超えて触法行為となってしまう面もある。

②自己イメージ低下と問題行動との悪循環

　逸脱行為をしてしまい，その後も自分ではコントロールできずに失敗を繰り返してしまうと，本人はしだいに自己イメージを低下させてしまう。しかも，何度も注意や指導をされたにもかかわらず約束を破ったと親や教師から非難され，信頼関係が壊れていくと，本人は見捨てられたと感じて不安や疎外感を増大させるかもしれない。そうなると，家庭内や学校内においても，相手にされなくなったり仲間外れにされ，ますます自己イメージは底をついてしまう。もはや周囲から支援の手が差し伸べられても，対人不信の塊となり，投げやりとなって前向きには考えようとしなくなり，問題行動をエスカレートさせてしまう。「どうして自分だけがうまくいかないのか」ともがき苦しんだ挙げ句の果てには，「どうせ何をやっても駄目」と思い込み，事態がますます深刻化して非行性が進んでいく。時には，そこから脱却するために，暴力団や暴力族などの不良仲間へ接近して，そこでなら唯一自己イメージを回復させる

ことができると考えたりする。

③被害感と愛着の満たされなさ

　上記のような低い自己イメージの背景には，強い被害感が隠れている
ことも少なくない。叱られてばかりで，ほめられた経験は数えるほどし
かなかったり，「同じことをしても俺ばかり叱られる」などといった被
害経験が積み重なり，世の中に対する怒りや不信感さえも抱くことがあ
る。

　一方，注意欠如・多動症者の側だけではなく，彼らを養育する親にも
この被害感が大きい。いつも子どもに困らされ，疲弊のあまりにもはや
親子関係を放棄しようとしている人もいる。そんな親の話に耳を傾けて
いると，幼少期からじっとしていないなどの育てにくさが多々あり，物
を壊したり，人のものをいくら注意をしても盗んでくるので，被害者に
何度も頭を下げて謝りに回ったというエピソードがたくさん出てくる。
ある親は，「誰に聞いても子どもの寝顔はかわいいと言うけれども，私
は寝ている時もこの子の顔が鬼のように見えた」と述べた。親も子育て
に奮闘したものの効果が出せず，自己イメージの低下だけではなく，被
害感さえも募らせているのである。

　このように親子のボタンの掛け違いから関係性の悪化となり，本当は
親からの愛情を求めているにもかかわらず，それがますます得にくくな
り，それがまた非行などの問題行動のエスカレートにつながってしまう。
それがあまりに酷くなってしまうと，親の虐待行為にまで発展しかねな
い。子どもの方もそれによって心にいっそうのダメージを受けてしまう。
杉山（2007）は不注意や落ち着きのなさ（多動）が注意欠如・多動症と
いう障害による特性によるものではなく，虐待による愛着障害に起因す
るものもあると提起し，それを「第四の発達障害」と称している。発達
障害があることによって虐待を招くのか，杉山の言うように，虐待に
よって発達障害を招くのかはともかくとして，発達障害と虐待がかけ算
のように事態を悪くしてしまうことは理解しておかねばならない。

🔋 研究課題

1．思春期・青年期にある発達障害者の乗り越えなければならない課題
　について理解する。
2．自閉スペクトラム症の特性と逸脱行為のメカニズムを説明できる。
3．注意欠如・多動症と逸脱行為がどのように関連するのか説明できる。

引用文献

Erikson, E.H.（1950）『Childhood and society,（2nd ed）』New York, Norton（仁科
　弥生訳（1977）『幼児期と社会1』みすず書房）
Erikson, E.H.（1959）『Identity and the life cycle』New York, Norton（西平直・中
　島由恵訳（1973）『アイデンティティとライフサイクル』誠信書房）
浜田寿美男（2006）「発達支援の本来はどこにあるのか」『教育と医学』635，p404-
　411.
橋本和明（2009）「触法行為をしてしまう発達障害者への支援」橋本和明編著『発
　達障害と思春期・青年期　生きにくさへの理解と支援』明石書店
橋本和明（2010）非行との関係を考える，田中康雄編『臨床心理学増刊第2号―発
　達障害の理解と支援を考える』金剛出版
宮本信也（2007）「発達障害，軽度発達障害とはどのような状態をいうのですか？
　精神障害，認知障害，情緒障害，適応障害（F432）という概念とはどこが違うの
　ですか？」『小児内科』39巻，p197-199.
椎原弘章（2001）「序」『小児内科』33巻，p1045-1048.
白石正久（2007）『自閉症児の世界をひろげる発達的理解』かもがわ出版
杉山登志郎（2005）「発達障害の概念」発達障害者支援法ガイドブック編集委員会
　編『発達障害者支援法ガイドブック』河出書房新社
杉山登志郎（2007）『子ども虐待という第四の発達障害』学研
Tantam, D.（1991）「Asperger syndrome in adulthood」Frith, U（ed.）『Autism
　and Asperger syndrome』Cambridge, Press Syndicate of the University of
　Cambridge.（冨田真紀訳（1996）「成人期のアスペルガー症候群」，『自閉症とア
　スペルガー症候群』東京書籍）
十一元三（2004）「アスペルガー障害と社会行動上の問題」精神科治療学，19（9），
　p.1109-1114.

11 | 問題行動のある発達障害者への支援

　前章では，発達障害者の非行や犯罪といった問題行動に至るメカニズムの捉え方について述べた。この章では，それらの人々への対応の際の留意点やかかわりのあり方について考えていきたい。

《キーワード》 アセスメント，コミュニケーション能力，構造化，限界設定，視覚化，カリスマティック・アダルト，ほめる技術，スモールステップ，ストレスチェック，障害告知，家族や周囲のサポート，生活臨床，試し行動

1. 対応とかかわりの工夫

　発達障害者が思春期・青年期になってくると，それまでの学童期の頃よりも対応が難しくなってくる。しかも，行動面で逸脱が生じてしまっているという事態に直面させられると，支援をする側にはより緊迫度を抱えた対応が求められる。そのためには，発達障害の特性をしっかり捉え，それが問題行動とどのように結びついているのかというメカニズムを理解しておかないと適切な対応にはつながらない。

　以下，対応とかかわりの工夫についてまとめた。

（1） アセスメントの重要性

① 特性への気づきと理解

　まず子どもや少年の特性をしっかり捉え理解していくことが大切である。前章で述べたように，その特性が問題行動とどのように結びついているのかを明確にすることが，問題行動の改善あるいは非行の防止にも役立つ。言い換えれば，何よりもアセスメントが重要なのである。

　例えば，自閉スペクトラム症の人の異性への異常接近行動があった場合，すぐに性的な逸脱行動とラベリングするのではなく，その人の行動

がどこから来ているものなのかを理解すべきである。中には異性そのものにはあまり関心がなく，異性の一部もしくは異性の身につけているものに興味関心がわき，そこにこだわって接近行動をとったのかもしれない。あるいは異性との距離感がわからず近づきすぎた，あるいはコミュニケーション能力の課題があって，一方的に話しすぎたのかもしれない。それゆえ，相手からすると異常に近づかれたと不快感を抱いた可能性もある。

　このように表出された行動に対して，「常識のない行動をする」「酷いことをする」「前にも注意したのに」と，すぐに批判や指導をしてしまいがちである。しかし，その前にしっかりとその行動，あるいは行動が起きる前後の状況を観察し，そこに発達障害の特性が存在していないかどうかを捉えることが重要なのである。

② 見ているものが違うという視点

　自閉スペクトラム症の人の逸脱してしまう行動を見ていくと，意外なところにその動機が隠れていることがある。例えば，動物を残酷に殺す行為を繰り返していた少年であるが，彼には怒りや恨みなどの攻撃性はまったくなく，内臓がどのようになっているのかといった興味から実験や解剖を繰り返していた。つまり，われわれは動物に酷い行為をすると，そこに根深い攻撃性などのネガティブな感情が存在し，それが現れたものとして見てしまいやすい。しかし，われわれが考えている動機とはかけ離れていたところに彼らの真の動機が隠されていることもしばしばある。

　発達障害者はその特性があるが故に，共通した一般感覚や常識的なものの見方とは少し違うとらえ方をしてしまいやすい。そのため，通常は考えにくいところに関心が向けられ，それが行動につながってしまう。特に，その行動が逸脱した問題となってくればなおさら，人々の持っている価値観がいっそうそこに入り込み，余計に大きなズレや誤解を生じさせてしまう。そうなるとなおさら彼らの行動理解が遠のいてしまう。われわれと彼らとは「見ているものが違う」ということを前提として，アプローチをしていくことがまずなりより大切なのである。そうでなけ

れば，その行動の意味するところがまったく的外れな理解となり，支援
をするに際しても効果のない不適切なものとなってしまう。

③ 問題行動形成の歴史的経緯への着目

　ある自閉スペクトラム症の男子中学生は，担任の女性教師に抱きつい
ていくということが見られた。その行為自体は一見，女性への接触の願
望が強いと見られたり，異常な接近の仕方などもあって性的な問題が隠
されているのではないかと考えられた。しかし，よく調べてみると，そ
の行為は小学生の頃から起きており，その当時の女性の担任教師は彼に
限らず，児童を褒める際にはハグをしていた事実が明らかとなった。つ
まり，その男子中学生にとっては，褒められるということは教師からハ
グをされることだとの認識を形成し，それが中学生になっても続いてい
たと理解できる。異性にこのように接触することは不適切なことだと，
小学校高学年あるいは中学生になってくると教えられなくてもわかりそ
うなものであるが，自閉スペクトラム症の人の場合はそれが臨機応変に
変更できず，一度学習したことを状況が違っても行ってしまいやすい。

　このこと１つとっても，その行動が形成された歴史的変遷を辿ると，
案外意味が読み取れることがある。別の自閉スペクトラム症の人は，パ
ニックになった時，いろんなものを次から次へと破壊してしまう。そこ
で，その人の最初の破壊行動をよくよく調べたところ，周囲は彼の行動
に驚き，そこにいた全員が躍起になって彼の行動をなだめたといういき
さつがあることがわかった。おそらく彼はそのことを学習し，自分の欲
求が通らない時に破壊行動を取ることによって，周囲から関心を惹くこ
とを学び，行動を強化させていったと理解できる。自分の言いたいこと
を伝えられないコミュニケーション能力の欠如や，自分自身を客観視し
にくい発達障害の特性もそこに影響していると言える。

　要するに，１つの問題行動だけに着目するのではなく，それが形成さ
れたいきさつや状況等の歴史的経緯にも目を向けると，改善する糸口が
見出されることも少なくない。

（2）　こちらのコミュニケーション力，共感力を発揮させること

　発達障害というのは，環境によって作られたものではなく，持って生まれた特性による。例えば，他者の立場に立てずにコミュニケーションがうまくいかなかったり，いくら注意をされてもつまらない失敗を繰り返してしまう。彼らの行動を訓練によって改善できるところは確かにあるが，それには限界もある。なぜなら，それらの特性は障害に起因するところが大きいからである。

　そこで，大切な視点は，支援をするわれわれ側のコミュニケーション力や共感力をフルに発揮させ，彼らにアプローチしていくことである。例えば，コミュニケーション1つを取り上げても，「〜してはいけません」と否定的な表現で伝えるよりも，「〜をしてください」と肯定的に言うことで相手にとってはわかりやすくなる。「〜してはいけません」と言われると，その言外の意味を汲み，何をしなければならないのかを本人が考える過程が必要となり，言葉を発した側の本来の意図するメッセージが正確に伝わりにくいからである。

　要するに，支援をするこちらのコミュニケーション力を高めることが何より大切なのである。それは単に言葉の問題だけではなく，発達障害者の立場にこちらがどれほど寄り添い，彼らとどのようにかかわりを持っていけるかという能力に他ならない。そのためには，こちらの共感力が当然に必要になる。発達障害者といかにつながっていくかの基本的な姿勢は，こちらの共感力を発揮させ，熟練されたコミュニケーション力を活用していくことでもある。逆に，彼らとの距離を置き，対象として客観的に眺めているだけの乏しいかかわりでは，われわれのコミュニケーション力はいつまでも向上しない。

（3）　わかりやすく具体的であること

　発達障害を有する子どもであっても大人であっても，彼らを支援する側の共通したポイントは，わかりやすく具体的であることが何よりである。そのわかりやすく具体的であることの中身はさまざまあるが，その1つに構造化が挙げられる。構造化とは，全体を見極め，それぞれの要

素や要素間の関係を明確にさせるという働きである。

　発達障害者の中には見通しが持てなかったり，場面場面に臨機応変に対応ができなかったり，感情の切り替えがスムーズに行かなかったりする人がいる。それゆえいろいろな場面で躓き，その結果，大きな不安を抱えてしまう。先の見通しをはっきり提示して全体を眺めることができる構造化を図ることで，多少なりとも不安の軽減ができたりする。構造化が明確であると，新しい場面や予想しない事態に直面しても大きな逸脱とはならずに適切な行動が取れることも少なくない。

　コミュニケーションの中にも構造化がある。例えば，コミュニケーションに課題がある発達障害者に，「部屋を綺麗にしなさい！」などといった抽象的な指示を出したり，「○○をしないわけにはいかないだろう！」といった二重否定の複雑な文脈を使用すると，それがいったいどのようなメッセージを伝達する言葉なのかわかりにくい。逆に，短い言葉で，はっきり言うと指示が通ったりする。また，「早く帰宅しなさい」ではなく，「午後8時までには帰ってきなさい」と具体的に言ったりする方が相手には通じやすいし，相手に行動を起こさせるにはその方が効果的である。

　次は，空間や時間の構造化もある。この作業をいつまで続けなければならないのか，その作業の始まりと終わりの時間的な区切りを明確にすることで，その空間や時間での作業に集中できる。生活を乱している者に対して今日やるべき日課を明確に決めるとリズムを整わせることが可能になることも少なくない。例えば，空間の構造化がなされず，勉強するところなのか，休憩するところなのかが定まらないと，勉強にも集中できないばかりか，一休みもできずに疲労を蓄積させる。逆に，空間の構造化がうまく機能すると，家庭や学校での居場所作りができたり，クールダウンする場所が設けられていることで癇癪やパニックを起こしても自分の感情をスムーズに切り替え，鎮めることがしやすい。

　さらに，行動規準を定めたり，限界設定を明確にするという構造化も有効である。すでに第10章で自我と枠との関係で発達障害者の逸脱について説明したが，彼らは自分と枠とのバランスがとれなかったり，枠を

意識しにくかったりすることで，本人はそのつもりはなくても逸脱してしまう。そこで，物事を判断し行動規準を明確にするために，例えば，「ゲームはほどほどにする」という曖昧な指示ではなく，「ゲームは２時間以内でやめる」というように，２時間という"枠"をはっきりさせる。また，「ここまでは許容できる範囲であるが，これを超えると警察に通報する」というように，逸脱としての限界をしっかり定め，その枠を超えないように死守するといった助言やかかわりも役に立つ。

　視覚化を図るという構造化もある。発達障害者の中には短期記憶が非常に弱い人がおり，つい先ほどの出来事を記憶できず同じ失敗を繰り返したり，先に述べたことと今の発言に一貫性が持てなかったりすることも多い。それを防ぐためにも聴覚だけに頼らないようにし，メモを残したり，写真などの静止画に残したりすることで弱点を補ったりできる。

　最後に，物事を遂行するのに，どこからどのように手をつけていいのかわからずに，結局は何もせずに放置してしまって課題ができない人がいる。その際，手順書を用意したり，今後のスケジュールなどを提示すると抵抗なく物事にかかれたり，現在の作業の後に何をしなければならないかの見通しも持て，不安に陥らずに行動を続けることができる。

　それ以外にも，複数の者がその発達障害者の指導やかかわりをしていて，指示の内容が人それぞれで異なると，どの指示に従えばいいのかわからず混乱し，結局，適切な行動の選択ができない場合もある。そのため，指示のあり方を一貫させてわかりやすく具体的に示すことも大切であり，これも構造化の１つと言える。

　いずれにせよ，わかりやすく具体的であるということは構造化をいかに図るかということとほぼ同義と言える。ただ，どのような構造化がその人の行動変容を促進させるのか，あるいは，効果的な結果につながるかについては個人差が大きい。そこをしっかりアプローチして考えていかねばならないのである。

（4）　つながる方法を見つけること

　発達障害を有する人はコミュニケーションの課題を抱え，他者理解が

しにくいために，人と歩調を合わせたり，相互理解がしにくいと言われている。時には，非常に協調性が低く，関係性が持てないばかりに誰の指示も受け付けずにやってしまうこともあるかもしれない。ただ，一見そのように見えはするものの，意外とそうではないことも少なからずある。非常に人なつっこくて集団の中にいてひょうきんに振る舞ったり，自分の興味関心の高い話題であれば率先して話したり，特定の人物の言う指示にはとてもよく従うなど，本当に人によってさまざまである。その際，われわれが見逃してはならない視点は，つながりがうまくできている時とそうでない時とで，どこが違っているのか，なぜその特定の人の言う指示は聞き入れて，そうでない人の言うことは聞かないのかといったことを考えてみることである。仮に，人に助言や指導をする場合を取り上げてみるとする。一般的には優しく丁寧に時間をかけて話をする方が好まれるが，発達障害者の場合は「駄目は駄目」「これはやってはいけないこと」と短い言葉ではっきり明快に言った方が理解しやすく聞き入れてくれることがよくある。あるいは，他の人からすると大きな声でズバッと指摘されると不快に感じるかもしれないが，彼らにとっては中途半端で聞き取りにくいよりも，そちらの方がわかりやすいと思うかもしれない。

　あるいは，カリスマティック・アダルトと呼ばれるような人と接点ができると行動変容が容易になったりすることもある。カリスマティック・アダルトとは，自分のことをわかってくれる存在，自分を受け入れ，同時に自分の課題をしっかり指摘してくれる人物のことを指すが，思春期・青年期以降の発達障害者にとってはこのような人との出会いは大きな転機となったりする。彼らはそのカリスマティックな人物に自分を理想化させ，同一性の対象やモデルとするところがあるからである。

　筆者の知っている事例においても，誰の指導や助言も聞き入れず，非行を繰り返していた発達障害のある少年がいた。彼はあるゲームに熱中し，そのこだわりが強かった。たまたま彼を担当した児童相談所の児童福祉司はそのゲームが得意で，彼よりも数段レベルが上であった。そのことがわかった時から，彼はその担当の児童福祉司を「あの人は神だ」

と奉り，その人の言うことならすべて聞き入れたのであった。

　この例はあまりにも極端ではあるが，どこかにそのような人物とつながる可能性は大いにある。発達障害者のつながる方法や人物を見つけることは彼らにとっても支援をする側にとっても有効である。

（5）　肯定的評価を与えること

　発達障害の人は幼少期から人と違った行動をしたり，皆と協調できなかったりすることから，変わり者と評価されたり叱られたりする経験が定型発達の人よりも多い傾向にある。注意欠如・多動症の場合など，先ほど叱られても不注意や衝動性，多動性の特性があるばかりに，すぐに同じ失敗をしてしまい，さらに強く叱られてしまう。このような否定的な評価を幼少期からずっと受けてくると，「自分は駄目な人間ではないだろうか」といったように自己効力感が低下し，思春期・青年期にもなると自尊感情も底をついてしまう。

　そうならないために，いいところを見つけてほめてやることは支援の基本に置いておくべきである。しかしながら，実際のところ，問題行動を日常的に繰り返されると，一緒にいる親や家族，担任教師などは彼らのいいところがあったとしても見えなくなってしまう。そんな状態から抜け出すためにも，肯定的評価を与えるための“ほめる技術”を持っていることが必要である。

　ほめる技術にはさまざまなやり方があるが（齋藤；2013，小林；2015，小笠原；2016），筆者は以下のほめる視点が重要と考える。

① 　その人のよいところを見つけるための観察力を高めること

　→外には見えにくい行動さえも見つけていくほどのこちらの観察の細かさ，鋭さが大切である。

② 　ほめる言葉を熟考し，語彙力を豊富にすること

　→「明るいね」といった単純で紋切り型のほめ言葉ではなく，「今日は天気が悪く，みんなの気分が沈むけど，あなたは明るく振る舞ってくれてうれしいよ」とその時の状況によって語彙豊富に的確な言葉を使用する。

③　無闇にほめるのではなく，エビデンスに基づくこと

→小さい子どもなら50メートル走を終えた後,「よくがんばったね」という言い方でほめてもよいが，思春期以降になると「この前のタイムは8.5秒だったけど，今回は7.9秒になったね」と，どこをほめているのかという根拠を示す。

④　短所を長所に柔軟に切り替えられる発想の転換ができること

→「落ちつきがないね」というと短所となるが，「活動的だね」というと長所の表現となり，そのような発想の転換ができる。

⑤　ネガティブ思考で考えず，プラス思考で対応できること

→上記④の発想の転換をするためには，こちら側がネガティブに物事を捉えるのではなく，プラス思考になることが重要である。

⑥　人間関係力をつけ，その人との関係性を土台にすること

→その人との人間関係をしっかり見据え，その関係性の中でほめるからこそ効果を生む。そのためには，こちらの人間関係力が大きな武器となる。

⑦　いつ，どこで，どのようにほめるのかという状況を見極めること

→泣いている時にほめても逆効果であるが，少し泣き止んだその瞬間を捉えてほめると，その後に泣き続けられなくなったりする。いつ，どこで，どのようにほめるかというタイミングを図ることが必要である。

⑧　結果だけに目を向けず，プロセスにも着目すること

→結果だけをほめる材料にするのではなく，そのプロセスにも目を向けることが大切である。

⑨　その人の能力ではなく，努力を評価すること

→「頭がいいね」というよりも，「よく頑張ったね」と言われた子どもの方がその後に課題に挑戦するという研究（Dweck, C. S.；2006）があるように，能力よりも努力に着目する。

⑩　こちらが良いこと，悪いことの区別をしっかり持っていること

→悪いことをしていてほめられると負の強化が働き，問題が拡大する危険がある。こちらが良いことと，悪いことをしっかり認識し，そ

の区別ができていることが重要である。

⑪　その人の次の達成課題がわかっていること

→その人の成長を見通し，できている課題についてはあえてほめず，
次にやらなければならない課題を重点的にほめる。例えば，幼児で
あれば，すでに歯磨きができている子どもに歯磨きができたとして
もほめず，ズボンが一人ではけるという次の課題ができた時に強調
してほめる。

（6）　ハードルを下げ，スモールステップであること

　将来の目標を設定する際，どこか絵に描いた餅にならぬよう現実的で
実現可能なものであることが必要である。そのためには，いきなり大き
な高い目標を設定するのではなく，少し努力すれば達成できるというよ
うにハードルを一旦は下げてみる。そして，最終ゴールに行きつくため
に，次には何をすればいいのかといった下位目標をいくつも立てるとい
うスモールステップを工夫する。

　このようにやれるところから始め，課題ができれば肯定的評価を与え，
1つ1つ課題を上げていく。そうすることで発達障害者は自信を取り戻
したり，無闇な万能感に囚われずにすむようになる。

（7）　ストレス等の回避方法，発散方法の準備

　発達障害の人の場合，自分自身でもストレスや不満がどの程度高まっ
ているかを自覚しにくく，突然パニックになってしまうことがある。ま
た，それを自覚しても，発散や解消の方法を身につけていないがために，
物を壊したり，大声を出したりと不適切な行動として表出してしまうこ
ともある。

　そうならないためにも，あらかじめストレス等を図る方法を自分なり
に身につけていたり（例えば，1日の終わりにストレスの度合いを数値
でチェックするなどの方法がある），ストレス等が高まってきたと感じ
た場合はそれを事前に回避する方法を決めておくと，大きな逸脱になら
ずにすむことがある。

　例えば，家族と口論となり，怒りが高まって暴力行為に出てしまいやすいとする。そこで事前に支援者と話し合い，そのような場面に遭遇した際，10分経っても口論が収まらない場合は話の途中であってもその場から離れ，散歩に出るとか，自室に籠もって好きな音楽を聴くとか，お風呂が好きならすぐにお風呂を沸かしてゆっくり入浴するなどの方法を取れるようにする，と決めておく。確かに，話の途中で，しかも欲求不満状態でその場を頓挫することが必ずしも良い方法とは言えないが，このまま口論を続けて最悪な事態となるよりもましである。そのために，いくつかの回避方法やストレス等の発散方法を身につけている方が望ましい。

（8）　医療機関との連携と障害告知のタイミング

　早い時期の発達障害の診断は非常に大切であり，それによって無用な劣等感や孤立感等を本人に抱かせなくてすむ。特に，思春期・青年期以降の発達障害者の場合，自分が人と違っていることに多大な意識が向けられ，自分が何者であるかといったアイデンティティの課題も重なってますます混乱し，ストレスをため込んでしまうため，なおさらそれが必要である。

　ただ，医療機関で受診し発達障害の診断を受けたとしても，障害自体が改善するわけでも，薬でよくなるわけでもない（一時的に注意を集中させたり，気分を改善させるなどの薬理効果はあるが，発達障害自体を改善する薬は現在のところはない）。極端なことを言えば，医療機関で受診したからといって，急に明日からの生活がスムーズに行くこともないであろう。しかし，早期に診断を受け，生活や学習等の躓きを少しでも円滑にさせる工夫や知恵を編み出したり，さまざまな心理的支援を受けることで，ストレス等を過剰に蓄積させなくてもすむメリットはある。そうでなくても思春期・青年期は受験，職業選択，配偶者選択など大きなアイデンティティにまつわる達成課題がある上に，乗り越えなければならない課題が山積みであり，ストレス過多となっていることが多いのである。

　障害の告知のタイミングについては，個々の事情もあるので一概には言えないが，現在の本人の置かれている状況，本人の意識や理解度，親や家族との情緒的交流の度合い，支援の行われ具合などを総合的に見ながらタイミングを見計らうことが大切である。そして，告知が本人のために有益になることがまず何よりも大切である。そうでなければ，告知が本人をますます混乱させたり，意欲を喪失させたりして，結果的には社会から撤退する方向に行ってしまう。すでに述べたように，思春期・青年期はある意味では自分と向き合わねばならないという発達課題を背負わされているので，タイミングを見つけて自分の特性に気づかせること，また障害の理解を促進させて受容をしていくようにさせることが重要である。

（9）　家族や周囲のサポート

　支援に際して，発達障害者本人だけでなく，その親や家族を支えることも重要である。さまざまな特性のある発達障害のある子どもをいかに育てるのか，また生活の中で巻き起こる困難にどう対処するのかは，彼らと一緒に暮らす親や家族でないとわからない面もある。特に，年齢が大きくなると，家の中だけではなく，学校や社会を捲き込んだものに発展する。それが問題行動，時には非行や犯罪となってしまうと，親の張り詰めた気持ちは限度を超えてしまうことさえある。

　親や家族の支援で大切なことは，一人で悩まず，理解者や協力者を見つけることである。学校の先生，発達障害者支援センターの相談員などをはじめ，同じような発達障害を抱えた子どもの親の会などにも力になってくれる人がいるはずで，そのような人からサポートを受けるとずいぶん精神的な負担が軽減される。

　問題を一人で抱え込んでしまうと，思考が堂々巡りとなり，気持ちの切り替えができなかったり，発想の転換がしにくくなってしまう。例えば，子どもの長所を見つけてほめようとしても，悪いところしか目につかず，ほめ言葉が出てこない。そんな時に，自分とは違った視点で子どもを見てくれる人が「この子にはこんなよいところもあるね」と何気な

く話してくれたことが，その親の気持ちをずいぶん楽にさせたという話もある。

　また，困惑している親の支えになるのは，その親のパートナーであることが多いのも事実である。ところが，逆に子どもの問題行動で夫婦関係も悪化し，離婚の話も出たり家庭が崩壊寸前になってしまうこともある。両親がそこで踏みとどまって話合い，これまであまり表に出てこなかった父親が重要な場面で登場してくれると事態が大きく好転したりもする。また，両親が協力関係を維持し，子どもへのかかわりに一貫性が示されると，発達障害の子どもにとってもその親の姿勢を読み取りやすくなり，両親のメッセージが安心にもつながることもある。

　いずれにせよ，親や家族はもとより，学校の教師や地域に対するサポート支援は軽視してはならない。

(10)　生活臨床の視点

　発達障害者の臨床支援において，もう1つ大事なことは生活の視点を見逃してはならないということである。発達障害の人は，何かある特定の問題だけに躓き困っているわけではない。日常生活におけるさまざまなところで停滞したり，円滑に行かずに苦悩している。そのため，1つのことが仮に解決したとしても，すぐまた別の問題が浮上してきたりする。また，ある問題行動だけに着目していると改善できないことでも，生活全般を視野に入れるとその行動がなぜ生じたのか理解できたり，解決の糸口を見い出せることも少なくない。

　第10章で取り上げた，学校で次から次へと理由もなく同級生に暴力を振るう発達障害のある生徒のことを思い出してもらいたい。その生徒の暴力行為だけに目を向けていたので動機がわかりにくかったが，生徒の生活に目を向けてアプローチしたところ，誕生日プレゼントにゲームを買ってもらってから調子が悪くなった。その生徒はゲームを夜遅くまでやめられずに続け，その結果，朝が起きにくくて不機嫌に学校に登校してしまい，その結果，同級生らに暴力を振るってしまうのであった。そこで，暴力の指導もさることながら，家庭でいかにしてゲームをスムー

ズにやめられるようにできるかを教師と親が本人を交えて話合い，それが実行できたことによって暴力が改善された。

生活というのは一過性ではなく，毎日毎日の繰り返しである。それが円滑になると，仮に「今日できなくても明日できる」という流れが生まれる。この"流れ"こそが生活臨床では何よりも重要で，発達障害の人の不安を下げ，少し先を見通してもくれる。

以上のように，問題行動だけに目を向けず，その人がどのような生活を送っているのか，生活のリズムや日課のあり方などに視野を広げてみると，思わぬヒントが隠れていることがよくある。こうした生活全体を見渡すアプローチも頭に入れておきたい。

2. 対応の留意点

（1）　愛着と発達の複雑な関係

これまで発達障害を有する人の問題行動について述べてきたが，それと区別がつきにくい愛着障害の問題行動も頭に入れておかねばならない。例えば，落ち着きがなく，すぐに暴言を吐いたり暴力を振るってしまう子がいたとする。それは注意欠如・多動症としての不注意，多動性，衝動性の特性から来ているのか，それとも虐待等の不適切な養育環境により，安心・安全感が脅かされ，それゆえ多動になってしまうのかの両方が考えられる。しかも，注意欠如・多動症であるがゆえに，親や周囲から叱られる体験ばかりを積み重ねて成長し，自己肯定感が育っていないというところも重なっているとするならば，発達と愛着の両方の問題を併せ持っているとも理解できる。

このような発達と愛着の複雑な関係があるため，かかわりの面でも難しくなってくる。例えば，"試し行動"を取り上げてみるとそれがよくわかる。

虐待を受けた子どもが里親や施設に預けられ，ここでの生活が安全か否か，自分にかかわる大人がこれまでの自分に暴力を振るう親と同じように危害を加えるのか，それとも信頼できるのかといったことを確認するため，あえて問題を起こし，こちらの大人を困らせる行動を取ること

がある。これが従前から言われている試し行動である。この行動は、そうすることで相手の大人（里親や施設職員等）の様子をうかがい、自分を受け入れてくれるかどうかを判断する。過去に愛着関係に躓いた子どもほど、その行動は執拗に繰り返される。時には大人を挑発したり、わざと怒らせるようなことまでする。

　この試し行動とまったく意味合いが違う発達障害のある子どもの試し行動がある。彼らは、注意の散漫や衝動性から自分の行動をコントロールできずに逸脱してしまう。また、他者の目を気にせず、周囲の様子を見たり歩調を合わせるようなこともなく自分勝手に行動を起こしてしまうので、新しい環境に置かれた早々から逸脱してしまう。これは決して大人（里親や施設職員等）を怒らせようと思ってしているのとは違う。

　同じ試し行動でも、前者の被虐待児の行動は対人関係を推し量り、相手がどこまで自分を受け入れられるかを判断する指標に使われている。そのため、支援をする大人は子どもの逸脱した行動を叱ったりするよりもまず、その子の気持ちを受け入れ、信頼関係を築くことを優先するのが望ましい。それに対し、後者の発達障害児の行動は新しい環境でどのように行動していいのかわからず、まさに試行錯誤をしての行動である。この場合は、里親宅や施設でのルールなど行動規準となる枠を明確に教えてあげる必要がある。そうでないと、逸脱した行動が注意をされないばかりに適切な行動であると勘違いをしてしまい、それが大きな逸脱に発展してしまうおそれがあるからである。

　愛着障害と発達障害は環境の要因なのか、器質的な要因なのかといった発生の機序がそもそも違っている。しかし、近年、虐待などの不適切な養育環境に曝された子どもは脳に異変を生じさせるという研究（友田、2012）や虐待によって脳にダメージを与え、それが発達障害となるという第四の発達障害を提唱する説（杉山、2007）もある。今後の研究では両者の関係がより精密に解明されるであろうが、現時点での支援では、その本人との交流やかかわりの状況や、それによって子どもがどのように変化していくのかといった視点が重要となる。

（2）　異質性と類似性の発見

　ここ10数年の間に発達障害についての認知が急速に社会に広がり，診断を受ける人，支援を受ける人も多くなっている。しかし，だからと言って，発達障害者へのかかわりが十分にできているのかというと，まだまだ心許ない。

　発達障害の特性があることで，定型発達の人のようにはできなかったり，同じやり方ではうまくいかないことがある。しかし，人間それぞれ違って当たり前という受け止めをすることによって，特性を個性として捉えていく。筆者はこれを"異質性の発見"と言い，そう考えることで発達障害の人の個別性が尊重されることが望ましいと思っている。

　ただ，現実にはその異質性だけでは不十分で，時にはそれが差別意識につながる危険もはらんでいることを，どこかで認識しておかねばならないかもしれない。

　そこで，筆者はもう1つの視点として"類似性の発見"が必要であると考える。確かに発達障害の特性があるにせよ，その特性は大なり小なり自分にも持っている特性ではなかろうか。つまり，そこには自分との類似性がある。そう考えると，発達障害の人は定型発達の人と比べて異質な存在では決してなく，そこに自分との共通点や類似点が見い出せるはずである。

　異質性だけを強調すると，発達障害という言葉だけが一人歩きして，自分とは違った，対象を遠くに置いた関係しか生まれてこない。本当の支援とはそうではなく，そこに自分との類似性をも認めることによって，いかに社会で共存していくかを考えることができる。そうあることで，発達障害の臨床の可能性が開けるのである。

研究課題

1．問題行動をしてしまう発達障害者の支援について理解する。
2．具体的な構造化について説明できる。

3．愛着障害と発達障害の関係について説明できる。

引用文献

Dweck, C. S.（2006）『Mindset-The New Psychology of Success』Penguin Random House LLC, New York.（今西康子訳（2016）『マインドセット－「やればできる！」の研究』草思社）

小林玄（2015）『発達が気になる子の心に届く叱り方・ほめ方』学陽書房

小笠原恵（2016）『教師のためのほめ方ケースワーク20』金剛出版

齋藤孝（2013）『ほめる力』ちくま文庫

杉山登志郎（2007）『子ども虐待という第四の発達障害』学研

友田明美（2012）『いやされない傷』診断と治療社

12 | 犯罪心理鑑定の実際

　この章では，非行・犯罪心理学を活かした実践の１つとして，犯罪心理鑑定を取り上げ，司法の領域でそれがどのように活用されているのかを述べる。
《キーワード》　精神鑑定，犯罪心理鑑定，心神喪失と心神耗弱，裁判員裁判，量刑，情状，放火癖（パイロマニア），窃盗癖（クレプトマニア），インフォームド・コンセント，公判における証言

1.　犯罪心理鑑定とは何か

（1）　精神鑑定と犯罪心理鑑定の相違点

　精神鑑定とは，刑法第39条にある被告人の事理弁識能力や行動制御能力を精神医学的な観点から見極めるものである。それを受け，裁判所が心神喪失，もしくは心神耗弱であると認定すると，責任能力はない，もしくは責任能力は限定的であるとされ，刑事罰は問えなかったり減刑されたりする。この精神鑑定は精神科医が行うのが一般的である。

　それに対して，犯罪心理鑑定は，加藤（2003）が「犯罪心理鑑定では，精神の障害の有無にかかわらず，犯罪心理解明自体が目的となる」と述べているように，あくまでも心理学的にアプローチし，被告人のパーソナリティや家庭環境，成育史などが犯罪とどのように結びついたのかを明らかにしようとするものである。また，被告人が更生をしていくための条件や方法などについても意見を提示することもある。

　犯罪心理鑑定はこれまで〝情状鑑定〟とも呼ばれてきた。その点について，橋本（2016）は情状鑑定の場合は刑の量定を定めることに比重を置いているのに対し，「犯罪心理鑑定は犯行のメカニズムや，その時の心理状態を心理学的に解明することを大きな目的としている」と述べ，その違いを指摘している。

いずれにせよ，精神鑑定が犯行時点の精神状態のありようを『点』で捉えようとするのに対し，犯罪心理鑑定では，犯行に至るまでの被告人の性格やこれまでの生きざま，さらには更生への筋道などを『線』とし，ストーリー性のあるものとして捉えようとすることにも相違がある。

（2） 犯罪心理鑑定の依頼

犯罪心理鑑定は法曹界においてもまだ広く知れ渡ってはいないが，今後はその需要が拡大していくことが予想される。そのもっとも大きな要因として，2009年からスタートした裁判員裁判が挙げられる。

裁判員裁判では，専門的知識のない国民から選ばれた裁判員に本件犯行の状況を理解した上で，裁判官とともに適正な審理をしてもらわなければならない。そのためには，事態の重大性だけではなく，犯行メカニズムについてもわかりやすく裁判員らに提示することが必要で，それこそが犯罪心理鑑定の大きな役割となる。

また，殺人や傷害致死など故意に人を死に至らしめた重大少年事件の場合，家庭裁判所は少年法第20条第2項の規定にあるように，原則により検察官送致にすることが多い。その際，それらの事件は地方裁判所で裁判員裁判となるが，すでに家庭裁判所で行った要保護性の調査結果がその公判で十分に反映されにくい。それゆえ，犯罪心理鑑定によって要保護性を含めた鑑定が実施される場合も少なくない。

さらに，2005年に成立した「刑事収容施設及び被収容者等の処遇に関する法律」により，作業等の刑罰を与えるだけの応報刑の処遇ではなく，社会復帰した時に再犯をしないように刑務所収容中に更生への処遇を積極的に図っていくことになった。犯罪心理鑑定が，そのような処遇にも活かすことができれば処遇効果を上げられるのも背景の1つである。城下（2013）は「裁判員が被告人の更生可能性だけでなく更生の実効性に関心を有しているとするならば，そして量刑が『行刑の出発点』であることを考慮に入れるならば，量刑を単なる『刑の宣告』にとどまらず，真の意味で被告人にとって（さらに社会にとって）意味のあるプロセスに変容させていくことは極めて重要である。その意味で，情状鑑定と行

刑の連携を推進する方向性は，十分な検討に値するものと思われる」と指摘している。犯罪心理鑑定の役割は処遇を決めるために寄与するだけでなく，処遇内容についても役立てられることが今後期待される。

　上記のような経緯があり，鑑定が依頼されることが少しずつ増えてきている。しかし，依頼を受けるルートはさまざまである。まずは裁判所からの鑑定（これを通常，公的鑑定と言われる）で，裁判所で宣誓をして受命することになる。これに対して，弁護人から依頼を受ける鑑定（これを通常，私的鑑定と言われる）がある。公的鑑定と私的鑑定では，被告人との面接の場所や条件，鑑定費用の支出先などさまざまなところで違いが見られる。しかし，いずれの鑑定においても，求められる鑑定事項には共通するところが多い。それはもちろん事件内容によって違いはあるが，一般的なものとして次のようなものが多い。

① 「被告人の人格や性格等に関する事項」…知的な能力や発達の課題の有無，情緒的な側面や対人関係における特徴，依存性や攻撃性などの強さ，性的な成熟性や異常性など。これらは，被告人との面接だけではなく，知能検査や発達検査，性格検査等の心理テストを実施して明らかにする。

② 「家庭環境や成育環境に関する事項」…どのような家庭環境で育ち，学校や地域，仲間関係がいかなるものだったのかといったことを明らかにし，そこでの問題等がなかったかを調べる。また，被告人の人格や性格等を形成するのに，この環境面の影響がどの程度あったのかを明らかにする。

③ 「本件犯行時の動機や経緯，心理状態に関する事項」…どのような心理から犯行に至ったのかという犯行メカニズムを解明する。時には，犯行の前後での心理状態の違いや変化，犯行後の態度や心理，現在の心理状態なども含む。

④ 「処遇や予後についての事項」…更生するための処遇に関する意見や予後の見通しなど。更生可能性や再犯危険性，家族や周囲が留意しなければならないことなども含む。

（3） 鑑定の対象となりやすい事件

　犯罪心理鑑定の対象となる事件はさまざまである。森（2011）は，鑑定となりやすい事件として，「奇妙な事件，動機の分かりづらい事件，犯行の本当の事情を知りたい事件，本当の事を隠していると思われる事件，被告人の家族にとっても今後どのように対処していけばよいか明らかにしたい事件，被害者に問題がある事件，事件以外の面も知りたいような事件，世間的に大きな影響があるがその割に刑が軽く手を尽くした事を明らかにしたい事件などである」と述べている。

　筆者のこれまでの受命した鑑定では，殺人（あるいは殺人未遂），傷害致死など社会的に注目を集めた重大な事件で，しかも動機がわかりにくいもの，犯行時に未成年者で，精神的な未熟さが犯行に影響を与えていると考えられるもの，複数の共犯者で行われ，集団力動が犯行の理解に重要であるものなどがある。なかでも，過去に虐待やいじめなどを受け，家庭や学校の環境が被告人の性格等の形成に重要な影響を与え，犯行とも関係しているものも鑑定の依頼がよくなされる。それ以外にも，強制性交等致傷や強制わいせつ致傷など性犯罪を繰り返し続けている事件や放火癖（パイロマニア）や窃盗癖（クレプトマニア）の事件など，動機が理解しにくかったり犯行前後の心理がつかみにくいものもある。

2．犯罪心理鑑定の具体的作業

（1） 記録の精読

　まず事件の記録（被告人や被害者の供述調書や捜査報告書）等を丹念に読み，本件の犯罪についての事実を追って，それをイメージしていく作業から始まる。読み進めていく中で合点のいかないところには重要なヒントが隠されている。また，事件のことだけでなく，被告人の家族関係や人間関係がわかる情報なども十分に頭に入れ，本件についての動機や犯行の心理的なメカニズムとの関係について仮説を立てる。仮説があることで，その後の被告人等の面接での応答が的確となり，事実に接近しやすくなる。

（2）　被告人との面接

　被告人との初回面接の際に非常に重要なことはインフォームド・コンセントである。通常の心理面接においては守秘義務の履行について話されるが，犯罪心理鑑定においては被告人から話された内容が鑑定人によって後日公開の法廷で被告人の意に反して明らかにされることを告げておく。なぜなら，鑑定結果を法廷の場で示すことが犯罪心理鑑定の主たる目的だからである。また，被告人は鑑定に対して想像以上に期待をする場合も少なくない。そのため，この鑑定はどのような経緯と動機で事件を起こしてしまったのかを心理学的に明らかにするために行うもので，その結果は被告人の期待するものと違ったものになる可能性もあるとはっきり事前に伝えておく方がよい。さらに，心理テストの実施の有無や種類については，何を明らかにしたいかをテストをする前に説明しておくことが必要である。いずれにせよ，当初に立てた仮説，あるいは鑑定作業の途中で新たに生まれた仮説を，いかに面接や心理テストで検証していくかが重要なのである。

（3）　家族や参考人への調査

　被告人との面接以外にも話された事実を確認したり，被告人から得られない情報を得るために，被告人の家族やこれまで交流があった参考人に面接を実施することがある。ただし，家族や参考人と面接する場合，周囲に話の内容が漏れないように場所や時間を十分に配慮するとともに，被告人とのインフォームド・コンセントと同様，話された内容を法廷で証言をしてもいいかどうかの了解を求めておくことが大切である。時にはそのような家族と参考人に面接することを被告人自身にも了解を得ておく方が望ましい。

（4）　鑑定書の作成

　鑑定人は面接等で得た情報を鑑定書等の文書に作成する。その際，鑑定依頼の形態によっても違ってくるが，鑑定人が作成した鑑定書がそのまま証拠として採用されない場合（仮に，弁護人から依頼を受けて鑑定

を行い，鑑定書を裁判所に提出したとしても，検察官がそれを証拠にすることに不同意であった場合）は，公判で証言することが求められる。法廷での証言時に使用する資料（最近の裁判員裁判の場合では裁判員にも理解しやすいようにパワーポイントで作成された比較的文字の少ないスライド形式の資料が多い）が裁判での証拠となる。

（5） 公判における証言

　鑑定人の非常に重要な役割として，公判における証言がある。鑑定結果を法廷において，いかにわかりやすく伝え裁判官や裁判員に理解してもらえるかが犯罪心理鑑定の仕事のクライマックスとも言える。ある意味では，いくらいい調査や報告書ができたとしても，証言でうまく伝わらなければ効果は半減してしまう。そこには鑑定人のプレゼンテーション能力が問われるのである。これまでの被告人尋問などで，裁判官や裁判員が感じていた不可解で1つ1つの事実の結びつきにくかった事柄が，この鑑定人の証言によって明快につながっていくことが最も望ましい。この点について，安藤（2012）は「短期間の審理の中で多角的な視点から被告人を理解することはおそらく簡単ではない。したがって，裁判員制度における裁判員による評議と判決にあたっては，考慮すべき諸事情について不足のない情報が提供されることが必須であり，この点では情状鑑定の活用が有益であるケースもあると思われる」と述べている。

　証言を有意義なものにするためにも，鑑定人は証言時に，専門用語を多用したり，あまりにも専門的な話になりすぎず，一般の人にもわかる言葉を使用することが望ましい。ましてや，独善的な考えや主張になってしまうことも避けるべきである。

3. 犯罪心理鑑定の臨床的意義

（1） 真実にアプローチすること

　犯罪心理鑑定は，被告人の性格や家庭環境，成育歴が本件の犯行とどのように結び付いているのか，犯行のメカニズムを心理学的に解明するのが主たる目的であると述べてきた。情状鑑定も刑の量定を定めるとい

う目的では犯罪心理鑑定との違いはあるものの，基本的には同じと考えてもよい。いずれの鑑定も，被告人が犯行に及んだ動機や経緯がいかなるものかという真の犯行のメカニズムの解明が何より求められ，真実にアプローチしていくことでは同一であると言ってよい。

　そのためには犯罪心理鑑定には客観性があり，科学性がなくては成立しない。鑑定人が目の前に示された事実をありのままに受け止めなかったり，事実を曲げて報告や証言をしては，それは真実にアプローチをしたことにはならず，許されない。また，自分勝手で独りよがりな手法で情報を収集し，あまりにも主観的過ぎる分析や解釈をすることも同様である。

　この犯罪心理鑑定は，犯行の心理的なメカニズムの解明だけでなく，そのことが量刑を決める上で重要なポイントになってくることも少なくない。つまり，鑑定結果が情状酌量の余地があるかどうかを判断するために活用される。逆に言えば，そうなるためにも，鑑定人は真実にアプローチしようとする姿勢を堅持し，客観性と科学性のある結果を生み出し，それを説得力のある伝え方で示さなければならないのである。真実とはかけ離れたところで，どれほど被告人の性格や過去の生い立ち，家庭環境を並べ立てたところで意味をなさない。さらに言えば，仮に被告人の悲惨な生い立ちや家庭環境があったとしても，それを単に並べるだけの「お涙頂戴」的な情状の切り取りだけでは物足りない。そのことが被告人の性格形成にどのような影響を与えたのか，あるいは本件犯行にどのように結びつくのかを明確にしてこそ鑑定の意義がある。それは法的な観点からも情状を考慮される要因になる[注]。また，このように犯行に結びつくことが明確になれば，それは被告人にとっても有益なものになり，自分の犯した事件に対する納得，更生のための筋道がつくことにもなる。

注）情状には，犯情と一般情状があり，上記のように被告人の性格形成，家族関係，生育歴が犯行に結びついていると考えられる場合は犯情として量刑判断に考慮される。しかし，仮にそれらの情状はあったとしても犯行に結びつかない場合は一般情状として取り扱われ，量刑判断にはさほど影響を与えないのが一般的である。

いずれにせよ，犯罪心理鑑定をする者が真実にアプローチしようとする姿勢や技術を持ち，真の犯行メカニズムが何かを解明する方向を持ってこそ，それが事実に接近できることとなり，結果的には犯罪行為に一番相応しい量刑が決められることになるのである。

（2）　被告人への臨床的効果

犯罪心理鑑定それ自体は，被告人に対してカウンセリングなどの心理的支援を目的にしているわけではない。しかし，面接回数が重なり，被告人との信頼感が生まれ，心理的な距離が縮まってくると，今まで人に言えなかった思いや，押さえ込んでいた感情が被告人から出てくることも珍しくない。また，これまでの生き方，考え方だけではなく，「これからどうすればいいのか？」と鑑定人に相談や助言を投げかけてきたり，「こんなに自分のことを深く見つめたのは初めてだ」と面接で口にすることもある。それは被告人がそれだけ自分自身に真に向き合うようにもなった証でもある。その意味では鑑定面接そのものが被告人にとっては治療的なプロセスにもなり，そこに臨床的意義があると言える。

確かに，事件を起こして警察や検察官，弁護人に事情を聴取される場合，主として客観的な事実についての話が中心となる。また，捜査の限定された期間という制約もあり，被告人はじっくり自分の内面に向き合い，犯行時の自分の心のありようを冷静に振り返ることはなかなかしづらい。仮に被告人がその時の心境を語ったとしても，聴取する側がそれを受け止める専門的スキルを十分に持ち合わせていないこともあるため，被告人はそれを深めたり，自分の内面にさらに目を向けようとはなかなかしにくい。仮にできたとしても不完全燃焼になってしまう。その点，臨床心理学の専門家である鑑定人が客観的な事実だけでなく，被告人の主観的な事実にも耳を傾けて共感的に聞くことによって，被告人は自分の内面に目を向けていく。

犯罪心理鑑定のプロセスはこの作業の繰り返しであって，それを通して被告人の気付きや洞察へとつながることも少なくない。そして，そのことが被告人の生き方を変え，更生への再出発の糸口となることも大い

にある。なぜなら，被告人からすると，鑑定人との面接がこれまで経験してこなかった受容体験となり，今までの自分や家族関係，幼い頃からの成育歴といった過去，現在，未来が線でつながっていく体験になるからである。

　ただ，このような臨床的効果はあくまでも本来の犯罪心理鑑定の目的ではなく，それを意図して鑑定を行うものではない。あくまでも二次的な効果としての臨床的意義にすぎない。そうだとしても，被告人にとって更生のきっかけとなるのであれば，そこに犯罪心理鑑定の意義があると言ってもおかしいこととは言えない。中でも被告人が未成年であったり，あるいは発達障害やパーソナリティ障害などのように発達や人格に課題を有していたとすると，その臨床的意義はなおさら大きい。なぜなら，そのような被告人は，自分を客観的に見る能力に乏しかったり，対人関係が円滑に行かず，時間や方法を提供されなければ自分の考えや気持ちを他者に伝えることがしにくかったりするからである。鑑定人は被告人との信頼関係を大切にしながら，時間をかけて被告人の話に耳を傾け理解を進めていくことに全力を注ぐ。被告人自身もそのような鑑定人に真摯に応えようとこれまで以上に深く物事を見つめ直し，両者の共同作業が結果的には被告人の大きな成長を促すこととなる。

4. 犯罪心理鑑定の実際

　次に，犯罪心理鑑定の事案についてイメージできるように，事例の一部を紹介したい。ただし，一部であっても事例が特定されないように，内容を修正加工している。

（1）　虐待と暴力の事案（架空事例A）

　この事例の被告人は幼少期から父親に酷い身体的虐待を受けてきた。父親からDVを受けていた母親も，父親が被告人に暴力を振るうのを止められず，見て見ぬ振りをすることが多かった。被告人はそのような家庭環境で育ったこともあり，小学校低学年時は友達と遊んでも警戒心が強く，自分の世界に入って人とはうち解けないところも多かった。

　被告人が小学４年生の時，近所からの虐待通告で，児童相談所に被告人は一時保護された。児童相談所は，被告人の身体のいたるところにあざがあり，過去に腕を骨折した形跡が残っていることもレントゲン検査から判明したため，警察に通報した。それによって，父親は逮捕され，その後，懲役刑を受け，母親とも離婚が成立した。以来，父親の被告人との連絡は途絶えた。

　被告人は一時保護所から自宅に戻り，母親と２人の生活をすることとなり，これまでのようなビクビクするようなところは少なくなった。そして，無事高校に進学し，２年生になったある日のこと，担任の男性教諭とたわいもないことから言い争いとなった。被告人は自分の言い分を聞いてくれず，しかも一方的にその教諭から大声で叱りつけられたことからカッとなり，その部屋にあったステンレスの棒で教諭の全身を十数発殴りつけた。被害者である教諭は，頭部外傷が致命傷となり，救急搬送された病院で死亡した。被告人は犯行時の状況について，「大声で怒鳴られたので頭が真っ白になり，その後のことは記憶になく，気がついたら血のついた棒を持っていた」と述べた。被告人はすぐに警察に逮捕され，その後，家庭裁判所では原則検察官送致となって検察官から起訴をされ，地方裁判所での裁判員裁判を受けることになった。

　被告人は対人関係が円滑にこなせる方ではなかったものの，これまで大きなトラブルはなかった。高校に入ってからは仲のよい友達もできるようになっていた。以前は引っ込み思案で警戒心が強かったが，最近では心を開くところも垣間見られた。少なくても，これまで暴力などの粗暴な言動は被告人にはなく，どちらかというとおとなしい生徒と見られていただけに，家族や周囲の者は今回の重大事件に驚きを隠せないでいる。

　この事例において，仮に父親の虐待と被告人の暴力との間に関係があるとすると，そこにはどのような関係があると考えるかの可能性を取り上げてみたい。

　例えば，被告人は幼少期からの父親の暴力を知らぬ間に学習し，それが教諭への暴力につながったとするのはどうだろうか。もしそれなら，

もっと早い段階から暴力行為が何らかの形で出現していたはずである。調査等をして粗暴な言動の事実が出てこなかったとしたらその仮説の妥当性は低い。また，これまでの虐待によって警戒心が強く，被害に遭うのではないかといった不安や恐怖が強く残っており，他者の些細な言動にも過敏に反応したことから事件につながったとするのはどうであろうか。確かに高校まではその傾向は認められ，対人関係が上手に構築できないところもあった。最近は仲の良い友達もできるなど以前と比べて大きく成長したところがあり，人間関係面でも改善されてきた。そんな時であるからこそ，一方的に大声で叱られた教諭に対しては，過去の父親との出来事を再現させることとなり，それが原因で暴力に及んだのかもしれない。

　つまり，教諭からの大声での叱責体験は過去の父親からの虐待をフラッシュバックさせ，それが恐怖心や不安感とともに一気に被告人に押し寄せ，解離状態となってしまった可能性も考えられる。「頭が真っ白になり，その後のことは記憶になく，気がついたら血のついた棒を持っていた」と被告人が述べているところはその根拠になるかもしれない。また，その場面が思い出せないという解離性健忘があり，現実感を喪失して暴力を振るったことから，結果的には死に至らせることとなったと理解することもできるかもしれない。

　いずれにせよ，単に虐待と暴力が関係しているというだけでは犯行のメカニズムを理解したことにはならず，それがどのように結びついたのかを明らかにしていくことが求められる。犯罪心理鑑定の目的はそれを明らかにすることであり，それが達成できれば情状として考慮され，量刑や処遇等にも役立てられるのである。

　特に，刑事事件においては，量刑を決める際，それが犯罪行為に相応しいものでなくてはならず，それが犯罪の行為態様，動機，目的，計画性の有無，被害状況などとどのように結びついているかが重要なポイントとなる。そして，情状が犯行そのものにもどれほど関係があるのかを見定めることが犯罪心理鑑定の何よりも大切なポイントなのである。

　上記の事例においては，虐待と暴力との間の関係がこれ以外にもある

とすれば，それを明らかにしていかねばならない。そのような仮説を立てた上で，１つ１つ検証していってこそ真実に接近できる。それが単に仮説だけで終わってしまうと，それは根拠のない評論で終わってしまう。仮説を検証するために，どのような事実が明らかになり，それをどのように調査や技法を駆使して収集してくるかを考えることにも鑑定の奥深さがある。

（２）　発達障害の事案（架空事例 B）

　この事例は発達障害である自閉スペクトラム症の特性を持っている被告人が傷害致死事件を起こしたもので，筆者とのある面接場面を紹介する。

　その被告人は自分の障害特性がかなり影響してか，幼少期から集団の中ではいつも浮いた存在となってしまい，仲間には溶け込めずにいた。確かに，被告人の行動も奇異なことが少なからずあった。そして，この被告人を育てにくいという理由から，両親は年のいかない幼い被告人に対して殴る蹴るの暴力を日常的に加えてきた。家庭においても学校においても自分の居場所がなく，本当は家族や仲間と一緒に団欒をしたり遊びたかったはずであるが，一人でいることが多く，周囲も被告人がみんなと一緒にいることを望んでいないという理解をしていた。

　中学生の頃になると，被告人はクラスの同級生とはほとんど交流がなく，たまたまちょっかいをかけられた不良仲間と行動をともにした際，調子にのって悪ふざけをした。被告人にとってはみんなと遊ぶ経験が少なかったばかりに，この集団は自分のことを受け入れてくれると感じた。以降，被告人は家に寄りつかなくなり，不良仲間のところに長年居候を続け，その日暮らしの生活を本件時まで続けていた。そんな不安定な生活の中で，共犯者とともに被害者にリンチを加え，死亡に至らしめることになった。

　筆者は何度か拘置所の面会室で被告人と面接した。コミュニケーションの能力の低さもあって，被告人が言いたいことがこちらには十分に伝わりにくかった。また，こちらの質問にも被告人は時々的外れな応答を

することが何度かあった。しかし，何度も面接を重ねていくうちに，筆者と被告人との疎通性も少しずつよくなり，彼自身が幼少期から相当にストレスをため込んでいたことが理解できた。そして，不良仲間からのちょっかいを親密さと誤解し，実際には仲間から利用されていた面も多々あったにもかかわらず，悪さを一緒にすれば仲間でいられると彼は考えていた。

　筆者の鑑定の面接が終盤にさしかかった時，被告人に本件の事件についてどのように受け止めているか質問した。被告人は筆者の問いかけに対して，「反省はしていません。僕は反省はできません」とすかさず言うのであった。筆者は一瞬，その被告人の言葉を疑った。なぜなら，本件は傷害致死事件で，被害者が亡くなっているという極めて重大な事件であるからだ。それにもかかわらず，被告人は「反省はしていません。反省はできません」とはどういうことだろうかと驚いたのであった。被告人は他者理解をしにくい発達障害の特性があり，対人関係での支障も認められるものの，人を死に至らすような事態に対しても感情が動かないというのはあまりにも被告人の残酷さや冷淡さが際立っていると筆者は感じた。

　とりあえず被告人の話をもう少し聞こうと，被告人の言う反省の説明を求めた。しかし，彼はやはり「反省はしませんし，反省もできません」と繰り返すのであった。そんなやりとりが続く中で，彼からようやく具体的なやりとりができ，以下の言葉を引き出すことができた。
「僕は小さい頃から反省できませんでした。…（少し沈黙）…。小学校低学年の頃，駄菓子屋でお菓子を万引きしたことがありました。その時，親や先生は僕に反省しなさいと言うので，僕も一生懸命反省をしました。自分でもよく反省をしたと思いました。でも，その後にお店に行って商品を見ていると，欲しいなぁと思ってしまうのです。頭がそんな風に思ってしまうと，やはり自分は反省できていない，反省できない人間なんだと思うようになりました。そんなことが繰り返され，僕は反省ができない人間なのだから，反省もしないでおこうとしだいに思うようになったのです。」

　筆者はここで被告人の反省の意味をようやく理解できた。つまり，被告人は万引きをした後，十分に反省をしても，脳裏に「欲しいなぁ」と一瞬でも浮かんでしまったらそれは反省ができていないことになると考えていたのである。一般的にいう反省とは，仮に万引きをしたとすると，同じ行為をしないように自分の欲求を抑え，盗むという行動を起こさないようにすることではないだろうか。万引きをした後であっても，お店で商品を見ていて欲しいと思うのは当たり前であり，盗みという行動に移さなければいいのである。しかし，被告人はそういう理解として反省を捉えておらず，われわれの反省のあり方と大きく違っていたのである。それを理解せぬまま，「被告人は悪いことをしても反省すらしない人」という受け止めをするならば，ますます真の被告人の理解を遠ざけてしまう。被告人は今回に限らず，非行を繰り返す中で，「自分は反省のできない人間」という自ら悪いレッテルを貼り，周囲の批判やネガティブな評価を浴びせられながら今に至っていた。それを考えると筆者は切ない気持になった。ここにも自閉スペクトラム症を有する人の感覚のズレ，認識のズレが少なからずある。彼の場合も，家族や周囲はそれを見逃していたのである。

　筆者は被告人の面接等を通じてわかった被告人の発達障害の特性，その特性が家族や周囲に無理解のまま，虐待等の不適切な養育をされ，学校や社会においても不適応となっていった経緯を鑑定結果として法廷で証言した。また，被告人の性格等がこれらの発達障害の特性や養育などの環境と密接に影響し，不安感や被害感が増大するのを少しでも防ごうと仲間と非行をして，孤立することや空虚になってしまうことから自分を守ろうとしていたと結論付けた。しかもそれが本件の経緯の中の共犯者との関係，実行行為をする経緯などにも如実に示されていることを指摘した。

　考えてみれば，もし法廷で今回の事件についての反省を裁判官などから尋ねられ，被告人が「反省していませんし，反省はできません」と答えたとするとどうであろうか。一瞬のうちに法廷全体が凍てついてしまったかもしれない。筆者はそんな心配もあったため，鑑定で明らかに

なった被告人が考えている反省について詳しく説明した。また，このような反省を被告人が考えているからこそ，反省ができないと彼自身も苦しんできたことを証言で述べた。

5. 今後の展望と課題

　裁判員裁判は司法に対してもっと身近に感じてもらうことが大きな目的であり，そのためには法律的な手続や法律的な概念をもっとわかりやすく示していく必要がある。犯罪心理鑑定が今後はますます活用され，その一助になることを期待する。

　また，公認心理師等の心理職の専門家が，司法の分野だけに限らず，社会の中でよりいっそう有益に活動していくためには，その技術を高めるだけでなく，さまざまな面で工夫をしていく必要もある。例えば，アセスメントや心理的支援をした結果をまとめ，それを適切にプレゼンテーションすることもその1つである。その際に，他職種の者や一般の人にも理解しやすいようにわかりやすく解説する能力が今以上に要求される。知らず知らずのうちに使用している専門用語が果たして相手に正確な理解として伝わっているだろうかと立ち止まって考えることも必要である。筆者はこれらのことを犯罪心理鑑定を通じて，逆に学べるように思えるのである。

研究課題

1．犯罪心理鑑定と精神鑑定の違いを理解する。
2．犯罪心理鑑定をどのような作業で進めていくのか理解する。

引用文献

安藤久美子（2012）「裁判員制度における情状鑑定の利用～精神鑑定の視点から～」
　『青少年問題』第59巻夏季号（通巻第647号），p30-35.

橋本和明（2016）『犯罪心理鑑定の技術』金剛出版

加藤幸雄（2003））『非行臨床と司法福祉』ミネルヴァ書房

森武夫（2011）「情状鑑定について－実務経験から－」『刑事法の諸問題Ⅶ』専修大
　学法学研究所紀要36，p34-65.

城下裕二（2013）「情状鑑定の現状と課題」『法と人間科学　中間報告書』，p116-
　121.

13 | 家庭内紛争解決への支援

　司法の分野においては，刑事事件や少年事件だけではなく，民事事件や家事事件などがある。この章では心理職がかかわることが想定される家事事件を中心に，家庭内紛争解決の支援について取り上げていきたい。
《キーワード》 離婚，親権，子の監護，養育費，面会交流，調停と審判，人事訴訟事件，調停前置主義，児童の権利に関する条約（子どもの権利条約），ハーグ条約（国際的な子の奪取の民事上の側面に関する条約），子の最善の利益

1. 家庭内紛争の動向

　家庭内紛争にもさまざまなものがあるが，その中でも離婚が一般的で，理解しやすいかもしれない。厚生労働省が毎年出している人口動態統計によると，図13-1のように，離婚件数は平成14（2002）年をピークにして減少傾向にある。これだけを見ると，離婚は少なくなっているように見えるが，それだけでは判断しにくい。なぜなら，そもそも婚姻件数そのものもしだいに減ってきているからであり，それらの状況も考慮に入れなければならない。

　家庭内紛争が司法の場に持ち出される最もわかりやすい指標となるものが，家庭裁判所の家事事件である。最高裁判所が出している司法統計を見ると，家事調停の新受件数の推移については，図13-2のとおり，毎年約14万件ほどある。その中で，離婚や夫婦間の円満調整などを求める夫婦関係調整事件は図13-3のとおり，やや減少傾向にある。また，離婚調停が当事者間で合意ができず不成立になると，離婚を求める当事者は新たに人事訴訟事件である離婚訴訟事件を提起することになる。その離婚訴訟の新受件数は図13-4のように，平成23（2011）年をピーク

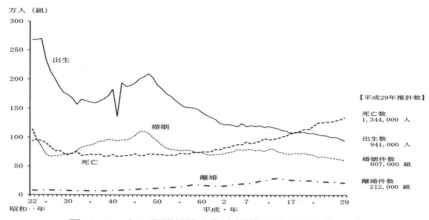

図13-1　人口動態総覧の年次推移（厚生労働省2017）

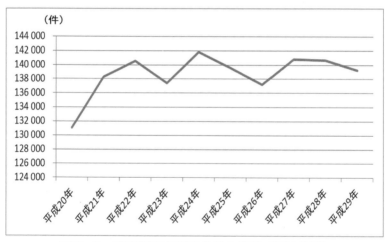

図13-2　家事調停の新受件数の推移（司法統計）

にこれもやや減少傾向にある。

　ただ，夫婦関係の紛争とは裏腹に，子の監護に関する処分事件は調停事件（図13-5）においても審判事件（図13-6）においても，いずれも養育費請求事件を除いた監護者の指定事件，面会交流事件，子の引渡し事件などの増加傾向が見受けられる。中でも面会交流事件についての調

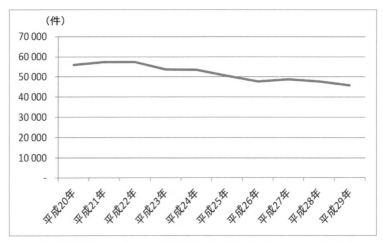

図13- 3　婚姻中の夫婦間の調停事件の新受件数の推移（司法統計）

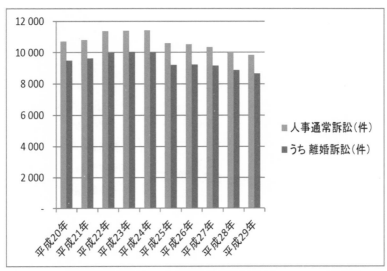

図13- 4　人事訴訟事件及び離婚訴訟事件の新受件数の推移（司法統計）

停新受件数は顕著に増えている。子の監護に関する処分事件は調停が不成立となれば，何らの手続を要せずに審判事件に移行して，調停におけ

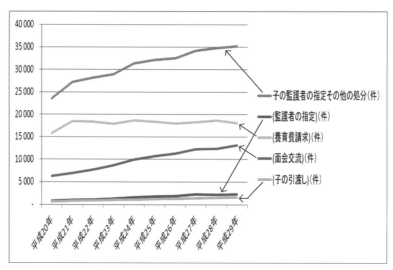

図13-5　子の監護に関する調停事件の新受件数の推移（司法統計）

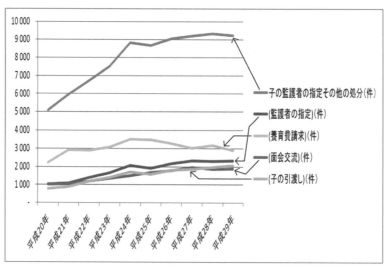

図13-6　子の監護に関する審判事件の新受件数の推移（司法統計）

る成果を審判に承継することになる。それゆえ，子の監護に関する処分
の審判事件を見てもやはり増加が著しい。

　以上のような統計からわかることは，この10年間で子を巡る紛争の事

件が急激に増え，その解決を家庭裁判所に持ち込まれることが多くなったということである。

　そして，それらの事件数増加の背景には，従前とは違う子育てのスタイルや考え方が際立ってきたり，男性や女性というジェンダーの捉え方，あるいは父親や母親の役割にも大きな変化が生まれ，そこに軋轢が見られ出したと考えられる。従前であれば，男性や父親は仕事に出て，女性や母親は家事をするというどこか固定した役割分担があり，子育ては自ずと女性や母親が主であった。離婚となると形の上では親権者には父親がなり，別居している母親が実際には養育したり，父親が同居する父方祖母が面倒を見たりすることも少なくなかった。しかし，女性が社会進出して，父親も母親とともに共同で育児を行うという価値観から，夫婦間の紛争に伴う子育ての問題がクローズアップしてきたわけである。

　また，離婚に対する意識が変わってくるとともに，離婚後の親子の交流の持ち方にも変化が現れてきた。以前であれば離婚をすると子どもと別居する親は子どもと一緒に暮らす同居親の養育の邪魔をしないようにとの配慮もあってか，子どもに会うことを控えたりしていた。しかし，近年は離婚をしても親子の関係には変わりがないし，交流を途絶えさせない方が子どもの成長には有意義であると考えるようになり，面会交流など積極的に行う方向へと向かった。

　このような多様な考え方や価値観，養育スタイルなどが真っ向からぶつかり合い，なかなか自分の主張を譲らないといった事態が背景にあることが，家庭裁判所に事件を申し立てて問題解決を求めていくことにつながっているとの理解もできる。

2．家庭内紛争における制度と法

（1）　家庭裁判所の制度

　司法における家庭内紛争を取り扱うのはもっぱら家庭裁判所である。家庭裁判所は地方裁判所の手続とは違う独立した裁判所であり，家庭内のプライバシーに関する紛争を取り扱うためいくつかの特徴がある。機能上の点から言えば，①関係者以外はその手続に関与することができな

い手続の非公開性，②家庭裁判所が事実の調査などを行って真実を究明した上で審判を行う職権性，③事実の認定と法律の適用といった司法的機能だけではなく，適切な助言や援助を行うことにより紛争を解決しようとする福祉的機能の特徴がある。そのため，家庭裁判所調査官が家庭裁判所には置かれ，心理学や社会学などの行動科学等の専門的な知識や技法を活用した事実の調査や調整が行われる。

　そして，家庭裁判所には調停事件や審判事件といった家事事件と，離婚訴訟といった人事訴訟事件がある。家事調停事件は，民間人から起用された非常勤の裁判所職員として家事調停委員2人以上と1人の裁判官とで調停委員会を構成し，調停が行われる。人事訴訟事件においては，すぐに訴えを提起することは基本的にはできず，その前提として，家事調停の申立てをしなければならないと規定されている。これを「調停前置主義」と言い，離婚などの家庭に関する紛争はいきなり訴訟手続による公開の法廷で争うよりも，まずは話し合いを行い，自主的な解決を図る家事調停を経るのが望ましいとの考えがあるためである。

　また，家事調停事件の中には，当事者の話し合いによる解決がつかず，紛争が解決できない時は調停が不成立となり，それ以上の手続が進められないものもあるが，子の監護に関する処分事件（親権者の指定や変更，養育費請求，面会交流，子の引渡しなど）や遺産分割事件などは調停が不成立に終わると，今度は特に申立てを新たにせずともその事件が調停から審判に移行して，家庭裁判所がその紛争を解決することになる。上記以外にも，成年後見人の選任や失踪宣告など当事者の協議に委ねることができない性質の事件で，相手方が存在しないために調停をすることができない家事審判事件もある。

（2）　家庭内紛争解決を規定する法

　すでに述べたように，時代とともに，家や家族に対する意識が変わり，それに合わせた法整備も必要になってきた。平成23（2011）年の民法改正では，親権の喪失の制度や親権の行使についての変更がなされた。

　まず親権喪失（民法834条）においては，これまで「父又は母が，親

権を濫用し，又は著しく不行跡であるとき」という要件であったが，「父又は母による虐待又は悪意の遺棄があるとき，その他父又は母による親権の行使が著しく困難又は不適当であることにより子の利益を著しく害するとき」と改正された。そして，これまではなかった親権停止（民法834条の2）の制度が新設され，これにより2年以内の期間を定めて親権の全部の行使をできなくすることが可能となった。この親権停止は親権喪失に比べて，要件面では緩和されているが，未成年の子の適切な保護を図るため，より柔軟に対応していくことが目的の1つともなっている。

　親権の行使では，監護養育の権利義務を定めた規定を「親権を行う者は，子の利益のために子の監護及び教育をする権利を有し，義務を負う」（民法820条）と改められ，子の利益のための行使が明確に定められた。そして，離婚後の子の監護について必要な事項を定めるときにおいて，当事者間の協議で「子の利益を最も優先して考慮しなければならない」（民法766条1項）と明記され，面会交流や養育費についても同様であるとされた。そのような経緯もあって，離婚届には，面会交流や養育費の取り決めをしたかどうかをチェック式で記載する欄が新設された。

　家庭裁判所では，それまで家事審判法によって紛争解決の手続を規定していた。しかし，時代とともに家庭紛争のあり方もかなり変化してきていることから，平成25（2013）年に新たに家事事件手続法が施行された。それによって，裁判所の判断の基礎となる情報や資料に意見を述べる機会が当事者に確保され，当事者の主体的関与を促進できるように手続保障を強化し，手続の透明性を目指すものと改変された。

　また，日本は平成6（1994）年に国連の「児童の権利に関する条約（子どもの権利条約）」に批准したものの，これまでの家事審判法ではその内容が十分に整備されていなかった。家事事件手続法ではそれが改められ，子どもの意思の尊重と意見表明権が強化された。このことによって，弁護士を子どもの手続代理人に選任することもできるようになった。

　さらに，国際結婚が増える中，離婚等により親権や監護権を持つ親の元から同意なく他の親が子どもを国境を越えて連れ去ることもある。そ

の際，日本が平成26（2014）年に加盟しているハーグ条約（国際的な子の奪取の民事上の側面に関する条約）では，子の年齢が16歳未満であると，子どもを奪われた親は国の政府を通じて相手国に子どもの返還や面会を請求できることになっているため，そのルールに従わなければならないのである。

　このような家庭内紛争解決をする法に則りながら，父母の紛争の中にいる子どもの心理的安定をいかに図るかというのは，われわれ心理職等が果たさなければならない責務である。また，別居をしている親と子どもの面会交流をいかに円滑に行うかが，その後の子どもの心理的安定や成長に大きく寄与するため，心理職等の心理的支援や助言がいかに重要になってくるかは言うまでもない。さらに，非常に緊迫感が高く，時には心理的傷付きともなりやすい子どもの引渡し場面には心理職等が同席して，当事者や子どもを心理的に支えていくことが今後は求められることも多くなってくるかもしれない。その際にも上記のような関連する法律を頭に入れながら，適切な心理的支援を行えるようにしていくことが必要なのである。

3．子を巡る両親の紛争と解決に向けた支援

（1）　客観視させること

　親にとっては，子育ては楽しみであるに違いないが，ストレスを生じさせることも事実である。母親の7割以上が子育てに対する負担感を中程度から重度に感じているという報告（財団法人こども未来財団，2000）もある。そのため，近年は結婚をしても子どもをもうけない，あるいはもうけたとしても最低人数でよいとする夫婦が増えてきている。

　子育てがストレスとなりやすいゆえに，夫婦が互いに理解し協力し合っていくことが本来の姿と言える。しかし，現実には夫婦の考えが合わず協力体制を築けなかったり，離婚等の問題に直面してストレスが過多となっている場合など，子育てはより一層大変になってくる。そうなると，夫婦だけではなく，その子どもにも悪影響が及んでしまう。

　家庭内紛争にいる当事者が最も考えなくてはならないのは，そこに子

どもがいる場合はまずは子の福祉や子の最善の利益を考えることが必要である。なぜなら，子どもは大人よりも弱い立場にあり，親は子どもを保護する責任があるからである。しかし，このことを頭では理解できていても，目の前に対立当事者がいたりすると感情的となったり，条件闘争となって争いが激化することもないとは言えない。そんな時に，子どもの監護権や親権が闘争の条件や手段として使われたりすることも珍しくはないのである。

そこで，このような当事者の怒りや憤り，悲しみなどの感情を十分に聴き取り，気持ちを落ち着かせて冷静に対処できるように働きかけることが何よりも重要である。現在の目の前に生じている事態を少し客観化させることができれば，両親の紛争の渦中で怯えている子どもの姿も見えてくるかもしれない。

（2）　バランス感覚を失わないこと

一人のクライエントのカウンセリングとは違って，対立当事者の話を双方から聴いていくことはなかなか難しい面がある。一方の当事者にはそれなりの言い分があり，他方の当事者にもそれとは違う別の言い分がある。どちらに肩入れするわけでもなく，中立に話を聴いていくことは至難の業である。このような場面で心理職が双方を調整しようとする際，どちらの方にもなびかないで中立を維持しようとすればするほど事態が硬直化してしまう。そのため，筆者は一方当事者の方にも他方当事者の方にも適度に揺れながら，あたかも「やじろべえ」の如くにバランスを取ることが大切だとこれまで考えながらやってきた。やじろべえがどちらかに振りすぎるとバランスを逸してしまうがそうならないようにしながら，どこに中心点があるのかを探っていく。そのような動きをしながら，また左右にほどほどに揺れながら折り合うところを見つけていくかかわりの姿勢が対立当事者の調整をする時には大切である。

また，当事者の話を聴いていると，主張の背景にある真の理由が見えてくる。例えば，一方当事者が病気や障害をかかえ，身体的にも経済的にもとても子どもと生活するゆとりがない状況であるにもかかわらず親

権を主張するのは，他方当事者を困らせたいという未練や復讐などの意味合いがある，などである。また，子どものことを考えての親権の主張ではなく，親権を手に入れることが離婚という紛争に勝つことであるという認識が強い場合もある。あるいは，とりあえず離婚を先にしてしまいたいばかりに，親権や養育費，面会交流などに合意をしたものの，実際に離婚の届出をした後になって，その合意のあった協議事項を履行しないという戦略的なものもある。そのような場合においても，なぜそこまで離婚を優先しなければならなかったかの事情にしっかり耳を傾けていくことが遠回りでも適切な解決につながる。

（3）　子の帰属の判断基準を総合的に考慮すること

　子どもの監護権や親権，面会交流をどのようにするかを判断する場合，父母のさまざまな状況だけではなく，子どもの発達状況も考えなくてはならないのは言うまでもない。

　これまで親権者を指定する際の基準として，「母親優先の基準」があった。この基準は，乳幼児については特段の事情がない限り，母親の監護養育が優先されるべきであり，その時期の子どもにとっては母親の愛情と監護が父親のそれにもまして不可欠であるとの考えによるものである。確かに，乳幼児期は授乳を代表するように，まず生理的欲求が満たされなければならない。また，子どもにとっては母親との心理的安定が後の愛着形成や対人関係にも大きな影響を与えることから，一番身近な母親の存在の重要性が指摘された。

　しかし，現代においては，母乳でなくても栄養が満たされる方法はあるし，この時期には主な養育者が母性的である必要はあるが，それが必ずしも母親である必要はないと考えられている。実際に非常に献身的で母性的な養育をする父親も増えていて，子どもとの信頼関係をしっかり構築していることも多々見受けられる。従って，母親優先の基準をもとに判断する場合，生物学的な母親というよりも，子どもにとっては誰が主な養育者となっていて，子どもにとって母性的なかかわりをする重要な人物は誰かを考えていく必要がある。

　また，別の判断基準に，「継続性の原理」がある。これは，特段の事情がない限り，すでに監護を続けている者が引き続き監護をすべきであるという考え方である。これは，これまで継続的にかかわってきた養育者との関係性が崩れ，子どもの心理的安定を損なうことを防止するという考えが根本にある。それゆえ，10歳前後の時期までは環境を変えるよりもこれまでの関係性を継続させるべきだと主張している。しかし，この基準をもとに判断する場合，今に至る監護の状況が法的に違法な形態（例えば，暴力や脅しなど）で開始されていないかどうか，現に監護をしている一方当事者が他方当事者の子どもへの接触の希望を拒絶している状況はないか，子どもは監護する親にどのような関係性を築いているのか，等を精査していくことが大切である。

　次に，「子の意思尊重の基準」がある。これはどちらの親に自分の親権者あるいは監護者となってもらいたいかを子どもに聴取し，それを尊重するという考え方である。家事事件手続法には，子どもの年齢が15歳以上の場合には，その子どもの陳述を聴取しなければならないと規定されている。また，子どもの年齢が仮に15歳未満（家事事件の実務においては，おおむね10歳以上とされている）であったとしても，その子どもの意思を把握するように努め，それをできる限り尊重しなければならないとされている。これは児童の権利に関する条約の12条における，自己の意見を形成する能力のある子には意見表明権を保障すべきであることが定められていることにも合致している。ただ，子どもの意思を聴取すると言ってもたやすいことではない。以下に述べるように，紛争の中にいる子どもの心理は複雑であり，表明されたことが果たして真意かどうかも十分に検討しなければならない。時には現に監護をしている親から言い含められたり，自分の本当の気持ちではなく，親の顔色をうかがっての発言かもしれないからである。

　それ以外には，「きょうだい不分離の基準」があり，きょうだいは可能な限り同じ親によって監護されるべきであるとの考え方である。

　いずれにせよ，どの基準を親権者を指定する判断に使用するかは慎重に，状況を見極めながら行わねばならない。ここで大切なことは，1つ

の基準に決めてかかるのではなく，総合的な観点から捉え，それが子どもの最善の利益にどのようにつながるのかを忘れないことである。

4. 紛争の中にいる子どもの心理と支援

（1） 安心・安全を保障すること

　家庭紛争の中にいる子どもの多くは，知らぬ間にその紛争に巻き込まれ，自分の力ではどうしようもなくなって身動きが取れなくなり，情緒的にふさぎ込んだり混乱してしまう。そのようなことが子どもにとっては苦痛で仕方ないため，そこから逃げ出す方法として，一方の親を非難し，合理的な理由もないのに怒りや敵意さえ向けてしまう場合もある。そうかと言えば，離婚後の面会交流が順調に行き，子どもは以前の明るさを取り戻し，離婚してからの方が親子交流が深まるということもある。時には，子どもの存在自体が両親の紛争を鎮めさせ，夫婦として円満さを取り戻すということも少なくない。

　当たり前のことを言うようだが，子どもというのは，親（大人）に依存をしなければ生きていけない。そうであるがゆえに，その親が何らかの紛争途上にあると，その親の影響を子どもは必然的に受けざるを得なくなり，子ども自身もその紛争に巻き込まれてしまう。このわかりきったことが紛争中の当事者には見えなくなってしまう。また，自立をすぐにできない子どもであるがゆえに，親の紛争に巻き込まれて共揺れしてしまう。多少の揺れはやむを得ないとしても，親や支援者がしなければならないのは，その揺れを最小限度にするように努めていくことである。

　いずれにせよ，紛争に巻き込まれている子どもに対して，まず必要なことは子どもの視点に立ち，いかに子どもに対して安心・安全感を保障してやるかということが優先すべきことである。それがないところに，どのような心理的支援や心理的プログラムも届かないのである。

（2）複雑な子どもの心理の理解

　紛争の中にいる子どもの心理は非常に複雑である。しかも年齢が低い場合は，両親の言い争いなどを目の前で見聞きすると何が起こっている

のか理解できず，自分はこれからどうなるのだろうかと大きな不安を抱いてしまう。また，見捨てられ不安が高まり，どちらの親の方につくべきかと忠誠葛藤に苦しんだり，どちらの親にもご機嫌を取って本当の自分を出せないで苦しんだりもする。幼少期であるなら夜泣きやチックなどが身体症状として現れたり，学童期以降であるなら不登校やひきこもり，非行などの問題行動となってしまう場合もある。中でも，両親の間にDVのような暴力（言葉の暴力も含む）を目撃すると，それが後々まで深い心の傷として残り，心的外傷後ストレス障害の症状を呈することもある。

　両親が別居や離婚となって一方の親と別れて暮らすことになると，子どもは別居することになった親から見捨てられた思いを抱いたり，大切な親を失ってしまったという喪失感が大きくなり，日常の生活場面においても多大な支障を来すこともある。時には，このような事態になったのは自分のせいではないかと自責の念に駆られたりもする子どもも少なくない。

　別居をしている親との面会交流では，子どもなりに両方の親の顔色ばかりをうかがって振る舞ったり，楽しいはずの面会交流が憂鬱で苦痛なストレスフルな体験となってしまうことさえある。そうなってしまうと，親子の情緒を交流させる面会交流の場であるはずなのに，過酷な試練の場と化して，子の福祉がますます損なわれてしまう結果となる。

　以上のような子どもの複雑な心理は子ども側だけのものとは限らず，親自身も複雑な思いを抱き苦悩している。例えば，親である自分達のことで子どもに不自由をかけさせているという後ろめたさや不憫さが，子どもにますます負担をかけさせてしまうことだってある。あるいは，親自身の抱く罪悪感が子どもに見捨てられるという不安や喪失感を倍増させてしまう。自然な親子間の情緒交流ができずに悩んだり，今までのような安定した親子関係が構築できずにいる自分を責めたりしてしまう場合もある。そうなると，逆に子どもの過剰な甘えを許したり，怒りや苛立ちを子どもにぶつけてしまう事態にも発展しかねない。

（3） 子の意向調査をした事例

　父母は一人息子が2歳のときに離婚し，母が親権者となって現在まで息子と二人暮らしをしている。父は離婚後，遠方で暮らしていたことと，母との熾烈な喧嘩があったことから，息子が4歳になるまで面会交流は一度もなかった。その後，父は子どもに会いたいと母に申し出たところ，母は断固として応じない姿勢を示し，「息子は父の顔も覚えていないし，会うのを嫌がっている」と拒絶した。そこで，父は家庭裁判所に面会交流の申立てを行い，調査官であった筆者が裁判官から面会交流に対する子どもの意向調査を命じられた。

　筆者はその調査をするため，母と息子の住むマンションに家庭訪問した。まずはその子との信頼関係を築こうと，筆者はアンパンマンの絵を一緒に描いたりゲームなどをして遊んだ。その子はすぐに筆者になついてくれ，「次はドラえもんを描いて」などと要求を出してくるようになった。ただ，ここで彼に父親に会いたいかどうかなどと尋ねても，隣の部屋にいる母に気兼ねをして，本心はなかなか言えないだろうと筆者は考えた。そこで，「息子さんと外で遊んできていいですか？」と母に許可を得て，筆者はマンションの敷地内にある砂場に場所を移して遊ぶことにした。

　砂場でも筆者は彼とトンネルを掘ったりして楽しく遊んだ。すると，彼はそこを通りかかる買い物帰りの主婦らしき女性に大きな声で，「コンニチワ」と挨拶するのであった。その様子を見て，仲良くしている近所の知り合いの方なのかと筆者は思ったが，彼は来る人，来る人にやはり大声で挨拶する。今度は「なんとこの子は礼儀正しいのだろう！」と筆者は感心もした。そして，砂場を後にして家に戻ってから，筆者は彼の母に「この子はすごく礼儀正しいですね。いつもあんなに大きな声で挨拶するのですか？」と聞いた。すると，母はキョトンとして怪訝そうな表情でそれを否定した。筆者としては，どうしてあんな大きな声で来る人来る人に挨拶するのか不思議に思えた。そして，しばらくして，筆者は「そうか！」と合点した。

　彼は父と同じぐらいの年代の男性と二人だけで遊ぶという経験がほと

んどなく，たまたま筆者とそれができてうれしくてたまらなかったのであろう。だから，そこを通る近所の人に見せびらかせるように，「コンニチワ」と挨拶をしていた。あるいは，「僕にも父親がいるんだ」と言わんばかりにアピールしていたのかもしれない。筆者はそれを彼から直接言葉で聞き出したわけではないが，一緒に彼と時間を過ごすなかで，そんなことが理屈抜きで伝わってきたように感じられた。筆者はそんな彼の内面を推察し，この子が父と会うように面会交流を進めていくべきだと考え，その旨を裁判官に伝えた。

　ただ，現実にはそううまくは面会交流は軌道に乗らなかった。そもそも母の面会交流に対する抵抗が非常に強く，試行的な面会交流をするものの，細かなところまで母は父に注文をつけた。また，息子が父と会って楽しそうに戻ってきた時などは，母は明らかに不機嫌な様子で憮然とした表情を子どもに見せ，それを見た子どもの方もどうリアクションを示せばいいのか混乱していた。息子が手にしている父からのプレゼントにも猛烈な勢いで抗議し，母は筆者に「次回からはプレゼントを渡さないように父親に強く忠告してください」と言い放った。おそらく，母にしてみれば，父と息子の楽しそうな面会風景が自分への当てつけのように受け取られたのかもしれない。「プレゼントなんか買い与えて，自分になつかせようとしている。甘やかせるだけ甘やかせて，日常の世話をしている私の身にもなってほしい」とでも言いたげな様子であった。

　筆者は母の心情を受け止めつつ，息子のためにこうして面会交流に協力している母の姿を評価し，一回一回の試行的面会交流の実績を積み上げていった。少しずつではあるが，母も感情の荒波が穏やかになり，息子のためにと割り切って面会交流の送り迎えを続けた。一方，父も最初は会いたい一心で自分のことばかりを考えていたが，しだいに子どもの複雑な心情や協力してくれる母の姿勢にも目が向けられて，最終的には今後の面会交流の方法，回数などに合意ができ，調停が成立する運びとなった。

5. 面会交流における心理的支援

　離婚などの家庭内紛争によって，子どもは一方の親と別居を強いられる。そのため，どこか別れの感覚が伴い，そこには悲壮感が漂ってしまう。しかし，仮に両親が離婚となっても，親子の関係は一生継続されるものであり，別々に暮らすという家庭の状況は変わるものの，新たな関係性を再度築き上げていくスタート地点に立ったと理解することもできる。その最たるものが面会交流なのである。つまり，これまでの親子関係の継続性は保ちながらも，新たな親子関係をこれから共に築いていこうとする意義が面会交流に込められているのである。

　その面会交流における課題も，子どもの発達段階に応じても変わってくる。面会交流が行われた当初の時期やその後の面会交流が落ち着いた時期，これまでの面会交流では物足りなくなってくる時期など，実施される時期によってもその課題が違ってくる。仮にそれを「開始期」，「定着期」，「発展期」に分けて，そこでの課題や支援のあり方をここでは考えてみたい。

（1）　関係性の再構築～面会交流の開始期としての課題～

　まず面会交流が始まった開始期では，親も子どももぎこちなく，一緒にいてもどこか居心地の悪さを感じたりする。親の側は，自分たちの離婚で子どもに辛い思いをさせているという申し訳なさや罪障感があったりして，子どもを引き取れなかった後ろめたさが見え隠れする。そして，子ども自身も同居をしている親への忠誠心があるため，面会交流をすることでその親を裏切っているような後ろめたさを感じたりする。そのような親側と子ども側の面会交流に対する抵抗や葛藤を早い段階で解消することがこの時期には必要で，それがその後の円滑な面会交流につながる。

　開始期の課題は，両親は事情があって別れることになったが，親子の関係はこれまでと同様に継続し，生活様式は変わるが，ここから新たな親子関係を築き上げていこうとする意味付けが大切である。そのために

も，別居をしている親も同居をしている親も共同で子育てに責任をもって引き受けていく自覚と覚悟が求められる。

（2）　非日常性から日常性への転換〜面会交流の定着期としての課題〜

　面会交流が少し軌道に乗り出しても，それが定着するまでさまざまな課題が待ち受けている。開始期は親子の関係性の再構築の意味付けがあると指摘したが，その時期は不安定さを伴っている。別居する親は久々のわが子との対面に大きな不安と期待を抱き，子どもを喜ばせようとプレゼントを用意したり，動物園や遊園地に連れ出す。アメリカではこのような親のことを「ディズニーランド・パパ」や「ウィークエンド・ファーザー」と呼んでいるが，このような面会交流は長続きはしにくい。なぜならば，それは非日常性としての面会交流と言ってもよく，面会交流がイベント的となってしまうからである。本来の親子の交流は日常性の中にこそ意味があるはずである。それが面会交流の定着期の課題となる。

　確かに両親が離婚をすれば，子どもは一方の親とは別居しなければならないので，生活をずっと一緒にはできない。しかし，求めればいつでも応じてくれるという応答性や途切れのない継続性が確立されていれば，面会交流はたとえ月1回であったとしても日常性を子どもに与えてくれる。たとえは悪いかもしれないが，たまに出かけるレストランでの食事は子どもにはうれしいかもしれないが，粗食であっても家で日常的に食卓を囲んで食べる食事もそれ以上に子どもには必要なのである。

　その日常性が意識できるまでには，面会交流が何度も何度も繰り返され，切れ目のない関係性がそこに存在することが親にも子どもにもわかってくることが必要なのである。

（3）　主体性の尊重〜面会交流の発展期としての課題〜

　面会交流が長年継続され，しかも子どもが思春期や青年期にさしかかると，今度は親からの自立というテーマが持ち上がってくる。面会交流の発展期にはこのことがしばしば出てくる。

　具体的には，子どもがしだいに別居する親と会いたがらないとか，クラブ活動や友だちとの交際を優先して，面会交流の時間をそちらの方に回すようになったりする。これらは親に対して嫌悪感や反発心を抱くからではなく，"自立"ということが背景には大きく関係しているからである。

　仮に，この段階で子どもとの面会交流の回数が減ったり，あるいは一時的に会えなくなったとしても，面会交流の開始期の抵抗とはまったく意味付けが違う。この時期における親子の関係性は安定したものとなっており，安心できる，あるいは信頼できる関係があるからこそ，逆に不安を抱かずにそこから離れられると理解するのがより的確であろう。

　そして，この時期に考えなくてはならない大切な視点は，子どもの主体性の尊重である。主体性を尊重することはどの時期においても親としては当然であるが，特に自立という課題のあるこの段階では殊の外重要であり，今後の親子の関係性のより発展を促進させることにつながる。

研究課題

1．民法や家事事件手続法における離婚や親権等に関する規定を説明できる。
2．家庭裁判所の家事調停，家事審判，人事訴訟の手続を説明できる。
3．家庭内紛争にある親や子どもの心理と支援について理解する。
4．面会交流における心理的支援について理解する。

引用文献

厚生労働省（2012）『平成23年度全国母子世帯等調査結果』
財団法人こども未来財団（2000）『子育てに関する意識調査事業調査報告書2000年度』

参考文献

Benedek, E. P., & Catherine, F. B.（1995）『How to help your child overcome your divorce』American Psychiatric Press, Washington DC.（高田裕子訳（1999）『離婚しても子どもを幸せにする方法』日本評論社）

Gardner, R. A.（1970）『The Boys And Girls Book About Divorce』Science House, New York（深沢道子訳（1972）『パパとママの離婚』三笠書房）

Richards, A., & Wills, I.（1976）『How to get it together when your parents are coming apart』Werbel & Peck, New York（詫摩武俊・大江基・佐山菫子訳（1986）『親の離婚－ひきさかれた子どもたちへのガイド』ブレーン出版）

棚瀬一代（2007）『離婚と子ども』創元社

棚瀬一代（2010）『離婚で壊れる子どもたち』光文社新書

Thayer, E. S. & Zimmerman, J.（2001）『The Co-Parenting Survival Guide; Letting Go of Conflict after a Difficult Divorce.』Oakland（青木聡訳（2010）『離婚後の共同子育て』星雲社）

Warshak, R. A.（2010）『Divorce Poison: How to Protect Your Family from Bad-mouthing and Brainwashing』（青木聡訳（2012）『離婚毒－片親疎外という児童虐待』誠信書房）

14 | 司法犯罪領域における面接技法

　臨床場面における面接は，クライエントの症状や状態によってもさまざまで，何を目標にしてクライエントの話を聴くのかによっても大きく違う。また，心理職の拠って立つ理論や学派によっても面接のスタイルは変わってくる。この章では，カウンセリングなどの一般的な臨床面接とは違って，司法犯罪領域でしばしば活用される面接技法を紹介する。その技法が臨床面接とどこが違うのかを理解し，その技法の必要性について考えていきたい。

《キーワード》　調査面接，臨床面接，司法面接，動機づけ面接，仮説生成－仮説検証型面接，客観的事実と主観的事実，事実の調査，チェンジ・トーク，アンビバレンツ（両価的感情）

1. 調査面接の技法と活用

（1）調査面接と臨床面接

　下山（2002）は「コミュニケーションによって成立する面接には，大きく分けて調査面接と臨床面接の二種類ある」と述べ，「調査面接とは，専門家がクライエントに質問することで必要な情報を得るための面接」としている。面接のきき方を漢字で示すと，調査面接においての「きく」は「訊く（asking）」が当てはまる。つまり，専門家がクライエントを指導し，管理するためのコミュニケーションが「きく」の中心的役割となる。それに対して，臨床面接は「専門家がクライエントの語りに積極的に耳を傾けることによって，クライエントの主体的な語りを新たに生み出すための面接」である。そのため，臨床面接においての「きく」の漢字は「聴く（listening）」の方であり，専門家とクライエントの信頼関係を基本とし，クライエントの語りを援助することがコミュニケーションの中心的役割と下山は述べている。

　司法犯罪領域においては，どちらかと言うと調査面接が多く，司法判断を的確に下すための事実の調査が主となる。刑事事件や少年事件であれば，事件を起こしたいきさつや動機の解明，事件後の反省の様子や被害弁済のあり方，家族関係や生活史からうかがえる育ちの歴史，性格や行動傾向といった事項をさまざまな角度から調査し，犯行および非行のメカニズムや更生に向けた処遇のあり方などを検討することになる。民事事件や家事事件においてもこれまでの紛争のいきさつや実情，背景などを明らかにし，現在の当事者の主張を明確化する面接を行いながら，どうすれば紛争の終結に結び付くのかといった視点を見出していく。

　このように，司法犯罪領域では調査面接が確かに多いかもしれないが，その時の面接の目的や被面接者の状況によって臨床面接の方に重きを置いた聴き方をする時もないとは言えない。要するに，コミュニケーションのあり方は一方通行ではなく，被面接者に対して事実を追求するために「訊き」，同時に被面接者の話に共感しながら「聴く」という相互通行が行われる「きき方」が望ましい。また，そうすることによって，単に情報収集だけの面接ではなく，精度の高い事実を得ることができるのである。

　また，司法領域においては，事実（なかでも客観的事実）が非常に重要とされる。具体的な例で説明しよう。ある事件についての被告人（もしくは少年）の調査や支援をするに際して，その事件を被告人（もしくは少年）が行ったという客観的事実（これを「犯罪事実」と言う）があることが前提とされる。逆に，その事実がなければ，プライベートなことを調査されたり聞き出されたりして，支援を受けることも不適当と言わざるを得ない。そのためには客観的事実を明確に捉えていくとともに，そこに被告人（もしくは少年）の犯行時に考えたことや感じたことといった主観的事実を明らかにすることが求められる。要するに，「訊く」と「聴く」の2つの「きく」が必要なのである。

　もう1つ，臨床面接と調査面接の大きな違いは，主体が被面接者にあるのか，面接者にあるのかという点である。カウンセリングを思い浮かべるとわかるように，臨床面接ではクライエントが面接の場で何をどの

ように話そうと基本的にはクライエントに任されており，カウンセラーは「どうぞお好きなようにお話しください」と被面接者の主体性が尊重される。しかし，調査面接では，「この点についてはどのようにお考えですか？」などと，面接者の方が主体となって，被面接者に訊いていく。もっと言えば，臨床面接では，面接で取り扱う内容は基本的には被面接者が選択したり判断したりするが，調査面接では，面接者が明らかにしたいことを面接場面で取り上げる。このような面接スタイルによる主体の違いは確かにあるが，いずれの面接においても被面接者の主体を損なうようなことはあってはならず，やはりここでも「訊く」と「聴く」を使い分けながら，事実を解明していく方向に進んでいくことが重要である。

（2） 仮説生成－仮説検証型面接

　臨床面接の場合，面接が1年にも2年にも及ぶということは珍しくはない。しかし，調査面接ではそのような長期の期間になることは少なく，時には1回あるいは数回の回数で終わってしまうことが多いのではないだろうか。従って，調査面接では短時間で，しかも的確な情報を得なければならず，そのためにも問題の核心に触れるポイントをついた質問を投げかけて「訊き」，客観的事実と主観的事実を引き出し，精度の高い情報を「聴く」ことが求められる。

　このようなことから，調査面接ではあらかじめ仮説を立てて準備しておくことが大切である。そして，その生成した仮説を面接で検証するためにある程度の情報を得ていくのが望ましい。

　もう少し詳しく述べると，仮説を生成する際には，手元にあるどんな小さな資料や情報も活用し，ケースイメージを膨らませるのである。この段階ではまだ被面接者には一度も会っていないかもしれないが，被面接者の人柄，生活の様子，家族状況などの細かな描写や一場面一場面の情景などが目に浮かぶように資料を読み解いていく。そうする中で，このケースの問題の核心となるものが何なのか，それが事件や紛争とどのように絡み合っているのかという仮説が生成される。そして，その仮説を検証するためにはどの部分からそう言えるのか，どの部分がまだ曖昧

で，それが分かればより仮説が支持されるのかを明確にしていく。そして面接ではどのような情報を，どのような順序で聞き出せばよいのかという面接計画を綿密に立てておく。そのような準備を入念にした上で，実際に面接を行って仮説を検証していく。このような面接のプロセスを筆者は「仮説生成－仮説検証型面接」と言っている。

　「仮説生成－仮説検証型面接」では，いかに仮説を立てるのかということがまず問われる。例えば，ある少年が万引きをしたとし，なぜそんなことをしたのかという仮説として，「家庭に問題があった」と考えたとする。しかし，この仮説ではあまりにも漠然と飛躍しすぎて，どのケースでもこれはほぼ当てはまる。仮に面接で，家庭に問題があったとわかったところで，万引きとどのようにつながっているのかが見えてこない。仮説を生成する際にはもっと綿密なものを，しかもできるだけ多方面から考えられるものを用意しておくべきである。例えば，「少年は母への甘えが今も強い」→「最近，父母の間で離婚話が出ている」→「父母の紛争に巻き込まれ，自分がどうなるのか不安に思っている」→「内面にある不安や葛藤を父母にも言えない」→「行動化として万引きとなった」というようなものである。これはあくまでも仮説であるので，実際に面接するとまったく的外れであったとなるかもしれないが，それはそれでよしとする。大切なことはこのような仮説をできるだけ多く，具体的に立てることなのである。

　もう１つ，「仮説生成－仮説検証型面接」で重要なことは，生成された仮説をいかに検証するかという被面接者への質問のあり方である。ある仮説を検証するために被面接者に単刀直入に質問を投げかけたとしても，面接者の思うような返答が返ってくることはほとんどない。先の例で言えば，面接者が「あなたのご家庭でその当時，何か問題となることがありましたか？」と聞き，被面接者が「特に何もありませんでした」と答えたとするならば，それ以上の突っ込みようがない。そうなると，事前に立てた仮説の検証がそれ以上に進んでいかず，その仮説をすぐに放棄せざるを得なくなる。これは仮説の立て方にも問題があるが，それを検証する質問があまりにも拙いからでもある。そこで，仮説を検証し

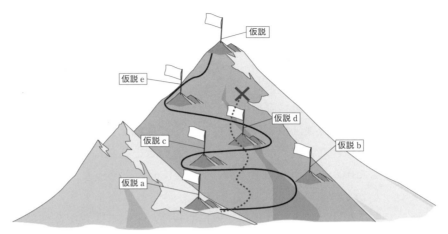

図14-1　「仮説生成－仮説検証型面接」の山登りの例え

　ようとする際には，幾通りもの尋ね方やいくつもの質問項目を事前に用意しておくことが必要である。さらに言えば，面接の最中にも被面接者の話や様子を見聞きし，新たな仮説を即座に生成し，仮説全体を再構築する柔軟さが面接者の側には求められる。筆者はこれをよく山登りにたとえる（図14-1）。事前に登頂するコースを幾通りもイメージしておけば，いざ山に登っても登山者の体調や気象状況などさまざまなことに考慮しながら臨機応変に対応でき，山頂のゴールを目指すことができる。その際，あらかじめ準備段階で，中間のゴールをいくつも設定しておくことが大切で，それが少ないと険しい登山を強いられて危険が伴ったり，最終ゴールまでたどり着けずに山登りを途中で断念せざるを得なくなったりする。ここで言う中間ゴールというのはさまざまな仮説であり，最終ゴール（山頂）は被面接者と事件（あるいは紛争）の関係が明らかとなる核心部分なのである。

　要するに，「仮説生成－仮説検証型面接」では，精度の高い仮説を生成し，効率よく，しかも的確にそれを検証できるようにすることが面接の質を向上させ，面接から大きな成果が得られる。逆に，面接をしてもなかなか真実が見えてこなかったり，事前に立てた仮説が検証できないといった場合があるが，それは仮説の生成のあり方そのものに問題が

あったのではないかと考える必要があるかもしれない。その際は，再度手元にある記録や情報を見直し，現時点まで何が明らかになったか，まだ何が明らかになっていないのかを，もう一度しっかり見定めることが重要となる。

　「仮説生成－仮説検証型」の調査面接の利点をもう一度整理したい。臨床面接においては被面接者に主体を置くために，何かを追求する姿勢は調査面接よりも弱い。しかし，調査面接の場合は，面接者が主体となることによって，問題の核心を追求しやすい姿勢を生む。しかも，仮説を生成し，それを検証していく方法がしっかりなされていることで事実により接近しやすくなる。もう１つの利点は，このような問題の核心を追求する面接者の姿勢こそが被面接者に自己の内面に目を向けさせ，問題の改善を促すことにつながる点である。カウンセリングなどの臨床面接では，語りたくない話題や隠しておきたい問題は，クライエントが望まなければあえて話題に取り上げられることは少ない。しかし，調査面接の場合は，被面接者が触れられたくない面もあえて面接者は問いかけたり，話題にしていく。ある意味では，被面接者が触れられたくないというところにこそ，面接では焦点が当てられることが多いかもしれない。犯罪や非行などの臨床では，そのようなアプローチこそが更生に向けた動きをクライエントに起こさせる。藤岡（2006）は性暴力の治療について，「アセスメント担当者は，一般心理臨床における傾聴や受容等の面接技法に加えて，直面化や対決の技法に長けている必要がある。被評価者の防衛を打ち破り，事実を認定し，それを本人自身と社会防衛のために役立たせるためには，司法制度の枠組みや社会的枠組みを活用し，本人の不安を引き起こすことも有用である。アセスメント担当者は，被評価者に，嘘やごまかしの効かない人，耳を傾けるに値する人として認識される必要がある」と述べている。調査面接によって真実を明らかにしようとする技法が，被面接者の更生を促進させるのである。

（3）　調査面接技法のコツ
① 先入観にとらわれず，豊富なイメージを持つこと

　調査面接技法で非常に重要な点は，思考を柔軟にし，イメージを豊富に持つことである。そうしなければ貧弱な仮説を生成してしまい，意義のある検証までには至らない。また，一旦持ったイメージをいつでも柔軟に変更したり修正したりすることができなければ，既存の仮説にいつまでも縛られてしまい，これも通り一遍の検証しかできなくなる。面接前に，さまざまな情報を整理し，そこから問題の核心となる真実を追求するため，1つの仮説ではなく，多くの仮説を思い浮かべて準備をして被面接者に会う。そして，それらの仮説を丁寧に検証していくのであるが，面接中であっても，それまで立てられた仮説を保留にしたり放棄したりして，新たに仮説を生成し，それを繰り返して検証していく。その際，面接者は先入観にとらわれない柔軟な思考が必要で，しかも幅広い知識や教養に裏付けられた豊富なイメージが求められる。

　仮説の検証の方法の善し悪しは，面接者がどのような問いかけを被面接者にするかで決まってくる。仮説をそのまま被面接者にぶつけて問うていくやり方もあるかもしれないが，それだけでは被面接者がその仮説に納得してくれる可能性は少ない。また，被面接者自身も自分がなぜそのような行動をしたのかをわかっていないことも少なくない。

　そこで，すでに述べた山登りの比喩で言えば，幾通りものルートを準備して，状況に合わせた柔軟なルート選びをしていくことが必要である。仮説検証の問いかけの方法も紋切り型とならないように，多方面からの質問を工夫したり，どの順番から問いかけるといいのかといったことも十分に事前に準備したいものである。

② 質問に際し，3つの回答と応答を想定すること

　面接者がある1つの問いかけを被面接者にする際にどのような返答が戻ってくるのかをあらかじめ3つ用意しておき，それぞれの返答に対するさらなる面接者の応答を準備しておくことが望ましい。例えば，ある非行少年が共犯者の誘いを断らずに追従せざるを得なかったところに本件の大きなポイントがあると考え，少年は共犯者の指示には服従せざるを得ないところがあったと仮説を立てたとする。そして，「あなたは誘いをどうして断らなかったの？」と問いかける面接場面を想定してみた

い。面接者は事前に，その質問をしたら少年からどのような答えが返っ
てくるかを下に示したように，あらかじめ3つ考え，しかもそれぞれの
返答に，再度，面接者がどのようなことを発するかを想定しておくので
ある。

【1つ目の例】

　　面　接　者：あなたは誘いをどうして断らなかったの？

　　被面接者a：共犯者が怖くて言えなかったからです。

　　面　接　者a：あなたは共犯者のどのようなところが怖くて言えな
　　　　　　　　　いのか教えてくれますか？

　　＊被面接者と共犯者の関係を明確にし，そのことが本件犯行とど
　　　う関係するかを明らかにする方向に話題を焦点化させていく。

【2つ目の例】

　　面　接　者：あなたは誘いをどうして断らなかったの？

　　被面接者b：あのときは自分がどうでもいいやと思っていたとこ
　　　　　　　　ろがあったからです。

　　面　接　者b：あなたはどうでもいいやと投げやりになっていたと
　　　　　　　　　ころがあったようですが，そうなってしまうことが
　　　　　　　　　よくあるのですか？

　　＊被面接者の性格的な問題が本件犯行とどう関係するかを明らか
　　　にするよう話題を焦点化させていく。

【3つ目の例】

　　面　接　者：あなたは誘いをどうして断らなかったの？

　　被面接者c：考えてもよくわかりません。

　　面　接　者c：あなたはなぜ共犯者の誘いを断れなかったかわから
　　　　　　　　　ないと言うけど，その時の自分を振り返りにくいと
　　　　　　　　　いうことですか？

　　＊被面接者の何らかの抵抗感の現れなのか，それとも本件につい
　　　て十分に振り返らずに内省がしにくい態度の現れなのかなど，
　　　本件犯行後の態度について焦点化させていく。

　実際にこのような方法で実施してみるとわかると思うが，面接者が先

入観に凝り固まっていると，なかなかすぐに３つの返答が用意できない。また，２つ目の返答なら考えられるが，３つ目がなかなか出てこないこともある。頭を柔らかくさせ，多くの仮説を考えたり修正ができるようになってこそ，この技法が板についてくるところがある。

③ 客観的事実と主観的事実の区別をつけること

　最後に述べたい技法のコツとしては，事実には厳密に言うと，客観的事実と主観的事実があり，その区別をつけられるようにしておくことである。客観的事実は出来事に客観性があり，誰が見てもそれが明かな外面的事実を指す。一方，主観的事実はその人固有の捉え方や感じ方をする内面的事実のことである。

　司法の分野においては，事実をもとにさまざまなことを判断していくため，事実が何よりも重視されるという特徴がある。すでに述べたように，刑事事件や少年事件で言えば，犯罪事実が存在していなければ処罰や処分は与えられない。仮に殺人事件を取り上げるとすると，被告人が被害者を殺そうという殺意があったかどうかという点で，殺人罪になるか傷害致死罪になるかの法律的適用が分かれる。仮に，「被害者を憎くて殺そうと思った」という被告人の言葉に殺意があると認定できなくもないが，それはあくまで被告人の主観的事実に過ぎない。そこで，被告人の殺意があったとすることを裏付ける証拠として客観的事実の有無を検討することになる。例えば，殺そうと思って準備した凶器の存在，犯行時に被疑者が発した「殺すぞ」といった言葉を周囲の人が聞いたかどうかの事実などがまさに客観的事実となっていく。

　一般的に，カウンセリングなどの臨床面接では，クライエントの内面に焦点を当てて面接を進めていくことが多く，言わば，クライエントの主観的事実を尊重していく。なぜならば，カウンセリングの究極的な目標はクライエントが主観的事実を変容させることによって適応的な事実の捉え方をさせていこうとするからである。しかし，調査面接は主観的事実だけではなく，客観的事実も同時に引き出し，それがどちらにも偏らずにバランスよく聴取することが求められる。

　そして，主観的事実と客観的事実を聴く際，その区別をつけていくこ

とが必要となる。例えば，「私はあの頃，朝昼晩と仕事をしていた」と被面接者が言ったとする。この一言を取ってみても，主観的事実と客観的事実が混じっている。つまり，「私はあの頃，朝も昼も晩も一日中仕事をしていた」という意味なら客観的事実に近いが，「私はあの頃，寝るのも惜しんで一生懸命に仕事をしていた」という意味なら主観的事実となる。このように厳密に考えると，両者の事実の間に明確な区別がしにくい。しかし，それを曖昧にしないで区別して捉えていこうとするところが重要である。そうすることで，聴取した数多くの主観的事実から客観的事実が見えたり，逆に客観的事実から主観的事実が浮かび上がるからである。

2. 司法面接の技法と活用

（1）　司法面接とは

　近年司法の分野で，特定の出来事や事実を聴き取ることに特化した司法面接（Forensic Interview）が活用されるようになってきた。この面接法は，1980年代後半よりアメリカ（NICHD プロトコルなど）やドイツ（構造面接），イギリス（様相面接）などで開発され，いずれも法的な証拠として採用できる質の高い供述を得ることを目的としている。なぜこのような面接法が重視されるようになってきたかと言うと，被害を受けた子どもの供述を聴取して裁判に提示するのはいいが，それが証拠として採用されないことがしばしば生じてしまうからである。なぜなら，子どもの場合は大人よりも出来事を記憶し保持する力が低いため，供述に信憑性が欠けるからである。また，子どもは被暗示性が高いために他者から情報が入ってくると自身の記憶とそれが混同しやすいことも理由となっている。それゆえ，子どもの供述が二転三転してしまい，真実かどうか疑わしくなり，証拠にならなくなってしまう。それに加えて，被害を受けた子どもは，事情を何度も聴取されることによって，ますます心の傷を負うなどの二次被害を受けることも少なくない。それを防止するためにも，出来事から比較的早い時期に，原則として１回限りで，録画録音をして実施するというのがこの司法面接のやり方である。

　司法面接の面接者は，あくまでも中立的な立場で被面接者と向き合い，オープン質問を基本にしながら被面接者の自発的な応答を引き出していく。

　以下は，NICHD プロトコル（National Institute of Child Health and Human Development protocol；Lamb et al., 2007）の教示や質問の形式が定められ構造化されたガイドラインである。その手順は，①導入（自己紹介やカメラの設置について説明し，「本当のことを話す」「知らないことは知らないと言ってよい」などのグラウンドルールを説明する），②ラポールの形成（好きな活動について話してもらう），③エピソード記憶の訓練（過去の出来事を思い出して話す練習をする），④本題への移行（出来事についての自由報告をしてもらう），⑤出来事の調査（オープン質問と WH 質問を行う），⑥ブレイク（面接をモニターしている関係者に追加質問等の確認を取る），⑦子どもが話していることの調査（追加質問をする），⑧開示に関する情報（これまでの開示，報告について説明する），⑨クロージング（子どもから質問を受ける），⑩中立の話題（被面接者と中立の話題で会話をして，終了する）である。

（2）　司法面接と臨床面接，調査面接の違い

　この司法面接，調査面接，カウンセリングなどの臨床面接を比較すると，事実に対するアプローチに違いがあることがわかる。橋本（2011）はそれぞれの技法の違いを表14-1のように示した。

　主な違いは，面接における目的であり，司法面接では事実確認，調査，捜査であるが，臨床面接ではカウンセリングとなり，調査面接では主観と客観の両方の事実の調査という位置づけにある。面接者と被面接者との関係性では，司法面接は中立，淡々と，姿勢を変えずに行うのに対し，調査面接ではトーンを合わせて共感的であることもあり，臨床面接では共感を主として，時には身を乗り出して話を聴くこともある。さらに，司法面接では扱う情報は客観的事実であるが，臨床面接では主観的事実が中心となり，調査面接の場合は客観的事実と主観的事実の両方となる。さらに，事実についての判断・診断については，調査面接や臨床面接で

表14-1　司法面接、調査面接、臨床面接の違い

項目	司法面接	調査面接	臨床面接
目的	事実確認、調査、捜査。	事実確認、調査、判断、カウンセリング。	カウンセリング。
時期	できるだけ初期に。	面接者が必要と考えたときに。	被面接者の準備ができたときに。
面接室	暖かいが、簡素。おもちゃ等のディストラクター（注意をそらすもの）がない。	暖かいが、簡素。被面接者の年齢、面接の目的によりおもちゃをおく場合もある。	暖かく、心をなごませる。おもちゃなども可。
面接者	司法面接の訓練を受けた人。心理司、福祉司。	福祉司、心理士。家裁調査官、鑑別所技官。	カウンセラー、臨床心理士。
面接者に必要な背景知識	認知心理学、発達心理学（記憶、言語、知覚の発達）、福祉、法。	臨床心理学、非行臨床学、犯罪心理学、発達心理学、福祉、法。	臨床心理学、福祉。
面接者と被面接者の関係性	暖かいが、中立、淡々と。	中立で客観的であると同時に、受容的。	親密で、時に濃厚。受容的。
面接者の声、姿勢	中立、淡々と、姿勢を変えずに行う。	中立で淡々であると同時に、トーンを合わせ共感的になることも。	トーンを合わせる、身を乗り出すことも。
面接者の表情	中立、淡々と。	中立で淡々であると同時に、親密、受容的、共感的であることも。	親密、受容的、共感的。感情を表出することも。
面接者のうなずき	できるだけしない（特定の箇所でのみするということのないように）。	大きくうなずくこともある。	大きくうなずくこともある。
面接の方法	手続きが決まっている。	手続きはあるが自由度はある。	自由度が高い。
質問や言葉かけ	情報を与えない、誘導しない。オープン質問を主体に、プロトコルで決められた質問を用いる。	情報提供は可能であるができるだけ控える。被面接者の言葉を代弁したり、話しかけたりすることは可能。	情報提供や誘導も可能。子どもの言葉を代弁したり、話しかけたり、好きな方に誘導することも。
扱う情報	客観的事実が重要。	客観的事実と主観的事実のともに重要。	主観的な体験が重要。
ファンタジー	扱わない。客観的事実のみに焦点化。	扱う場合もあるが扱われるだけでは不十分。	ファンタジーも受け入れる。「ふり」や「つもり」を取り入れることも。
ドール、フィギュア、おもちゃ、箱庭等	使用しない。	使用することもある。	使用することも。
イメージ	イメージではなく、客観的事実が重要。	客観的事実とともにイメージを扱う。	イメージも重要。
面接回数	原則として1回。	1回から数回。	数回から他数回。
記録方法	面接をすべて録画、録音。	録音、録画することもあるが、基本的には筆記。	面接終了後、筆記するのでも可。
報告書	書き起こし資料。事件があった可能性の査定のために作成。	事件についての対応や処遇についての判断のために作成。	心が傷ついている子どもとともに、治療のための報告を作成。
事実についての判断・診断	事実関係について判断や診断はしない。	面接者は報告をするとともに、事実関係について意見を述べたり、判断をする。	面接者は報告をするとともに、事実関係について意見を述べたり、査定をする。

（APSACの資料、仲による論文を参考に橋本が作成した）

は面接者は語られた事実に対して意見を述べたりして，判断・査定を行うが，司法面接では一切判断や診断はしない。つまり，一般的な調査面接では得られた情報や事実から事実関係の信憑性やケースへの対応や処遇についての意見を形成するが，司法面接では面接者はそれを行わないのである。

　以上のような比較すると，司法面接と臨床面接には事実の聴き方や捉え方について大きな差違があるが，調査面接はどちらかと言うと，その両者の中間に位置しているとも言える。

　上記の3つの面接技法は，面接で何を明らかにしていくのかという目的に合致して使用されなければならない。そうでなければ，被面接者の発したことが面接者に届かず，せっかくの貴重な情報や事実が台無しになってしまう。いずれにせよ，面接とは，面接者と被面接者の関係から成り立っており，それを大切にすることはどの面接技法であっても同じである。

3. 動機づけ面接の技法と活用

（1）動機づけ面接とは

　動機づけ面接（Motivational Interviewing）は1983年に問題飲酒に対するアプローチとして登場し，その後，ミラーとロルニック（Miller, W.R. & Rollnick, S., 1991）によって基本的な考えと臨床的な技法がまとめられた。現在では，アルコール依存症や薬物依存症，ギャンブル依存症などの嗜癖問題のある人だけでなく，糖尿病などの生活習慣病の患者や禁煙に成功しない患者，性的逸脱や暴力行為を繰り返す犯罪者や非行少年，DV あるいは児童虐待をしてしまう加害者などにも適用対象を広げている。

　動機づけ面接は，変化の準備ができている（Ready），変えようとする意欲がある（Willing），変える能力を有している（Able）の3つの要素が備わったときに人は変化できるとし，被面接者が変わりたい方向を見出し，その方向に動いていくことを面接者が援助する面接技法である。この動機づけ面接が注目された理由は，面接者が被面接者になぜ変わろ

うとしないのかと迫ったところで，面接者との対決姿勢を強めるだけで望ましい改善には結びつかないからである。逆に，対決姿勢は被面接者の抵抗を招き，変化を呼び起こしにくくもなる。そして，面接者が専門家として問題解決方法を提示したとしても，被面接者の主体性をいつまでも引き出せない結果となってしまい，これもまた変化につながらないことがわかってきたからである。

　動機づけ面接技法の基本は，人が自分の行動や思考を変えていくプロセスのなかでは，さまざまなアンビバレンツ（両価的感情）を抱き，葛藤とたたかわねばならないが，それを面接者が理解するとともに，そこに焦点化していくところにある。そして，被面接者の話を傾聴する中で，被面接者と面接者の関係を土台にしながら，何が問題なのか，どうしたいのかということを整理して，方向性を定め，本人の中から行動変容のための動機を引き出していくのである。

　具体的な例を上げると，タバコをやめたいが禁煙すると気分が落ち着かないなどのアンビバレンツのある被面接者がいたとする。面接者はそのような被面接者の心情を理解しながら，被面接者が何をゴールとすべきなのかを共感的に聴きながら，禁煙をしたいという具体的な行動に働きかける言語を尊重し，計画を立てる。このようなプロセスをともに歩んでいくわけである。その際，「タバコを吸っていると何がよくないのか」ということよりも，「タバコを吸わなくなると，どんないいことが起こるのか」に視点を持っていくことが大切である。

　動機づけ面接は，被面接者の話に傾聴し共感的であることが求められているので，ある意味では来談者中心療法的である。また，この面接技法はその人の関心やものの見方に焦点を当てるのであって，こちらから問題解決方法を教えたり，認知を修正したり，過去を想起させるというような手法を採らない。動機づけ面接としての原則は，①被面接者の気持ちや感情，思考，価値観を聞き返し共感する，②被面接者の中にある矛盾を探索し，それを拡大させて，現在の行動との食い違いに気づかせる，③被面接者を責めたり，論争したり，説得したりすることは避ける，④被面接者がスムーズに変化をせずに抵抗を示すときは説き伏せようと

はせず，まずは被面接者のやれなさに同意し，柔道のようなイメージで，抵抗の方向を変えていく．⑤被面接者が自分で変われるという感覚をつかみ，自己効力感を持たせるようにすることである。このように面接者が意識的に変わる方向を被面接者に指示するという点においては来談者中心療法とも異なっている。

　動機づけ面接法はアンビバレンツの解決を意図して意識的に進められ，特定の変化の方向（健康，回復，成長など）を目指して行われる。そして，面接者は，被面接者が「変化を語る」ようにするため，特定の方向に変わる話を特別に強化し，そこに抵抗があればそれを軽減するように面接が進められる。その際に用いられる具体的な技法として，「OARS（それぞれの頭文字をとって，船をこぐ道具の櫂（かい）と表記）」がある。まず開かれた質問（Open Question）は，Yes か No で回答できる質問ではなく，「○○についてはどう思われますか」「どのようなお気持ちですか」といった問いかけをし，信頼関係の中で何でも話せるという環境を作ることが重要視される。是認・肯定（Affirming）はクライアントを認めて肯定し支持していくことで，具体的にはクライアントを褒めたりして，本人が能動的あるいは肯定的な発言をしている際に聞き返しを行う場合がこれに当たる。聞き返し（Reflection）は黙ってきく傾聴とは違い，クライアントの言葉にカウンセラーが応答することによって，クライアントの自己探索を奨励することができる。聞き返しには，相手の言っていることを単純に聞き返したり，ときには相手の言っていることを拡大して聞き返したり，アンビバレンツの両面に焦点を当てた聞き返しでの応答がある。最後に，要約（Summarizing）は，クライアントのさまざまな話を集めてきて，あたかも一輪ずつ花を集めてきて花束にして差し出すようなイメージで，提示することである。この要約には集めるということ以外に，話と話の関係に着目するというつなぐという役割や，ある課題から次の課題に移行する移るという役割もある。

　このような OARS の技法を基本にした上で，変化を促進させるようにチェンジ・トークというコミュニケーションの方法が用いられる。チェンジ・トークは，被面接者に外から圧力を加えて，強制的な変化を

求めるのではない。「○○をしないと法律で罰せられます」「○○でないと社会から白い目で見られます」などと言ったところで真の変化は生まれない。面接者は被面接者に関係性を通じて自然な変化を呼び覚ますように対話を進めていくことが必要なのである。その「チェンジ・トーク」には，「～したい」「～してほしい」というように，変化への希望を口にしたりする願望（Desire），「～できる」という変化できる自信などの能力（Ability），「もし～したらこうなる」といった変化することの理由（Reason），「～しなければならない」という変化しなければならない必要（Need）の４つの方法がある。この４つの頭文字を取って，「DARN」（ダーンという太鼓の音という意味）と呼ばれ，面接者は被面接者のDARNに注目し，聞き返しをすることで変化を促進させる方向に強化をしていくのである。

🔋 研究課題

1．仮説生成‐仮説検証型の調査面接について説明できる。
2．司法面接について理解し，調査面接，臨床面接との違いが説明できる。
3．動機づけ面接について理解する。

引用文献

藤岡淳子（2006）『性暴力の理解と治療教育』誠信書房
橋本和明（2011）『非行臨床の技術‐実践としての面接・ケース理解・報告‐』金剛出版
Miller,W.R.& Rollnick,S.,（2002）『Motivational Interviewing. second edition. Preparing People for Change.』The Guilford Press.（松島義博・後藤恵訳（2007）『動機づけ面接法　基礎・実践編』星和書店）
下山晴彦（2002）「カウンセリング的法律相談の可能性」菅原郁夫・下山晴彦編『現代のエスプリ415 21世紀の法律相談』至文堂

15 | 事実への接近法と事実の持つ力

　この最終章では，事実を捉えることがいかに難しいか，事実に接近するにはどうすればいいのかを考えていきたい。そして，事実には内包している力が存在し，それが人を変えたり動かしたりすることを理解する。また，事実を追求する際のこちら側の姿勢はいかにあるべきか，逆に事実を他者に伝えるときの方法としてどのような工夫が必要なのかについても論じたい。その意味では，司法犯罪領域におけるまとめでもある。
《キーワード》 主観的事実と客観的事実，事実の持つ力，事実の追求，作法と技法，知識と知恵，事実の伝達，ジェネラリストとスペシャリスト

1. 事実への接近法

（1） 主観的事実と客観的事実

　事実とは何かと問われるとどのように答えるだろうか。「本当のこと」「真実であること」「嘘と対極にあるもの」等と言う人がいるかもしれない。では，「本当のこととは？」「真実とは？」「嘘の反対は真実と言えるのか？」と追求されると，事実が何なのかがわからなくなる。それだけ事実は見えにくいところに存在し，姿形を現しにくい。

　司法の現場においては，他の臨床領域とは比較にならないほどに，この事実が重要視される。

　すでに第14章でも取り上げたように，非行や犯罪の場合，非行事実や犯罪事実があることを前提としてかかわりが開始される。つまり，そもそも前提となる事実がなければかかわりそのものも発生しないし，事実がないのに逮捕や捜査をされるとそれは不当であり，人権侵害である。また，事実が明確でないのにもかかわらず，少年や被告人に何らかの処分や処罰を与えることはできない。それゆえ，誰が見ても明らかとなる

事実（客観的事実）が必要なのである。

　事実の見えにくさ，あるいは事実の捉えにくさの背景には，そこには客観的事実だけではなく，もう1つの主観的事実があるためと考えてはどうだろうか。主観的事実とは「その人個人が感じたり考えたりしている内面的事実」のことであり，客観的事実とは「現実的な出来事や，誰が見てもわかる外面的事実」のことである。殺人罪が成立するためには，わざと人を殺すという故意，言い換えれば，人を殺すという殺意があることが前提となる。被害者と喧嘩となり，被害者の頭を殴ったところ，当たり所が悪くて即死したとするならば，それは殺人罪ではなく，傷害致死罪にとどまる。殺人罪となるためには，例えば，このようなもので殴れば死ぬことが当然に予想される凶器をあらかじめ準備していたなど，殺意が客観的に立証されることが必要である。暴力を振るう場面で，「殺すぞ」と加害者が発言していたという事実も，それを第三者が聞いていたとしたら加害者の殺意を示す1つの証明となるかもしれない。要するに，主観的事実である加害者の殺意を立証するだけの客観的事実がなければならないのである。

　司法においては何よりも客観的事実を重視し，裁判官や弁護士，検察官などの法律家はその客観的事実の捉え方を徹底的に訓練される。判決文を読むとそれが一目瞭然で分かると思うが，客観的事実と主観的事実が明解に区別された記述方法を採り，どの事実を捉えて評価しているかがわかるように作成されている。それに対して，心理臨床家は目の前のクライエントの内面に焦点を当てた面接を行い，そこで語られるクライエントの主観的な事実を尊重していくのが一般的である。カウンセリングを例に挙げるとわかりやすいが，その究極的な目標はクライエントが主観的な事実を自ら変容できるようにカウンセラーが支援していくことにあるといっても過言ではない。そのため，法律家と心理臨床家の事実の捉え方にしばしば温度差や離齬が見受けられる。

　司法や矯正の領域での客観的事実を重視する別の理由もある。それは，ある機関だけでケースが終局せず，多くの機関のかかわりのもとでケースが進行していくという点である。例えば，ある未成年者の窃盗事件で

あれば，警察から検察庁を通じて家庭裁判所に事件が移り，少年鑑別所や少年院，児童自立支援施設，保護観察などの関係機関がかかわりを持っていくかもしれない。そして，それぞれの機関が担っている役割を適切に遂行するためには，ケースに関する情報や方針などが明確に示されていなければ円滑な連携が図れない。そのためにもその前提となる客観的な事実が土台になくてはならないのである。このことは下記に取り上げる事実をいかに伝えるかという問題にもつながる。

　司法の領域での心理職の役割の1つとして，法律家との連携や協働は欠かせないものである。しかし，上記に取り上げたように，両者の間で事実の捉え方が違っていたり，その取扱いをめぐっての差違が大きすぎては連携や協働はうまくはいかない。法律家から見ると，心理臨床家の情報はあまりにも客観的なところから飛躍しすぎ，信憑性に乏しく事実認定には使えないとの批判になりやすい。逆に，心理臨床家からすると，法律家の判断は目に見えるものばかりを追い求め，内面の心の動きを理解せず，対象者の気持ちや感情が置き去りにされているとの不満となる。そうならないためにも，いかに主観的な事実と客観的な事実を捉えていくか，その折り合いをどのようにつけていくのかといったことをお互いによく理解しておくことが必要なのである。

　ただ，事実を追求することはそんなにたやすいことではない。あるクライエントが面接で，「私は嵐の中を傘をささずに歩いています」と述べたとしよう。その言わんとすることは，「大雨が降っている嵐の中を，傘を持たずにずぶ濡れになって歩いている」という状況を説明しているのか，「私は嵐のように心の中が乱れて混乱している鬱陶しい気分で過ごしているようなものです」と言っているのかわかりにくい時がある。前者は客観的事実としての事実の捉え方であるが，後者はクライエントの主観的事実としての事実である。そして，実際に嵐の中を傘もささずに歩いていた状況をクライエントがメタファー（比喩）として，自分の気分のありようとして表現したのならば，そこには客観的事実も主観的事実も両方が含まれることとなる。

　人の話をきくプロフェッショナルである心理職であるならば，クライ

エントの語る文脈，表情，語り口などさまざまな面を総合して判断しなければならず，客観的事実か主観的事実かをしっかり区別して何を言わんとしているのかをつかんでいかねばならない。事実を捉えるというのはそんなにたやすいことではない。厳密に考えれば，客観的事実と主観的事実との間には明確な境界があるわけでもないし，両者がそれぞれが独立して存在しているというより，互いに相対的な位置関係の上に成り立っている。その前提の上で，心理臨床家の収集した数多くの主観的な事実から客観的な事実が見えてくるという方向性を持ってくるし，逆に法律家の客観的な事実から主観的な事実が浮かび上がる方向性が見えてくることもある。実はそうあることが何より重要なのである。つまり，主観的な事実と客観的な事実の境界が曖昧なところを丹念に見極めようとする姿勢こそが法律家や心理臨床家という専門職が存在するゆえんであり，そこに両者が連携や協働する意義がある。

（2）　事実の持つ力

　上記に述べた2つの事実を区別することは思いのほか難しいと述べたが，そこに接近することもたやすいことではない。ただ，そこまでして事実を重視するのはそれなりの理由があるからである。端的に言ってしまえば，事実にはそれだけ大きな力が内包されているためである。

　先にも取り上げたように，非行少年や被告人にとって，自分の行動の1つである非行事実や犯罪事実は極めて重要である。なぜなら，それによって有罪か無罪か，あるいは処遇のありようさえ決定されるからである。そこには事実としての存在の重みがあり，目には見えなくとも大きな力が作用している。確かに，その非行事実や犯罪事実の文字面だけを読めば，それは単なる非行や犯罪の法律的な構成要件でしかないが，そこには行動の意味や感情などあらゆるものが詰まっている。非行少年や被告人の話にじっくり耳を傾け，彼らが語るその日時の場所や状況，行動等のありようを聴いていくと，その状況が鮮明に現われてくる。面接者がそのように目に見えるところまで事実を想起させることができると，非行少年なり被告人の感情が理解できるようになる。筆者はそれが真の

"共感"であると考えている。

　一般的に心理臨床における"共感"とは，クライエントの気持ちや感情を共有することと理解されてはいるが，筆者が考える"共感"は，「クライエントが述べる事柄に対して，心理臨床家がそれを再現でき，クライエントの言わんとする状況が詳細に手に取るようにわかるところまで事実に接近すること」である。逆に言えば，そのような事実に接することができて初めて人の心を動かしたり，人を変えたりするのであって，それだけ事実の持つ力が大きい証拠とも言える。

　事実の持つ力が大きいのは次の実例でも明らかである。例えば，非行少年や被告人に対して，被害者の気持ちをこちらがいくら代弁しても，彼らになかなか響かないことがある。筆者はある傷害事件を起こした少年に何度も被害者の悲しみや怒りなどの気持ちをあれこれ言い方を工夫をして伝えてみた。しかし，その少年は頭では理解はしているものの，被害者の本当の気持ちにまで思いを至らすことが乏しかった。そんな時，被害者が加害者の少年と直接話す機会が設けられた。すると，これまで被害者への配慮が不十分であった少年が，被害者の話を聞いた直後に大きく動揺し，その後一気に自分のやったことへの罪に対する内省が深まった。被害者の生の声を聴いて，その感情がよく理解できたと言ってしまえばそれまでであるが，この少年にとって被害者の言葉は被害者の悲しみや怒りを示すまさに事実そのものであったのではないだろうか。それに比べて，被害者の言葉を代弁する筆者の言葉は，この少年にとってはやや事実とはかけ離れたところにあり，受け取り方が違っていたと言えるかもしれない。この例に限らず，被害者遺族の方の訴えや語りには加害者だけではなく，社会を動かす迫力が秘められている。なぜなら，そこには悲しみや怒りを経験された事実そのものが語られる言葉に込められているからである。

　ところが，事実の持つ力が大きいゆえに，逆にその事実に圧倒されてしまうこともしばしば見受けられる。例えば，事実に直面してしまってその力に圧倒され，恐ろしさゆえに事実そのものを避けてしまうこともある。また，事実をありのままに認知できず，歪曲して受け取ってしま

うことだってある。例えば，大切な人が亡くなったという事実を受け止めきれず，悲しみや喪失感をまったく顔に出さずに淡々と生活をしたり，まだその人はどこかで生きていると本気で思い込んでいるといったのがこれに当たる。事実が大きな力を持っているだけに，時にはそれに直面することで圧倒され，その人のありようを変えてしまったり破壊させたりしてしまうこともある。

（3）　事実を追求するということ

　では，そのような事実に対してどのように接近し，事実を追求していけばよいのかについて，以下の留意点を示したい。

① 主観的事実と客観的事実との間のバランス感覚を持つこと

　事実には主観的事実と客観的事実の2つがあるが，どちらかにあまりに偏重した事実の追求はバランス感覚を失し，逆に事実から遠のいてしまう危険がある。

　例えば，クライエントが病的な被害妄想であるにもかかわらず，カウンセラーは主観的事実ばかり聴いてしまい，その異常さに気がつかなかった事例がある。このクライエントは学校不適応を主訴に来談されたが，カウンセリングの面接で，不適応の大きな原因は同級生から悪口を言われることだと話すのであった。カウンセラーはクライエントの心情に共感するため，クライエントの話すことをありのまま受容する態度で聴いていた。クライエントが「私が教室に入っていくと，同級生が数名ヒソヒソ話をして私の方を見て笑うのです」と言うと，カウンセラーは「それは仲間外れにされたみたいでつらいですね」と応答する。また，クライエントは「授業中も先生は私の悪口を言う同級生ばかりを当てる。そして，質問の回答を言わせるのではなく，私の悪口を言わせるように仕向けている」，「窓の外を見ると，そこを歩いている同級生の人たちが私の方を見て悪口を言っている」と言った。それに対しても，カウンセラーは「そんなことまで言われるのですね。それはますますつらい状況ですね」と応答していたとしたらどうだろうか。

　つまり，クライエントの語る主観的事実ばかりに焦点を当てて聴き過

ぎてしまっている。そのため，このクライエントが実際に同級生から悪口を言われているのかどうかの確認が不十分となっている。もしかすると，クライエントの思い込みであったり，病的な妄想が生じている可能性もあり，クライエントはそれゆえに悪口を言っているように聞こえたのかもしれない。ここでカウンセラーとして大切な問いかけは，「どのような悪口であったのか具体的に教えてください」，「その悪口をその場にいた他の誰かも聞いていましたか？」等であり，クライエントの話に客観的事実がどこまで拾い上げられるのかを確認せねばならない。そうでなければ，実際に同級生から悪口を言われるなどいじめがあったのか，病的なレベルまで疑われる被害妄想なのかがわからない。

　逆に，客観的事実ばかりしか話をしないクライエントであったらどうであろうか？例えば，カウンセラーが「前回に来られてから本日までいかがでしたか？」と仮に質問したとしよう。クライエントは「月曜日は朝7時に起床して，目玉焼きとトーストを食べ，7時50分に家を出て会社に9時に着きました。その日は夜の8時まで会社におり，9時20分に帰宅し，それから昨日のカレーライスを温めて食べ，テレビを観て午後11時には寝ました。火曜日は・・・」と答えたとしよう。確かに，実際に行動したことを客観的に述べてはいるが，そこではクライエントが体験した主観的事実はまったく語られない。つまり，クライエントの行動はわかったとしても，そこでクライエントがどのような考えや感じ方をしたのか，どのような思いで生活を送っていたのかがまったく見えてこない。その場合，「朝食を食べられた時になにか感じられることはありましたか？」とカウンセラーが尋ねるなどする必要がある。仮に，クライエントが「口にはしましたが，なにか味気なかったです」と言えば，それはその時に感じたクライエントの主観的事実となる。

　以上のように，主観的事実と客観的事実のどちらかに比重の置き方はあるにしても，それが偏りすぎると，核心となる事実が見えなくなってしまう。

　何度も言うように，司法の分野においては事実を重んじるところがあり，主観的事実と客観的事実の区別をしながらも，両者にバランスが取

れていることが重要なのである。ある人が被害者に暴力を振るったこと
を取り上げれば，暴力を振るったという客観的事実は揺るぎのない事実
である。しかし，その人がなぜ暴力を振るったのかがわからなければその
の人の行動を解明できたとは言えない。その際，その人との面接の中で，
「以前から自分の悪口を言っていたから腹が立って殴った」とその時の
心情を語ることによって，客観的事実と主観的事実が符合されてはじめ
て，その行動全体が納得できる。

　そして，主観的事実と客観的事実との間のバランス感覚を取る姿勢が
あるからこそ，収集した数多くの主観的事実から客観的事実が見えてき
たり，逆に客観的事実から主観的事実が浮かび上がるという方向性が生
まれる。これが事実への追求のあり方と言える。

　このようなアプローチには，カウンセラーが自分自身の行っているこ
とを客観的な視点から捉え直すという利点もある。特に，クライエント
の内面を理解して支援をしていくという心理臨床家にとって，距離が近
くなりすぎて，クライエントのありようがわかりにくくなるところがあ
る。また，自分ではクライエントに寄り添って，相手のためになってい
ることをやっているつもりであっても，まったく的外れな支援をしてい
る場合だってあるかもしれない。その際，自分のやっていることを三人
称的な視点で観るように心掛け，自分と他者を相対化させることが必要
である。そうでなければ，心理臨床家もクライエントも一人称的もしく
は二人称的なことばかりに埋没し，どこか現実感覚を失った，掴み所の
ない心理臨床となってしまう。だからこそ，主観的事実と客観的事実の
捉え方の基本を学ぶことが大切だと言えるのである。

② 精緻な事実の積み上げから生まれる共感

　次に事実を追求する時の大切なことは，緻密に事実を積み上げていく
ことであり，それができてはじめてそこに共感が生まれることを理解し
なくてはならない。

　不眠症を例に上げると，クライエントによってはいろいろな眠れなさ
がある。あれこれと悩みが多くて眠れない人もいれば，悪夢を見るのが
怖くて寝られない人もいるであろう。あるいは，明日にやらねばならな

いことがいっぱいあり，ジグソーパズルのピースを頭に撒き散らかしたように感じて眠れない人もいるかもしれない。眠れないといっても本当にさまざまなのである。そんなクライエントの眠れなさに心理臨床家は丁寧に接近していくことが必要なのである。

　クライエントへ共感することが心理臨床では大切なことであり，それは周知の事実かもしれない。しかし，共感することとはどうすることなのかをしっかり説明できる心理臨床家は少ない。共感とは，「相手の立場に立って感情を理解できること」，あるいは「相手の感じていることを自分も同じように感じ取れること」と言うかもしれない。しかし，それを具体的にどのようにすれば共感することが可能になるのかと聞かれると非常に説明しにくい。先述したように，筆者は「共感とはクライエントが述べる事柄に対して，心理臨床家がそれを再現でき，クライエントの言わんとする状況が手に取るようにわかるところまで事実に接近すること」と考えている。つまり精緻な事実の積み上げをすることによって，はじめて共感が生まれるのではないかと理解しており，それがないところではいくらクライエントに共感していると言っても，それは一人称的で独りよがりな共感でしかないと思うのである。

　筆者の経験したあるケースカンファレンスでの出来事である。そのクライエントは30代の男性会社員で，「同期の中で自分だけが昇進ができないので会社のなかで取り残される感じがする」とうつ的症状を訴え来談されたケースであった。事例発表をした担当カウンセラーがこのクライエントとの面接経過を一通り報告した後，筆者はこのクライエントの勤務する会社の規模や職場の様子，仕事内容について質問した。すると，そのカウンセラーはクライエントの基本事項であるにもかかわらず，筆者の尋ねた点についてはまったく情報として収集していなかった。このクライエントは同期の中で自分だけが会社で昇進できないという主訴で来られているにもかかわらず，クライエントがどのぐらいの規模の会社で働き，同期もしくは同年代の社員が何人ほどおり，営業職か事務職かそれとも技術職かといった仕事内容などについてもカウンセラーは把握していない。そんな状態で，カウンセラーはどれだけクライエントの昇

進できないつらい気持ちに共感できていただろうかと疑問に思えたのであった。

　カウンセリングはクライエントの主観的な事実を重視するにしても，これらの基本的な事実（しかも主訴にかかわる重要な事実）をカウンセラーがクライエントと共有することなしに進めていくことは果たして心理臨床として望ましいだろうか。このクライエントが会社でどのような様子で過ごしているのか，どれほど身を縮めて働いているのかなど，カウンセラーがその状況が目に浮かぶところまで接近した時に，クライエントの心情に共感できるのではないだろうか。そのためにも，事実をしっかり踏まえたケース理解が求められるのである。

③ 事実を追求する作法を身につけること

　事実を精緻に積み上げるためには，それだけ相手に踏み込んで情報収集をしていかねばならない。相手にとって大切な事実であったり，重要な事実であればあるほど，こちらは相手の懐に入っていかねばならないのである。しかし，クライエントの真相を解明しようとして土足で踏み込むようなやり方で事実に接近してしまうと，肝心な事実が隠れてしまって見えなくなる。また，仮に事実が掴めたとしても相手がそれによって傷付いてしまうリスクも負うことになる。言うまでもなく，どんな手段を取ってもクライエントに接近すればいいのだと言うのであれば，それはクライエントを本当にわかったことにはならない。逆に，クライエントからすると，見られたくないものまで見られてしまったという不満や怒りとなってしまう。しばしば心理臨床における倫理問題が取り上げられるが，実はこのような「わからなさ」への接近方法が倫理問題になってしまうことも少なくない。適切なアプローチをするためには，「わからなさ」を心理臨床家が抱えながら，いかにわかろうとしていくかという姿勢が問われる。つまり，事実を追求する作法を身につけることが必要なのである。

　大学や大学院で臨床心理学の概論だけではなく，心理査定法や面接技法などの技法も多く学ぶ。しかし，それはあくまで知識であり，技法に過ぎない。実際の現場ではそれはなくてはならないものではあるが，そ

れと同時に大切なのは作法である。いくら高度な知識を備えていても，どれだけ素晴らしい道具を持っていても，それを活用したり使用する側の品格が問われる。

　そして，カウンセリングなどの心理的支援を行うことを考えてみると，心理臨床家はクライエントに自分の持っている〝知識〟を提供しているわけではない。もしそうだとするならば，そのカウンセリングはそこまで悩みの深くないケースであるか，そのような表面的な対応で済むようなケースかもしれない。しかし，悩みが深くてすぐに解決方法が見い出せなかったりする場合など，カウンセラーは〝知識〟を提供するというのではとても対処できず，クライエントと一緒に生き方の〝知恵〟を考えるようにするのではないだろうか。つまり，心理臨床家の姿勢として，技術よりも作法であり，知識よりも知恵を基本に据えながら，クライエントの事実に接近していくことになる。よく心理臨床家は〝スペシャリスト〟か，〝ジェネラリスト〟かと問われるが，そういう意味でも〝ジェネラリストを極めたスペシャリスト〟でありたいものである。

（4）　事実を伝える技法

　最後に，聴取した事実をどのように伝達するかという報告のあり方について述べたい。報告をする際，事実をありのままに記述すれば事足りると考えるかもしれないが，実はこれが意外に難しい。ここにも，司法の分野における心理臨床が抱える重要な課題がある。

　司法においては，アセスメントや面接に加えて，そこで得た事実をいかに関係機関や専門職に伝えていくのかが強く求められる。いわば，伝える技術を持たなければならない。そのため，いくら面接が上手にできたとしても，そこで得た事実を適切に伝えなければ面接の効果は台無しになったり，支援には結びついていかない。また，しばしば司法の分野では，被面接者から報告書や記録の開示が求められる。被面接者がそれを目にした際，その記述のあり方に疑問を抱いたりすると，こちら側に不要な誤解や不信を招いてしまうこともある。そのためには，どのようなことに留意しながら報告を作成すればいいのかを以下に記載したい。

① 事実を記載する視点を定めること

　まず誰の視点から記述するかが重要なポイントとなる。例えば，強制性交の被告人との面接であったとしよう。面接者が「どうして被害者に強制性交をしたのか？」と質問したところ，被告人は「女性（被害者）が自分を誘ってきたからセックスをした」と述べたとする。このことをまず被告人の視点から報告を記述するならば，「私は女性（被害者）が自分を誘ってきたからセックスした」となる。しかし，これはあくまで被告人の話であり，もしかすると女性（被害者）は被告人を誘ってなどおらず，強制的に性交をされたと言うはずである。そうなると，このように書かれた記述は被告人の主観的事実であり，客観的な事実とは違う。

　では，面接者の視点から報告を記述した場合はどうなるのかと言うと，「被告人は女性（被害者）が自分を誘ってきたと思ったのでセックスをした」となる。しかし，この記述は被告人についての性格や行為に対する面接者の主観や評価があまりにも強くなりすぎているところがある。なぜなら，自分を誘ってきたと思い込むような被告人の性格などの特徴が強調されている記述にも思えるからである。それゆえ，被告人は「セックスをしたのは確かだが，誘ってきたのは女性（被害者）であって，合意のもとでのセックスだった」と主張するかもしれない。

　そこで，被告人の視点でも面接者の視点でもない，第三者の視点（メタの視点と言ってもいいかもしれない）で報告を記述した場合はどうなるだろうか。その視点で記述すると，「被告人は『女性（被害者）が自分を誘ってきたから』（被告人の言）セックスをした」となる。これなら，性交をしたという客観的事実は揺るがず，被告人が発言した内容と面接者の視点を明確に区別しており，性交をした理由を被告人の言い分としてカギ括弧に入れて区別して表現している。

　このように誰の視点から報告書を作成するかが記述においてとても重要となる。記述の視点が統一されずにぶれてしまうと，記載内容が客観的事実であるのか，被面接者の主観的事実であるのか，あるいは面接者側の思い込みや評価なのかがわからず報告書を読む側が混乱してしまう。結果的には，報告をする側もされる側も，一体どこに真実があるのかが

見えなくなってしまう。記載の内容が客観的であり，しかも被面接者の心情などの主観的なものも的確に伝わるようにするためには，第三者の視点からの記載が最も望ましいと考える。

② 共通言語を使用すること

　次に報告書の記載に当たっての重要なポイントは，専門用語を可能な限り使用せず，多職種が理解できる共通言語を用いることである。心理臨床家は心理の専門職であるため，専門的知識を持ち，報告に際しても専門用語を用いるのが当然と思われるかもしれない。確かに，同一の専門家におけるカンファレンスや報告，記録においては，専門用語で会話をしたり伝えたりする方が的確であり，効率的でもある。しかし，専門を異にする多職種での話し合いや伝達においては，概念が正確に理解されないとしばしば誤解を招いてしまうことさえありうる。そのため，多職種間の連携を円滑に図るためにも，共通言語を使用することが必要となってくる。その際の共通言語とはその時々によって違いはあり，心理臨床家以外に，医師や看護師，精神保健福祉士などの医療関係における専門家の集団であるなら，ある程度の医学用語，心理用語を使ってカルテなどの報告やカンファレンスが可能かもしれない。しかし，司法の分野では，裁判官や弁護士，検察官などの法律家や社会福祉士などの福祉専門職がおり，そこには当事者である一般人も含まれることもある。そうなると，難しい用語を使わずに一般用語を共通用語とすることが望ましい。

　筆者は犯罪心理鑑定を実施し，それを法廷で証言して報告することが多い。なかでも国民から選ばれた裁判員がいる裁判員裁判では，可能な限り専門用語を使わず，一般用語でわかりやすく説明するようにしている。例えば，トラウマやコンプレックスなどは本来は医学用語や心理用語である。しかし，日常語でその言葉を安易に使っているので，知らない人は一般用語と誤解をしているところも多い。それゆえ，こちらがそれらを安易に使用してしまうと，まったく違う理解をされていたということもあった。そこには一般用語と専門用語の理解のズレが生じていたのである。そこで専門用語を可能な限りかみ砕き，専門的知識を有しな

い人にもわかる用語で説明する努力をするようにした。そうした報告を
することによって，事実を伝える側にも事の本質を追求する姿勢が自ず
と生まれ，より事実に近づくという相乗効果が発生する。

③　事実と評価を分けて記述すること

　先に主観的事実と客観的事実の記載のあり方で第三者の視点を持つこ
とが大切であると述べたが，それに通じることとして，事実と評価を分
けて記述することが重要である。

　例えば，ある非行少年との面接で，面接者が「学校は行っていた
の？」と問いかけたとしよう。それに対して，その少年は「嫌だったけ
ど学校に登校していた」と答えたとする。その面接場面のことを報告に
記載する際，面接者は「少年は嫌々学校に登校した」と書いたとしたら
どうだろうか。少年にしてみれば，「学校に行くことは確かに嫌では
あったが，自分なりには頑張って登校していた」と面接で言いたかった
のかもしれない。それなのに，頑張って登校したことがどこにも取り上
げられていないばかりか，嫌々学校に行っていたという否定的な表現で
書かれてあると憤慨するかもしれない。今や報告書は開示されることを
前提に作成されるべきであり，仮に少年からこの報告書の開示請求が
あってこの記述を読んだ時の少年の気持ちを想像してほしい。おそらく，
少年はこの報告書には事実と違うことが記載されてあり，信用性に欠け
ると主張するかもしれない。

　このような誤解を生む記述には，登校したという事実とそれに対する
評価が混同されて書かれているところが問題なのである。つまり，「少
年は『嫌だったけど』（少年の言），学校に登校した」と書かれると，少
年が面接で語ったことと一致するし，登校したことへの評価についても
誤解を受けずに済む。要は，報告を記載する際，主観的事実も客観的事
実も含めて，事実はどこにあるのかをしっかり見据え，そのことと評価
を明確に分けて述べていくことが大切なのである。

④　一貫性と具体性があること

　事実を伝えるための技法として，もう１つ重要な点は，その報告に一
貫性と具体性がどれほどあるかということである。ある人の報告では，

抽象的な記述が多過ぎ，そのクライエントの姿が浮かんでこないことがある。別の報告では，報告者がクライエントと距離を置き過ぎ，どこか評論家のような記述で，その報告にはクライエントがどこにも息づいていないような印象を受けるものがある。

　適切な報告というのは，やはりクライエントに関する事実がしっかり書き込まれ，それを見た読者は手に取るようにクライエントが目に浮かぶ感じとなるのが理想である。言い換えれば，クライエントが息づいているような報告を書きたいものである。そのためには，クライエントにいろいろな視点から接近し，そこで得た事実を整理しながら報告で統合し，一貫性のあるものとして落とし込んでいかねばならない。

　また，報告のなかでそのケースについての所見や今後の方針を記載することが要求されるかもしれない。その際，「まずクライエントの話を傾聴し，心理臨床家との信頼関係を築いていく」と言うように，心理臨床家としては極めて当たり前過ぎることを記載しても意味がない。それよりも目の前のクライエントにどのようなことが必要かを具体的に述べる記述の方が処遇や支援には役に立つ。仮に，信頼関係を築くことをかかわりの際の目標に挙げるとしたならば，どのような話の聴き方をすれば信頼関係が構築できるのかといった視点でそれを具体的に明記すべきである。絵に描いた餅のようにつかみ所のない内容ではなく，地に足が着き，クライエントの主訴と処遇（支援）がつながった具体性のある記述内容でなくてはいけない。それができてはじめて予後が見えてくるのであり，過去と現在と未来が連続性を持つ報告となるのである。

研究課題

1．事実とは何かを説明でき，主観的事実と客観的事実の違いを把握できる。
2．事実を明らかにするためにはどのようなことに留意すればいいのかを理解する。

３．事実を伝えるためにはどのような報告の記載をすればいいのかを説
　明できる。

索引

●配列は五十音順。

人名索引

●配列は五十音順。

著者紹介

橋本　和明（はしもと・かずあき）

1959年	大阪府に生まれる
1983年	名古屋大学教育学部教育心理学科卒業
2006年	武庫川女子大学大学院臨床教育研究科臨床教育学専攻修士課程修了
1983年	家庭裁判所調査官補に採用され，その後，家庭裁判所調査官として，名古屋，大津，福岡，大阪，静岡，和歌山の家庭裁判所を歴任
2006年	大阪家庭裁判所の主任家庭裁判所調査官を退職
同年	花園大学社会福祉学部教授として就任
現在	花園大学社会福祉学部教授・臨床心理士
専攻	臨床心理学，犯罪心理学，非行，虐待，発達障害の臨床
主な著書	『童話と心の深層』（共著・創元社）
	『虐待と非行臨床』（単著・創元社）
	『犯罪・非行の心理学』（共著・有斐閣ブックス）
	『虐待と現代の人間関係』（編著・ゆまに書房）
	『児童虐待はいま』（編著・ミネルヴァ書房）
	『発達障害と思春期・青年期　生きにくさへの理解と支援』（編著・明石書店）
	『非行臨床の技術—実践としての面接，ケース理解，報告』（単著・金剛出版）
	『子育て支援ガイドブック—「逆境を乗り越える」子育て技術—』（編著・金剛出版）
	『犯罪心理鑑定の技術』（編著・金剛出版）
社会的活動	
	日本犯罪心理学会理事，日本子ども虐待防止学会評議員，子どもの虹情報研修センター企画評価委員，京都府子育て支援審議会委員，豊中市教育委員会委員，厚生労働省社会保障審議会専門委員，一般社団法人司法心理研究所代表理事，公認心理師試験委員（2018〜2019年）

放送大学大学院教材　8950660-1-2011（ラジオ）

司法矯正・犯罪心理学特論
―司法・犯罪分野に関する理論と支援の展開―

発　行　　2020年3月20日　第1刷

著　者　　橋本和明

発行所　　一般財団法人　放送大学教育振興会
　　　　　〒105-0001　東京都港区虎ノ門1-14-1　郵政福祉琴平ビル
　　　　　電話　03（3502）2750

Printed in Japan　ISBN978-4-595-14131-7　C1311